キリシタン文化研究　第30冊

川村信三／清水有子［編］

キリシタン文化研究会［監修］

キリシタン1622

殉教・列聖・布教聖省　400年目の省察

教文館

目　次

目　次

第三部　潜伏キリシタンの信仰

第四部　天下人の自己神格化とキリスト教

装幀　長尾　優

【図 1】「元和大殉教図（1622 年長崎大殉教図）」全体図
ジェズ教会（ローマ）所蔵。デ・ルカ論文（第 1 部第 1 章）、竹山論文（第 1 部第 3 章）参照。

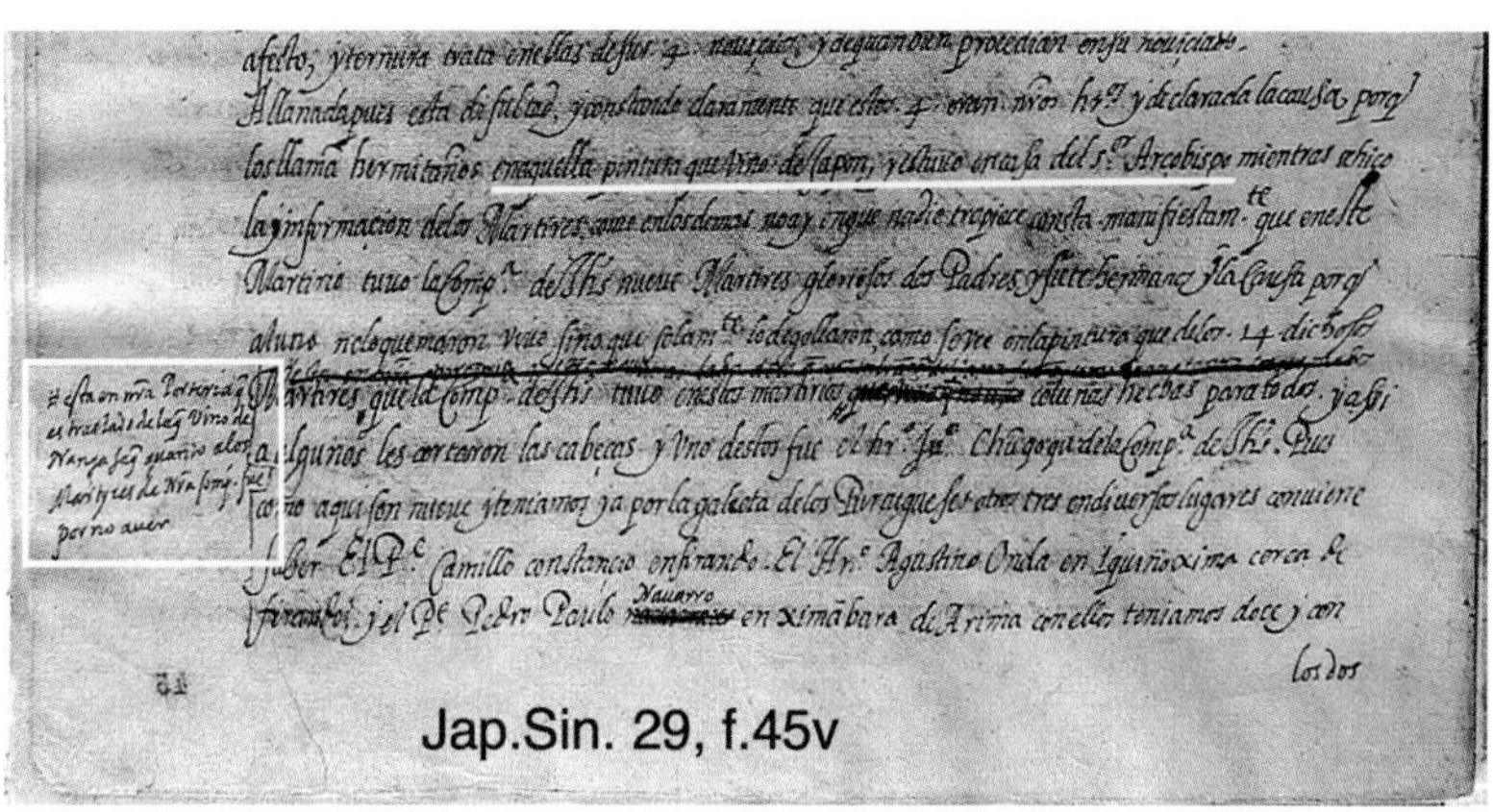

【図 2】ガルシア・ガルセス神父報告の手書き原文（1623 年 1 月 15 日付）
イエズス会文書館（ローマ）所蔵。デ・ルカ論文（第 1 部第 1 章）第 1 節参照。

【図 3】イエズス会士木村セバスチャン神父（中央）
（図版左はドミニコ会士オルファネール神父、図版右はフランシスコ会巡察師アヴィラ神父）
紙本着色《1622 年長崎大殉教図》（部分）
竹山論文（第 1 部第 3 章）参照。

【図 4】木村セバスチャン神父の宿主　長崎浜ノ町居住　アントーニオ源左衛門（中央）
（図版左はドミニコ会士の宿主田中パウロ、図版右は女宿主ルシア・デ・フレイタス）
紙本着色《1622 年長崎大殉教図》（部分）
竹山論文（第 1 部第 3 章）第 2 節（1）参照。

※イエス・キリストの神聖な御名の教会（ジェズ教会）（ローマ、アルジェンティーナ通り）所在、イタリア共和国内務省宗教建造物基金（Fondo Edifici di Culto del Ministero dell' Interno della Repubblica Italiana）所管（2023 年 3 月 10 日竹山撮影）。*By kind concession of the Rectory of the Most Holy Name of Jesus at Argentina in Rome.*

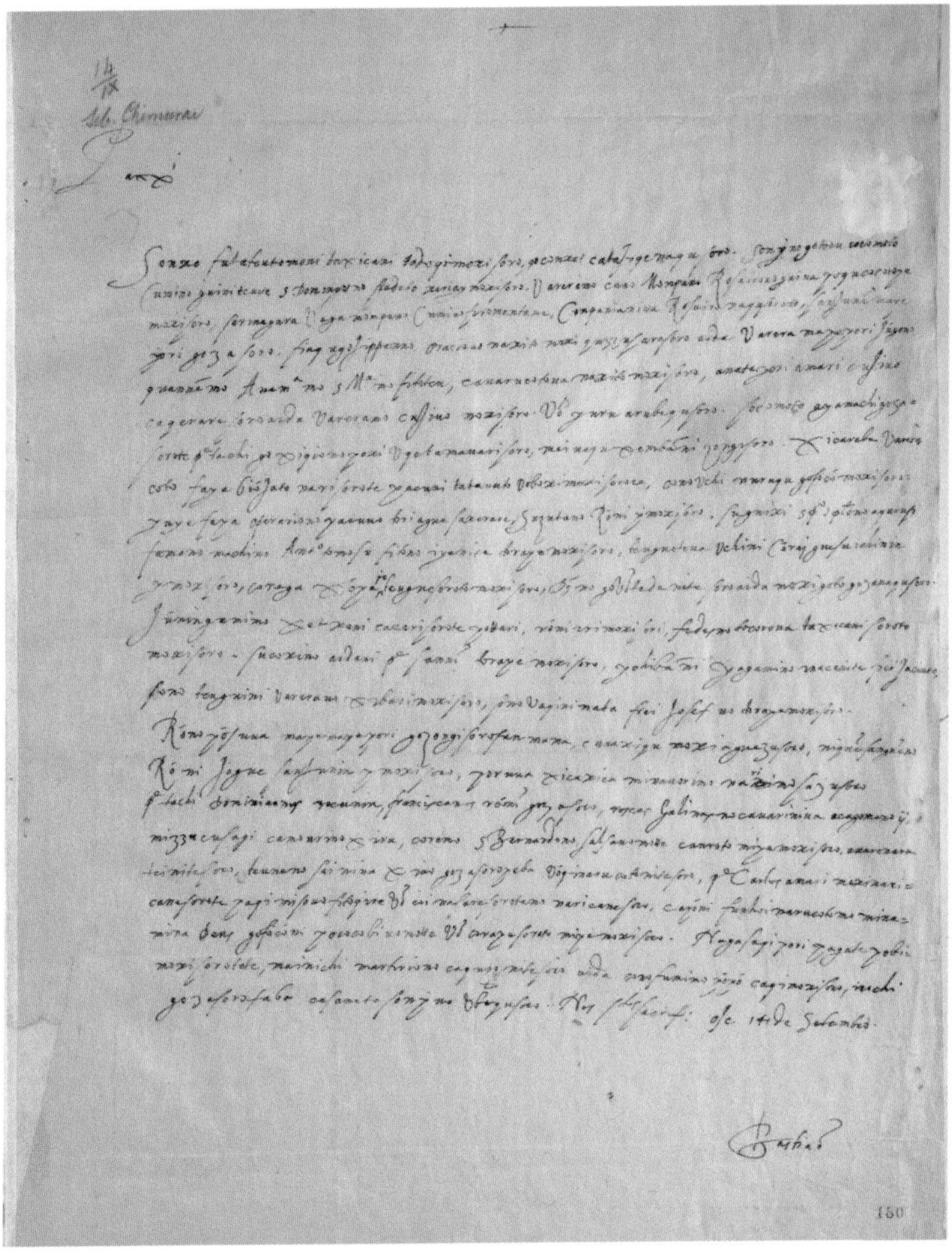

【図5】木村セバスチャン書状（9月14日付、イエズス会日本・シナ巡察師宛て）
@Archivum Romanum Societatis Iesu, Jap. Sin. 34, f. 180.
イエズス会文書館（ローマ）所蔵。竹山論文（第1部第3章）第1節（1）参照。

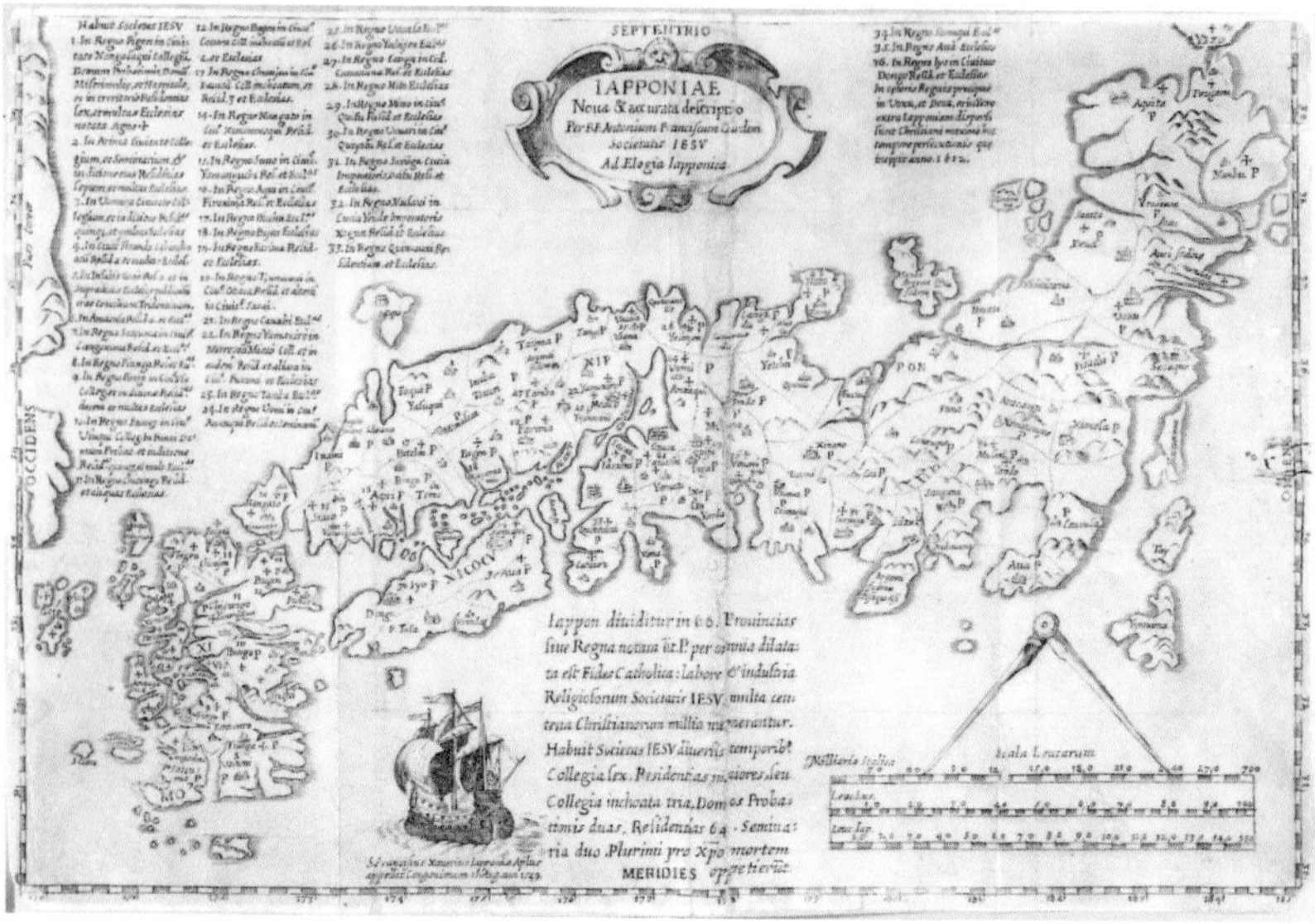

【図 6】新精確日本図（1646 年）

京都大学経済学研究科所蔵。阿久根論文（第 2 部第 1 章）第 3 節（2）参照。

※京都大学貴重資料デジタルアーカイブの公開画像（https://rmda.kulib.kyoto-u.ac.jp/item/rb00031740）から必要部分をトリミングして掲載。

【図 7】ニコラ・トリゴー『日本殉教史』ラテン語版（1623 年）の扉絵

（Nicolas Trigault, *De Christianis apud Japonios triumphis*, 1623, Jesuitenbibliothek Zürich, AOR.02.T.D.44）

小俣論文（第 2 部第 3 章）「はじめに」・第 3 節参照。

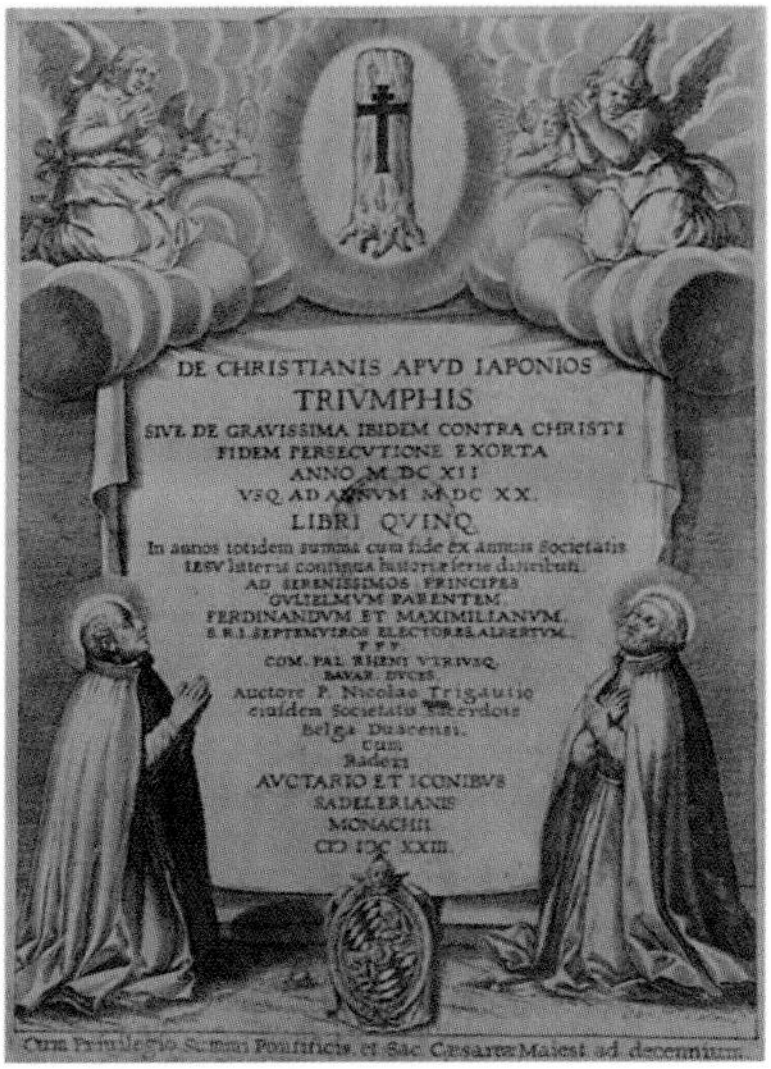

【図 8】ピエトロ・マフェイ『イエズス会の創立者・福者イグナティウス・ロヨラの人生』（1609 年）の扉絵

（Giovanni Pietro Maffei, *Vita sancti Ignatii fundatoris Societatis Jesu*, 1622, Bayerische Staatsbibliothek München, Call number: 2566035V.ss. 410, urn:nbn:de:bvb:12-bsb10788240-3）

小俣論文（第 2 部第 3 章）第 2 節参照。

【図 9】南蛮人渡来図屏風 右隻（部分）
宮内庁三の丸尚蔵館蔵。徳川家献納、浄土宗来迎院（静岡市）伝来。
スクリーチ論文（第 4 部第 2 章）参照。

序　章

川村信三

二〇二二年は、一六二二年に生じた元和大殉教、イグナチオ・デ・ロヨラとフランシスコ・ザビエル列聖、教皇庁布教聖省創立などからかぞえて四〇〇年の節目の年にあたる。創設以来、日本におけるキリシタンの歴史を追いつづけてきたキリシタン文化研究会は、この年を特別な記念の年と位置づけ、二〇二二年一二月三日のオンライン大会、翌四日に研究発表およびシンポジウムをとおして特別な考察の機会をもち、その研究成果を各発表者に依頼し論文集としてまとめることとした。

イエズス会の創立から七〇年、初期の日本宣教にあたったフランシスコ・ザビエルが会の創設者イグナチオ・デ・ロヨラとともに教皇グレゴリウス一五世により聖人の位にあげられたことは、全世界の教会が日本宣教地に注目する契機となった。

一方、日本に目を向けると、秀吉のバテレン追放令、徳川幕府の禁教令への変遷のなかで、民衆キリシタンは存続の岐路にたたされる大きな困難に直面していたことも注目すべき史実である。これは潜伏キリシタンの信仰の前提を考えるうえで重要である。

さらに、これまで宣教をリードしてきたカトリックの諸修道会の間には、宣教をめぐる論争・対立が顕在化し、ローマ教皇庁においては、グレゴリウス一五世およびウルバヌス八世をはじめとして、各修道会に全面的に依存しない新しい布教方針が画策され、実際宣教地図を新しく塗り替える試みとして布教聖省（プロパガンダ・フィデ）が発足した。

一方で、禁教へとむかう為政者（信長・秀吉・家康）の観点からすれば、織豊期と幕藩体制確立期には民衆支配と国是の問題からとりあげるべき課題が多いなかで、本書は「為政者の神格化」問題に焦点をあて、キリスト教をめぐる統治者の論理の整理を試みた。

激動の世界情勢のなか、日本教会が大きな転換期に直面していたことをふり返り、四〇〇年を経過した今、あらためてキリシタンの信仰と民衆に焦点をあてる。

各論考にはいる前に、この四〇〇年を記念するにあたって、新たな史料の発見について紹介したいと思う。

禁教令がだされて七年目、イエズス会日本布教の責任者であったマテウス・デ・コウロスの指示で、全国五カ所の信徒団が教皇パウルス五世に宛てて『奉答書』を作成し発送した。これは、一六一七年に宣言された大聖堂再建完了を祝う「聖年」と「全免償」の教令とともに、教皇が苦難に直面した日本教会を慮って認めた「慰問状」への返書という形となった。

現在、バチカン使徒座図書館バルベリーニ文庫に、（1）有馬（一六二〇年一〇月一八日付）、（2）中国・四国（一六二一年一月一日付）、（3）都・伏見・大坂・堺（一六二一年一月二日付）、（4）長崎町（一六二一年三月二六日付）、（5）出羽・奥州（一六二一年九月二一日付）（出羽・奥州のもののみ二枚存在）の合計五種類の『奉答書』が保管されている。一九〇〇年頃、村上直次郎、坪井九馬三らが史上初めて実見して以来、国外に残る日本書簡として大きな尊敬と関心を集め、ヨゼフ・シュッテ、姉崎正治、松田毅一ら諸研究者による紹介がなされてきた。

筆者は、二〇一八年以降角川文化振興財団の主催した「日本バチカン100プロジェクト」において、バチカン使徒図書館の日本関係所蔵品を調査する機会を与えられた際、あらためてこの貴重文書に注目した。この度は、これまでになかった「料紙調査」をバチカン図書館の配慮によって史上初めて実現した。このために東京大学経済学部資料室によるチームの協力により、現時点において最先端の機器（LED電光版、一〇〇倍電子顕微鏡等）をもちいた「料紙調査」を展開した。

どの『奉答書』も、日本の最高級の和紙（雁皮紙および楮紙）で丁寧につくられた最高級に属する工芸品の価値をもつものであった。特に都地区の『奉答書』は、金泥により描画が冴え、さらに金箔をふんだんに使用した豪華絢爛な仕上がりであった。一〇〇年前、初めてその輝きを目にした日本人研究者らが静寂な図書館で感嘆の声を思わずあげたというエピソードを思い出した。

『奉答書』研究は、当初、四〇〇周年を意識したものではなかったものの、ここで、もう一つの出来事を加えたいと思う。というのは、二〇二二年三月、筆者の下に、これまで知られていたバチカン図書館所蔵の『奉答書』群とは別に、イタリアのフィレンツェの図書館で、バチカンのものとまったく同じ作りと内容の文書が発見されたという情報がとびこんできた(1)。

それは出羽・奥州の『奉答書』であり、ラベルに「第一経由」の文字がはっきりと記されている。

のちにバチカン所蔵の二種類の出羽・奥州『奉答書』のラベルが「第二経由」「第三経由」であることをあらためて確認した。これは、フィレンツェ在住の名誉キュレーター、カール・ブランドン・シュトゥレルケ氏（Carl Brandon Strehlke）と国際日本文化研究センター教授のタイモン・スクリーチ氏（Timon Screech）が新出史料としてとりあげ議論していたところを、筆者の現地調査を加えて詳細を確認するという流れになった。

この新発見の出羽・奥州『奉答書』はなぜ、イエズス会の手元にではなく、フィレンツェの、しかもドミニコ会関係の文書館に存在するのか。この難問を解く鍵は、「一六二二年」という年の、日本と教皇庁、イエズス会、ドミニコ会の全体を総合的に見渡す以外にみつからないであろう。筆者は、そこに、ルイス・デ・ソテロが種を撒き、後にローマにおいてディエゴ・デ・コリャードが育てた、イエズス会とドミニコ会の「日本布教論争」の背景を考慮すべきと考えた。さらには、『奉答書』を実際にうけとった教皇は、布教聖省の創立に深くかかわった教皇ウルバヌス八世である。この教皇の下、教皇庁異端審問所長官（および枢機卿団事務局長）として辣腕をふるっていたフィレンツェ出身のメリーニ枢機卿などの背景も考慮すべきだろう。

つまり、本書で各論考がとりあげている、まさに様々な問題が、この『奉答書』の謎解きにすべて関連していることがわかるのである。このことは、筆者に一六二二年の四〇〇周年（Quadricentennial）の意義をますます強く感じさせる結果となった。

本書の論考は独立して成立したものである。しかし、最終的には、禁教令の真っただ中にいたキリシタン民衆および彼らを取り巻く様々な状況を、直接、間接的に共通して取り扱っている。それは、単に宣教史、宗教政治史などの個別に分断されている領域としてではなく、複眼的な視点によるキリシタン史の再考の試みとなるような統一をしめしていると考える。そうした観点から、本書に登場する、様々な立場の人びとについての論考から、キリシタンの民衆は何を考え、どのように生きようとしていたのかの考察に資すれば幸いである。

注

（1）拙著、「バチカン図書館所蔵、世界でもっとも美しい信徒書簡――教皇と日本人の往還四〇〇年」『ラ・チビルタ・カットリカ』（La Civiltà Cattolica）日本版第六号、二〇二三年、二一―一三頁。

第一部　元和大殉教とキリシタン

まえがき

浅見雅一

第一部は元和大殉教に関する三編の論文を収録している。

デ・ルカ・レンゾ論文は、ローマのジェズ教会の「元和大殉教図」について史料から考察したものである。一六二三年のガルシア・ガルセスの報告によれば、「元和大殉教図」がイエズス会によって二点作成され、長崎からマニラに送られたとされる。ガルセスは、殉教図二点をマニラにおいて受け取った後、複製画の作成を指示した。当時の迫害状況を考慮するならば、長崎において作成された原画は簡略なものであり、マニラにおいて作成された詳細な複製画が現在のジェズ教会の絵画であると推定されている。

清水有子論文は、慶長・元和期の禁教と殉教にスペイン系托鉢修道会がどのように関わったのかをイエズス会との対立を踏まえて追求したものである。イエズス会と托鉢修道会の最大の相違は托鉢修道会が一般信徒に殉教を奨励したことにあるとする。それにより、一般信徒が殉教者を崇拝し、信仰を深めたが、それは迫害者からすれば、キリシタンが統治秩序に反する「邪法」であることになる。禁教と迫害の要因はそこにあるとする。

竹山瞬太論文は、元和大殉教において殉教した日本人のイエズス会司祭木村セバスチャンの潜伏下の活動を追ったものである。ローマ・イエズス会文書館所蔵の木村の日本語書状から、彼がイエズス会とドミニコ会の間の「公事」すなわち布教論争に関与していたとする。木村は、ドミニコ会系ロザリオの組との間で軋轢を引き起こしたが、それは長崎外町にも影響を及ぼす彼の広範な活動と彼の純粋さによると指摘されている。

デ・ルカ論文は、「元和大殉教図」の史料的根拠を丹念に追跡し、絵画の成立を通して情報伝達のあり方を描出している。清水論文と竹山論文はイエズス会と托鉢修道会との対立を背景として元和大殉教に至る要因を探っている。清水論文は慶長期から元和期に至る迫害の流れに置くことで巨視的に捉え、竹山論文はひとりの日本人司祭の行動から大殉教を捉え直している。三つの異なる視点から元和大殉教が描き直されていると言えよう。

第一章 「元和大殉教図」についての新情報

デ・ルカ・レンゾ

はじめに――偶然な出会い

二〇二二年は元和の大殉教から四〇〇年が経ったことを思い起こしながら、スペイン語の史料を探していた。そのうち、ガルシア・ガルセス（García Garcés 一五六〇―一六二八）神父の一六二三年の報告で記された、後述の「Pinturas Grandes」（大きな絵、複数）という表現は私の関心を引いた。スペイン語のありふれた表現だったが、気になって調べることにした。その結果、その表現は一六二二年の長崎で行われた「元和大殉教」の絵についてであり、長崎からマニラに送られたことの記述であることを確信できた。その表現は、今まで把握していなかったことの発見につながった。この記事で今まで確認できたことについて考察したい。

一、「元和大殉教図」について最初の情報

ローマのジェス教会にある「元和大殉教図」（【図1】）については数多の研究があり、ここでは絵そのものについて、また殉教そのものについてではなく、その絵（図）がどこで、いつ作成されたかについて新しく得た情報に絞りたい(2)。

まず、この記事の発端になった基本史料、つまりガルシア・ガルセス神父の報告、その原文のスペイン語とその日本語訳を紹介する(3)。

(de) Este Martirio tan insigne assi en numero como en calidad vinieron a esta Ciudad dos Pinturas grandes aunque de diversos pintores pero no discrepaban entre si en cosa de importancia. Lo en orden de ponerlos estacas a los martires avia alguna diferencia pero la que nos enbiaron los Pes de ntra Comp. que parece las harian pintar con grande puntualidad y exaccion y la lista mas corregida y enmendada que ahora nos enbia el P. Fran.co Pacheco Provincial del Japon concuerdan entre si totalmente y dellas sacaremos no solo el numero de los Santos Martires, mas tambien el orden como estuvieron en las columnas...

人数にしても内容にしてもこの偉大な殉教についてこの町（マニラ）に二枚の大絵が届いた。異なった作者であったが、内容に関して大事な相違がない。殉教者の柱の順番に細かい相違がある

ものの、イエズス会の神父たちが送ってくれた物は非常に正確に作られている。ただ今日本管区長フランシスコ・パチェコが送ってくれた記録は最も修正されたものであり、完全に一致するのでそれを元に殉教者の人数と柱の順番を書き出す。

この箇所を見れば、すでに一六二三年一月に「長崎から」「イエズス会員が作らせた」一六二二年の殉教の大きな絵二枚がマニラに届いていたことが明らかである。つまり、今までのマカオで作成されたという通説が当たらないことになる。当然ながら、ガルセス神父がここで述べる二枚の絵はローマのジェス教会に現存する物であるかどうか分からない。しかし、その内容は一致していることが断言できる。ロドリゲス・ジラム神父による一六二二年の年報にも「我らの神父らが絵と記録による伝えるように」[4]とあるので、最初から殉教図を送ることになっていたことが分かる。殉教図はローマに送られた報告と一致しているのみならず、当時によく用いられた飾り（光線、天使など）を用いず、写実的な絵であり、列福調査に役立つような意識を込めた作品であったと考えられる。当時、乱用を防ぐために殉教者や尊者について様々な規定があり、それに従う作成が求められた。[5]それについて、最近発見されたジュアン・バウチスタ・ポザ神父による一六二八年の原稿が現存する。それに、[6]

[f.66v] ... ni pintar sus imágenes con diademas y rayos, ni colocarlas en los templos de suerte que parezcan santos canonizados, ...

冠や光線を描いたり、それを聖堂に飾ったりして、列聖された聖人と思わせる絵を描いてはならない。

という一五六三年のトレント公会議（一六二二年のウルバノ八世教皇も再認）の規定を意識しながら、

[f.67] Puédense tener imágenes de los mismos santos, no excediendo de lo dispuesto por la Sede Apostólica, …

聖座が定めた基準を超えない限り、聖人たちの画像を持つ〔作る〕ことができる。

と述べている。それを考慮すれば、「元和大殉教図」は当時のローマの規定に従って描かれたことになる。

当時は修道会同士の競争があり、(7)自分の仲間が殉教したことをできるだけ早く世界に知らせたかったに違いない。後述の通り、この殉教についてそれぞれの修道会が独自に報告を書いてマニラ、メキシコ、ローマなどに送った。同時に、この殉教には一般信徒、フランシスコ会、ドミニコ会とイエズス会のメンバーが含まれているので、相手の殉教者を無視して自分の修道会だけの報告は不適切に思われたようである。(8)その前後の殉教が多かったこともあり一六三〇年代になると合同で調査を行うことになった。それぞれの修道会の報告が出たので、一六三四年にマカオで整理した調査報告と認可された写しが書かれ、関係者に送られた。(9)

メキシコで印刷されたパンフレットは上述のローマのイエズス会文書館に現存するガルセス神父報

告の原文に忠実であり、できるだけその情報が広く伝わる意図が感じられる。(10) そのタイトルは引用した Jap.Sin. の原文と少し異なり、『ガルシア・ガルセス「日本の教会に於ける一六二二年にあった迫害の報告」』（Relación de la Persecusión que hubo en la Iglesia de Japón,...en el año 1622" Mexico, 1624）になっている。その p.11v に、

長崎から（マニラに）届いた絵（複数）がそれを示している。つまり、斬首された首が聖なる殉教者に向かって高い板の上に置かれたこと。

とあり、現場を見た人が殉教図を描いたとしか思えない表現である。言うまでもなく、ガルセス神父はその二枚をマニラで受け取り、当時日本にいなかったが、その二枚の絵を見て報告を書いているので現地の状況も確認できる前提で書いている。マンザノ神父が書いた上述の一六二三年の報告に、「最近スペインに届いた喜ばしい知らせ」（la dulce nueva que llego á España estos dias）とあるので、ドミニコ会からも殉教から一年経たないうちに、その知らせがスペインに届いていたことが分かる。ガルセス神父の手書き原文（Jap.Sin. 29, f.45v【図2】）に、「日本から（マニラに）届き、殉教について報告するまで大司教館にあったあの絵がそれ（殉教）を示している」(11) とあり、左枠に「長崎から来た物の写しであり」との挿入があるので、一六二三年の段階では長崎から届いた絵とその写しがマニラにあったことが確実である。ジェス教会にある物であるかどうかを別にしても、マニラの司教館にあった写しは後に列福調査のためにローマに送られ、また、ガルセスたちに届いた原画がローマに

送られた可能性がある。本来なら長崎から届いた一枚を司教館に届けてもよいはずだが、一枚の「写し・模写」（traslado）を作ることになった。おそらく、原画の二枚とも行き先（ローマなど）が決まっていただろう。時代が不明だが、現在長崎歴史文化博物館にジェス教会の物を簡単に模写した作品の「元和八年九月十日長崎西坂に於いて司祭二十五名信者三十名殉教ノ圖」という古写真があるので、おそらく、何枚かの模写が作成されたのだろう。一八六〇年代の列福調査にも関わったレオン・パジェスによれば「殉教図は当時にマニラで描かれたものであり、列福調査のためにボエロ師が写真を撮ってその一枚を私（パジェス）に渡した」[12]。ガルセス神父の報告を引用するパジェスがあえて長崎ではなく、マニラで描かれたと書くのは、おそらくマニラで作製された写しについて語っていると解釈できよう。どちらにしても、一八七〇年前後に殉教図の写真が出回っていることが確認できる。

また、一九二五年前後この殉教図が日本の研究者にも注目され、写真も掲載されるようになった。松崎實著『切支丹殉教記』にもジェス教会の殉教図の模写の写真が掲載され、以下の説明がついている。

> 長崎在留の西班牙人なる医師は聖徒所刑の常日海上に船を浮べて、船中より殉教の実景を筆写したが、此の絵は更にマニラにて大幅の油絵に書き直され、羅馬の大聖堂に納められて今なお保存せられると云う[13]。

ビリオン師による明治二〇年の『日本聖人鮮血遺書』にはすでにその「船と医師」の話が書いてあ

るので、ビリオン師が日本語に関する最初の出典になる。この本には「スペイン人の医者が描いた」、「イエスの教会に保存」とある。[14] 残念ながら、その情報をどこから得たか分からないが、それによれば、先ず長崎で簡単な殉教図が作成され、マニラでジェス教会にある物と同じ物が作製されたことになる。尾池義雄著『切支丹宗門戦の研究』（昭文堂、大正一五年）にもその写真が掲載されているが、上述の松崎本掲載と同じ物であり、「この絵もまた長崎の大浦なる天主堂の宣教師の蔵するところである」とある。面白いことに、出版（一九二六年）まもなく（一九二七年）再版された永山時英著『切支丹史料集――対外史料宝鑑』第一輯に掲載の写真は、「羅馬府ゼス寺院藏」と明記しながらも模写の写しの写真である。[15] 昭和初期にローマに原画と模写があったか、また間違って掲載したかである。なお、この写しはいつ作られたかは不詳でありながら、キリシタン時代から迫害が続いた長崎に残った可能性は低い。また、ジェス教会にある物の正確な色などを考えれば、（確認できる限り）色がついていない簡単な模写は作れないであろう。むしろ、明治以後、ジェス教会の物が知られてから日本で模写が作られたと考えた方が自然だろう。前田青邨作の「切支丹と仏徒」という一九一七年の絵画作品の中に、キリシタン人物の裏、ジェス教会の原画でもその写しでもない、明らかに「元和大殉教図」をイメージした絵が見える。[16] 前田氏は自由に描いたに違いないが、殉教図を見てから描いたことに疑う余地がない。従って、松崎氏が述べる通り、大浦天主堂に今まで述べてきた「元和大殉教図」の写しが存在していたと断言できよう。

最近、研究者何人かの厚意によってマニラの司教館にあった「写し」を探して頂いているが、現在に至って実物も、その情報も出てこない。ただし、大作であり、大事にされたと思われる物でもあるのでいつか発見される期待を持ち続けている。

ジェス教会にある絵はいつ届いたかは不明である。なお、Broekaert 氏が一八六八年に書いた本に、その目撃者の一人によって描かれた絵が現存する。それぞれの場とそれぞれの修道服を着た二一人の修道士が描かれている[17]。

とあり、Victor de Buck は一八七一年に殉教図がジェス教会にあったと明記している[18]。その後、ローマまで行って研究した日本人が多いが、確実な情報は得られなかった[19]。

二、迫害中の長崎で描いて外国に送るリスク

ここで、隠しにくく役人に見つかったら命すら危うくなる殉教図を描く意味について考える必要がある。スタイルが異なるとはいえ、同じローマのジェス教会に一六一九年の殉教図と、イエズス会員の殉教者を合わせて描いた作品のあることが参考になる。少なくとも元和時代までは迫害されていた日本の教会にとって、殉教者たちが認められることは励ましになると考えられていた。それで文書のみならず、絵を通して現実を知ってもらうことが大事だったと思われる。後に元和の大殉教に加わることになったドミニコ会のフランシスコ・デ・モラレスは一六一八年三月一二日付の手紙で「私は殉教とその状況を現す絵を、我が殉教者の古巣ヴァリャドリドの聖パウロ修道院に送ります。それを元

に向こうの優れた画家がより芸術的な物を作製しますように[20]」と書いているので、様々な「殉教図」が描かれたのであろう。もう一つの史料として、一六二五年一月二三日付の「最初の日本殉教者の列聖を支援する三つの書簡を願うＦ・Ｐ・バウティィスタ修道士の覚え書き」に以下の箇所がある。

その列聖は新しい迫害に悩まされるこのキリシタンたちの安らぎと励ましとなるでしょう。というのは、一六二二年に二ヶ月の間一一八人が苦しい殉教を遂げました。多くは地元の人で、それにそれぞれの修道会のメンバーであり、それについて記録と絵（relaciones y pinturas 複数）を持っていきます[21]。

残念ながら、バウティスタ神父が述べる「絵」の詳細は不明であり、ガルセスが見た物であるか、全く異なった作品だったかは確定できない。しかし、イエズス会のみならず、他の修道会も文書と絵を合わせて報告する必要があると思ったようである。その状況を体験していない人にとって、絵の分かりやすさと説得力は疑いがない。

三、目撃者の報告との一致

上述したイエズス会のガルセス神父やドミニコ会のマンザノ神父は「殉教を目撃した人の証言を元に」と書くが、証言そのものを出さずに解釈を含んだ出版物を残した。ここで、上述の二人が用いたかどうかは不明だが、現存する目撃者の報告を一つ紹介したい。それは後に殉教したベント・フェルナンデス神父が残した『元和大殉教記録』である。この史料はすでに翻訳されているので詳細を省くが、「元和大殉教図」はこれを基にして描いたと思われるほど、この記録と一致している。一例として、一人の子供殉教者の場面がある。

二人か三人の首が小さなイグナシオの前に転げ落ちたのにまったく恐れを示さなかった。良い母は勇敢に最初に命を捧げたにもかかわらず、汚れのない無邪気な子羊はしっかりして落ち着いていたので皆を驚かせた。このように身動きもせず静かに殺された(22)。

この場面は目撃をした人にしか書けないが、「殉教図」の内容と一致している。同じ場面を現場で見た人か、また、この報告を読んで描いたとしか考えられない。この史料の翻訳を出版した結城了悟師が殉教図との一致を指摘した。参考まで殉教地の特徴について書かれているところを引用しておく。

この順序でこの美しい行列は長崎に近く「聖なる」と呼ばれる場所に着いた。……この場所は町から三、四通りほど離れて、大村、肥前、また他のところへ行く道沿いにあって道から海の方向に小高い場所があり、その両側が低くなっているので遠目には島のようであるが、海より高く道より低い場所であった。そこから割合に高い山がだんだんせり上がっていて、そのような形で今の出来事にはちょうど相応しい場所である。即ち、四方からでもそこで行われる事がはっきり見える。海側は船から、陸側では人々が山裾と峰まで見え、このように美しい場所でしばしば殉教があったので「聖なる山」と呼ばれている。しかし事実は、この町の住民は決してこの日にこのように多くの殉教者がいるのを見てもそれほど尊敬したことがないし、日本中で神の教会の誉れである三つの修道会から一度に殉教した修道者はそんなに多くはなかった。[23]

この箇所にあるように、当時からこの殉教は特別扱いされ、前の殉教者との関連もあり、一六二二年に殉教地は「聖なる山」と呼ばれていたことが分かる。[24] それを考えれば、西坂は以前から殉教地として知られ、描かれた場所であったことになる。「元和大殉教図」は最初から新たに描かれるより、前にあった殉教図を基にして描かれたことも考えられ、今まで「迫害中の現地でそれほど早く描く可能性が低い」とされた難問に答えが見えてくる。

もう一つ、前から難問とされたことがある。それは「迫害の真最中に隠せないほどの大作を描くことが可能か」ということである。確かに、それに対する疑問が残るが、その状況でも描くことが可能だったと思わせる史料を紹介したい。その一つ、オルファネル神父『有家と口之津での殉教報告』（一六一四年）に、

彼ら〔赤星兄弟〕の霊的指導者であった代理アロンソ・メナ神父が彼らの殉教図を送っています。それによってここで書くことがより詳細に分かります。[25]

イエズス会のみならず、他の修道会も日本から殉教図をヨーロッパに送っていたことが分かる。なお、このメナ神父が送った絵についてそれ以上の情報が得られず、どんな物だったか、届いたのかどうかは不明である。しかし、「長崎より一六二五年一一月四日付マスカレニャス神父宛ベント・フェルナンデス書簡」に、

貴殿の一六二三年の書簡を頂きました（略）それと一緒に素晴らしい油絵を頂きました。それとこの僕を思い出して下さったことを感謝致します(26)。

とあるので、元和大殉教の三年後でも長崎に潜伏していたベント・フェルナンデス神父がローマから送られた油絵をもらうことができた。また、同じ手紙の別の箇所に、

今は欲しい物と言えば、我らの聖人たちの大きくて多くの紙絵です。というのはこの本部の管轄に多くの場所があり、それに間に合うほどの絵を描ききれないからです(27)。

とある。つまり、制限された形であるが、一六二五年でもイエズス会本部（長崎）の管轄で、絵が作成され続けたことは明らかである。引用での表現を考えれば、絵を描いていた場所は本部管轄内の離れた可能性もある。迫害時代、目立つ長崎の本部よりその周辺、つまり、不動山、古賀、茂木、外海

が大きな役割を果たしていた。[28]ヨーロッパの恩人たちによる金銭的な援助も欠かせなかったようである。当時の会計報告があり、一六二二年と一六二三年に関するところ、「〔日本〕管区の列聖関係支出：三八三と五八三〔クルザード〕」[29]とあり、記述すべき項目であったことが分かる。

もう一つの問題として、果たしてそれほど良質の絵を描く人物がいたかである。技術に関してキリシタンのみならず屛風を描く専門家が多くいたので注文することは可能だったはずである。キリシタンの間でも宗教画の専門家が育てられ、その技術にヨーロッパ人も驚いていたほどである。一例に過ぎないが、一五九六の年報に、

この家〔修道院〕の入り口に聖ルカの聖母画が飾ってあった。それは一九歳のイルマン〔ルイス・デ・ラ・クルス、後ヴィセンテ塩塚〕が画いた物で、青年がこれほどの精密と完成度をもって画けると信じがたいほどであった。[30]

様々な観点から考慮するとガルセス神父の報告に出る情報、つまり、殉教のおよそ半年後「元和大殉教図」が長崎で作成されマニラまで届いたのは信頼に値するといえる。なお、その時間にそれほどの芸術家が長崎周辺に居て、絵を作成する材料が手に入り、できた絵をマニラまで運ぶ船があったことが条件になる。今までの考察から可能であったことは明らかであるが、より詳細な情報が出ない限り断言できない。

おわりに

日本の殉教に関して述べようとすれば二十六聖人と並んで元和大殉教が代表的な出来事である。なお、二十六聖人を描いた一七世紀の絵や図が多くあるのに対して、元和大殉教についてはここで扱ったジェス教会にある物しか知れ渡っていないといえる。強烈な印象を残すと同時に現実をありのままに伝えている雰囲気がある。だからこそ、以前から様々な観点によって研究の対象になってきた。今回は作成場所と年代に絞った研究だが、まだ不明なところがあり、今後につながると期待している。ここで紹介した史料だけでは「元和大殉教図」が出来事の直後、長崎で描かれたと断言はできないが、今までの通説よりその可能性が高まったとしても過言ではないだろう。

この研究を通して元和大殉教に関しての様々な報告、少なくても二枚の殉教図の作製などを考慮すれば、迫害中の長崎周辺にその迫害に対応できる体勢ができていたことを示すと思うようになった。迫害者はキリシタンの考えや行動の理解を深めたと同時に、迫害されていたキリシタンも徳川政権と役人たちのやり方に耐えうる方法を作り始めていたようである。元和時代の大殉教（京都、長崎、江戸）が真っ向からの対立であったとすれば徐々に潜伏への姿勢が、さらには共存への道が見えたと解釈できる。迫害そのものは明治初期まで続いたが、キリシタンたちは形を変えながら「生き残る」道を開いたともいえよう。「元和大殉教図」は外部の人が描いた物としてより、その歴史の一部として見る方がよさそうである。

主な参考文献

Giuseppe Boero, “Relazione della Gloriosa Morte di Ducento e Cinque Beati Martiri nel Giappone”, Roma, 1867.

José Blanco Perales, “La Pintura como Testimonio: La intertextualidad entre el cuadro de los martirios de Nagasaki de 1622 y la crónica de 1625 de García Garcés”（Mirai. Estudios Japoneses 1）Universidad de Oviedo, 2017.

José Blanco Perales, “La Imagen del Martirio Japonés en el Período Namban: el cuadro del Gesù representando el Gran Martirio de Nagasaki y su función en la propaganda jesuítica de la mission”（Tesis Doctoral）Universidad de Oviedo, 2019.

Jose Delgado, “Beato Jacinto Orfanell, O. P. Religioso de la Provincia Dominicana de Aragon: Cartas y Relaciones” 1983.

Léon Pagés, Histoire de la Religion Chrétienne au Japon depuis 1598 jusqu’a 1651, Paris, Charles Douniol, 1869.

Léon Pagés, Histoire de la Religion Chrétienne au Japon depuis 1598 jusqu’a 1651, Seconde Partie, Annexes, Paris: C. Douniol, 1870.

R. Montanari et al., “The Jesuit Painting Seminario in Japan: European Renaissance technology and its influence on Far Eastern art” @2021 John Wiley & Sons Ltd. X Ray Spectrum 2022.

Reinier Hesselink, *The Dream of Christian Nagasaki: World Trade and the Clash of Cultures 1560-1640*, 2015.

Joseph Broeckaert, "Vie du B. Charles Spinola du le Compagnie du Jésus et Notice sur les autres martyrs du Japon Béatifiés le 7 Juillet 1867", Bruxelles, 1868.

Victor de Buck, "*Le Gesù de Rome: notice descriptive et historique*", Bruxelles, 1871.

Relación de la Persecusión que hubo en la Iglesia de Japón, ...en el año 1622" Mexico, 1624.

Relacion Verdadera y breve de la Persecucion y Martirios ... 15 Religiosos de S. Francisco, Manila, 1624.

古賀十二郎『長崎洋学史』上巻、長崎文献社、昭和一一年。

姉崎正治『切支丹迫害史中の人物事蹟』同文館、昭和五年。

永山時英『切支丹史料集――対外史料宝鑑』第一輯、丸善、昭和二年（増補訂正版）。

松崎實『切支丹鮮血遺書』改造社、大正一五年。

松崎實『切支丹殉教記』春秋社、大正一四年。

イエズス会「（一六二二年の）日本殉教報告」一六二三年八月日付、マニラ発（松田毅一監修『17世紀イエズス会日本報告集』II―3、同朋舎出版、一九九七年）。

レオン・パジェス著／吉田小五郎訳『日本切支丹宗門史』中巻、岩波書店、一九三八年。

ファービオ・アンブロージオ・スピノラ著／宮崎賢太郎訳『カルロ・スピノラ伝』キリシタン文化研究シリーズ、キリシタン文化研究会、一九八五年。

小俣ラポー日登美『殉教の日本』名古屋大学出版会、二〇二三年。

ホセ・デルガード・ガルシア編注／佐久間正訳『福者フランシスコ・モラーレスＯ・Ｐ・書簡・報告』キリシタン文化研究会、一九七二年。

『大日本史料』第十二編之四十六、東京大学史料編纂所、昭和四八年。

結城了悟『長崎の元和大殉教』一六二二年ベント・フェルナンデス神父による記録、日本二十六聖人記念館、二〇〇七年。

注

(1) この殉教図、またこの殉教についてインターネットでも豊富な情報があり、精密写真も閲覧できるのでそれを参照にしていただきたい。なお、大浦天主堂キリシタン博物館蔵「元和の殉教図」もあるが、一八七〇年の作品であり、ここで扱わないこととした。日本語での元和大殉教関係として、『大日本史料』第十二編之四十六、東京大学史料編纂所、昭和四八年は、原文と日本語訳の基本的な史料を網羅している。

(2) これについて最近に出たスペイン語圏の研究を参考にした。特に推薦できるのは、José Blanco Perales, "La Imagen del Martirio Japonés en el Período Nambam: el cuadro del Gesù representando el Gran Martirio de Nagasaki y su función en la propaganda jesuítica de la mission" (Tesis Doctoral) Universidad de Oviedo, 2019（以下ペラレス "La Imagen …" と略す）と、R. Montanari et al. "The Jesuit Painting Seminario in Japan: European Renaissance technology and its influence on Far Eastern art" @2021 John Wiley & Sons Ltd. X Ray Spectrum 2022。両方ともこの記事と異なった観点の研究だが、大いに参考になる。

(3) マニラよりガルシア・ガルセス（García Garcés）神父の一六二三年一月一五日付報告。ここでJap.Sin. 29 f. 44より原文を修正せずに載せる。以下は同様。このテキストはパンフレットの形で印刷され一六二四年にメキシコで出版された。そのパンフレット写真（全ページ）はJap.Sin. 60, 170-219vに納めてある。比較しやすい形でそれぞれの原文（スペイン語）が、José Blanco Perales, "La Pintura como Testimonio: La intertextualidad entre el cuadro de los martirios de Nagasaki de 1622 y la crónica de 1625 de García Garcés" (Mirai. Estudios Japoneses 1) Universidad de Oviedo, 2017に出ているので詳細は参照に。

(4) 総長宛一六二二年報（一六二三年九月三〇日付（ラテン語文）… pluribus ex nostris Patribus quorum figuras ac nomina referebat … Jap.Sin. 60, f. 119。

(5) 特にトレント公会議の「聖人の取り次ぎと崇敬、遺物、聖画像についての教令」（Sessio XXV: De invocatione et veneratione et reliquiis Sanctorum et sacris imaginibus）（日本語訳は、デンツィンガー／シェーンメッツァー『カトリック教会文書資料集（改訂版）』エンデルレ書店、二〇〇二年、三一五頁（一五六三年一二月三日）では迷信的な要素を避け、教会が公に認めた画像しか使わない規定を定めた。この規定は今日に至っている。

（6）この二つの引用箇所は、G. Marino-M. López: UN MANUSCRITO INÉDITO DEL P. JUAN BAUTISTA POZA, SJ: APOLOGÍA DE LOS MÁRTIRES DE JAPÓN（557-1628）（in: ESTUDIOS ECLESIÁSTICOS, Universidad Autónoma de Madrid, vol. 90 (2015), núm. 352）p. 127 よりの拙訳。この記事の研究は時代背景などの説明が参考になる。

（7）これについて、それぞれの修道会外の立場から、カルラ・トロヌ氏 Carla Tronu, THE RIVALRY BETWEEN THE SOCIETY OF JESUS AND THE MENDICANT ORDERS IN EARLY MODERN NAGASAKI（in: Agora: Journal of International Center for Regional Studies, No. 12, 2015）、などで詳細な研究がある。

（8）詳細を省くが、一五九七年に殉教した二六聖人についての報告と列福・列聖調査は最後まで（一八六二年）二分化したことを教訓にしたと思う。アウグスティノ会側の報告として、『アウグスティノ会代理管区長グティエレス報告書、一六二二年十月二十九日』（Dos relaciones del Martirio en Japon de 1622 par Padre Fr. Bartholome Gutierrez, Vicario Provincial de la Orden de San Augustin）がある（『大日本史料』第十二編之四十六、(Doc.V.) 六二頁、日本語訳は二四六頁）が、イエズス会員として三人しか数えていない。殉教から一ヶ月余りしか経っていない段階ではまだ全体を把握できなかった現れでもある。イエズス会側も「二隻の船を通して届いた一六二三年八月一二日付のマニラについた報告」（同上一九〇頁日本語訳掲載）を一六二四年にリスボンとマドリードで出版していることから考えてもできるだけ早く情報を伝えたかったことが分かる。

（9）モレホン神父は、一六三五年一〇月一七日付書簡（Jap.Sin. 29, f. 132-133v）で、一六二二年の殉教者を含むマカオの列福調査の過程などについての説明を残している。それぞれの殉教についての目撃者の証言は列聖と列福に用いられてきた。手書きは、BRAH [Biblioteca de la Real Academia de la Historia, Madrid] Jes.Leg. 21 9/7236; 11-10-2/21: Tomos 566. また、Jap.Sin. 31, f. 373 にマニラよりそれぞれの修道会の代表者による一六三一年七月二五日付の殉教者列聖を願う教皇宛て書簡が現存することが参考になる。

（10）殉教図について書かれていないが、ドミニコ会の Melchior de Manzano 神父は一六一八年と一六二二年の殉教についての報告を一六二三年にマニラで出版した。このパンフレットは早い段階でそのイタリア語訳で出版された。その一六二四年版のイタリア語の写真は Jap.Sin. 60 f. 162-169 に収められている。筑波大学ベッソン・コレクション（Besson collection n. 256）に、Relatione vera del prestante, & eccellente martirio di dieci religiosi dell'Ordine de Predicatori ... l'anno 1622 ... In Venetia: Per Giorgio Valentini, 1626 という史料がある。訳せば、『主イエス・キリストの愛のため、大勢の日本帝国で行われたドミニコ会の一〇人の偉大な光栄なる一六二二年の殉教についての真実の報告。日本から届いた殉教の場に立ち会った目撃者による証言を元に。マニラのドミニコ会修道院の院長、メルキオル・マンザノによる。ヴェネツィアの貴人ピエトロ・フォスカリノのスペイン語よりイタリア語訳。ヴェネツィア、一六二六年、ジョルジョ・ヴァレンティニによる出版』。フランシスコ会もこの殉教についてマニラでパンフレットを出版した：Relacion Verdadera y breve de la Persecucion y Martirios ... 15 Religiosos de S. Francisco, Manila, 1624。

(11) "Relación Copiosa de los muchos y atroces martyrios que este año passado de 1622 uuo en el Reyno del Iapon ..." Jap. Sin. 29, f. 45v（マニラ、一六二三年一月一五日付）より拙訳。

(12) レオン・パジェス著、吉田小五郎訳『日本切支丹宗門史』中巻、岩波書店、一九九一年（第一一刷）二六七頁を参照。（一八六九年のフランス語版、五二二頁）。

(13) 松崎實『切支丹殉教記』春秋社、大正一四年、一八六頁。旧字を改めた。姉崎正治『切支丹迫害史中の人物事蹟』同文館、昭和五年も似た表現を使うが「ポルトガル人の医師による作品と伝えられた」と述べながら、本人は日本人による作品との意見を明記した。

(14) ア・ビリヨン著『日本聖人鮮血遺書』日本殉教者宣伝会、昭和六年（七版、明治二〇年初版）二四七―八頁。松崎實著『切支丹鮮血遺書』改造社、大正一五年、二四七頁と古賀十二郎『長崎洋学史』上巻、長崎文献社、昭和一一年、五四〇―四四頁を参照。

(15) 永山時英著『切支丹史料集――対外史料宝鑑』第一輯、丸善、昭和二年（増補訂正版）、史料一七番で、写真と日本語、英語の説明がある。

(16) 前田青邨「切支丹と仏徒」、『現代日本美術全集』15、集英社、一九七七年（第四刷、作品一〇番）に写真と説明がある。

(17) Joseph Broeckaert, S.J., Vie du B. Charles Spinola, Bruxelles, 1868, p. 204より拙訳。

(18) Victor de Buck, "Le Gesù de Rome: notice descriptive et historique", Bruxelles, 1871, p. 59に、元和大殉教図の描写が出る。Perales, "La Imagen ...", p. 60でその解説をし、ジェス教会の様々な目録を調べた。ボエロ師は日本二〇五殉教者の本（"Relazione della Gloriosa Morte di Ducento e Cinque Beati Martiri nel Giappone", Roma, 1867, p. 56）にも「現地の目撃者が描いた殉教図は現存する」と書くが、当時の情報であったか、列福調査の段階での情報か明確でない。

(19) 幸田成友「羅馬に在る日本殉教者圖：口繪説明」、『史学』三田史学会 Vol. 9, No. 2 (1930.6), p. 155 (327) 1-64 (336) に原画の写真とその解説を残している。上述の古賀氏も解説している。

(20) パジェス『日本切支丹宗門史』フランス語の付録、Annexes (Paris, 1870) p. 189より拙訳。

(21) "Memorial de fray Pedro Bautista, procurador de Japón de la Orden de San Francisco, pidiendo tres cartas para

Roma en favor de la canonización de los primeros mártires de Japón. Consejo, 23 de enero de 1625". A. Reyes Manzano. LA CRUZ Y LA CATANA RELACIONES ENTRE ESPAÑA Y JAPÓN（SIGLOS XVI-XVII）(Tesis Doctoral 2014) Documentos p. 488 のスペイン語より拙訳。

(22) 結城了悟、『長崎の元和大殉教』一六二二年ベント・フェルナンデス神父による記録、日本二十六聖人記念館、二〇〇七年、八〇頁より。原文は Jap.Sin. 60 f. 247v。

(23) 同上、七四頁より。原文は Jap.Sin. 60 f. 245v。

(24) イタリアで一六二八年に出版された『カルロ・スピノラ伝』（日本語訳の一四九頁）にも同じ（luogo … chiamato santo）表現が出る。

(25) 元の史料は、"Breve Relación de los Martyres de japón para el Padre Fray Balthasar Fort. Persecución de Arima. Ariye. y Cuchinots." [Fol. 346=106.]。Jose Delgado: BEATO JACINTO ORFANELL, O. P. RELIGIOSO DE LA PROVINCIA DOMINICANA DE ARAGON: CARTAS Y RELACIONES, 1983, p. 363 より拙訳。

(26) Jap.Sin 35 f. 171 より拙訳。

(27) Jap.Sin 35 f. 172 より拙訳。

(28) これについて、拙稿、「古賀地方の殉教者」（『長崎談叢』第九八輯、平成二二年）と、「不動山、長崎と運命を共にした教会」（『長崎談叢』第九九輯、平成二五年）を参照。また、長崎周辺の本河内周辺で隠遁生活をしていた殉教者について、結城了悟「元和大殉教の五人の隠遁者」（『キリシタン文化研究会会報』一二一、二〇〇三年）で、迫害中での動きが描かれている。

(29) "Desponderaose no que cabe a esta Prov.a nos gastos da canonizacao 383 v 583 c' o" Jap.Sin. 23, f. 53v より拙訳。当時の会計報告（Res Temporales）関係は Jap.Sin. 23 全体にわたる。この時代にインク、用紙などに使われた金額も報告されている。

(30) JapSin 46, 283v より拙訳。同じ一五九六年報に絵を描くことに専念していた八人、版画を作る五人がいたことが明記されている。模写された西洋風の絵が原画と区別つかないほどであったとも述べられているので、技術の高さに疑問がない。

第二章　慶長・元和期の禁教・殉教と托鉢修道会

清水有子

はじめに

先行研究において、一六世紀末来日した托鉢修道会は、イエズス会と聖俗両面にわたる激しい対立抗争を展開したことが知られている。その抗争の内訳は多岐にわたり、高橋裕史の整理[1]によると①日本をポルトガル領とするデマルカシオンの規定に対する解釈、②日本における布教方法、③活動資金調達手段としての経済活動、④教団と信者の保護を目的とした軍事活動、の四点が代表的なものである。

かかる抗争について加藤榮一は江戸幕府の禁教令の要因になったとの意義を述べ[2]、高橋も加藤説を引用して対立抗争の重要性を指摘し、上記の整理をするにいたった。

しかしながら、この見解は二つの問題をはらんでいると思われる。第一に対抗関係と禁教令との因果関係が立証されていない。加藤は「このようなイベリア両国の利害対立に根ざした両者のあからさまな対立は、貿易政策上双方の宣教師との接触を持とうとした家康とその側近の吏僚たちにも当然、何らかのかたちで伝わったであろう[3]」と述べたにとどまり、対立抗争が禁教令の要因になったと実証したわけではない。徳川政権が禁教令を発令した背景・要因については国内の宗教統制策の一環などさまざまに指摘されており、本来はそれらを踏まえた、慎重な考証がなされるべき問題である。

第二の問題として、修道会間の対立の背景にイベリア両国家間の利害対立を措定している。しかし托鉢修道会の来日に反対したイエズス会巡察師アレッサンドロ・ヴァリニャーノは、その第一の理由に托鉢修道会がイエズス会と「修道服」、「動作」、「意見が相違し相反する」点をあげ、両者の不一致が日本人の入信の妨げになると指摘していた[4]。当事者としては托鉢修道会の特異な存在が日本の宣教状況に何らかの悪影響を及ぼすということを第一に懸念して来日に反対したのであって、同会がスペイン国王の保護下にあるからといった理由ではない。つまるところ日本への影響を考える場合の要点として、托鉢修道会による宣教の特性があげられる。

そこでこの点について先行研究を調べると、慶長の禁教令前後の長崎ではドミニコ会系のコンフラリア「ロザリオの組」が発展し、イエズス会系のそれを凌ぐ勢いであったことや[5]、殉教者を輩出したこと、潜伏およびかくれキリシタンの信仰に一程度影響したと考えられること[6]、などが指摘されている。以上の諸先学をふまえて、本稿では《托鉢修道会の宣教が慶長・元和期の殉教を牽引し、当該時期の禁教令の強化と「鎖国」の形成を促進した》との仮説を立て、これを検証したい。対象時期は紙枚の関係から慶長一三年年末（一六一四）に発令された、全国禁教令の前後にしぼる。論述の順番としてまず托鉢修道会の宣教の特徴、ついで全国禁令との関係を明らかにし、最後に日本人信徒が托鉢修道会の宣教を受容した論理と禁教令との関連を述べたい。

本稿で主に利用するのは、両修道会の書簡・報告書等のいわゆる教会史料である。これらは殉教史観への批判的観点から「護教的」「美化している」との評価が付され、研究上の活用は低調であった。しかし執筆者の思想的偏向はどの史料にも伏在する問題であり、このために必要な史料批判が適切に行われれば、使用に問題はないと考える。例えば一般信徒や幕府側の記録・文書をできるだけ併用することによって、宣教・殉教の様態はより客観的に検討することができよう。

第二の問題は、托鉢修道会側の文書の公開状況がイエズス会と比較すると不十分であり、これが従来の関連する研究の少なさにもつながっていると思われる点である。とはいえ、子細に調査するとまったく絶望的な状況というわけでもなく、本論で紹介しているロレンソ・ペレス、ホセ・デルガド・ガルシア、オノリオ・ムニョス、アルバレス・タラドリスらによる一次史料の詳細な解説、翻刻と翻訳の情報をたよりに、原文書にアクセスできるものも中にはある。

なおアウグスチノ会に関しては史料研究が不足し、来日した宣教師の数も少ないため、本稿では最小限の言及にとどめたことをお断りしておきたい。

一、慶長の禁教令とフランシスコ会

フランシスコ会は文禄二年（一五九三）六月に来日し、宣教活動を開始した。その動向には、慶長末年発令の全国禁教令すなわち「伴天連追放之文」の発令との密接な関係が見出せる。

もともとフランシスコ会は、家康がスペインとの貿易交渉のため、その来日と宣教を黙認したという経緯があった。しかし慶長一六年（一六一一）メキシコから答礼使節セバスティアン・ビスカイノが来日し、現地で日本人の渡航が禁止され、貿易交渉が不首尾に終わった事実を知ると、家康は宣教黙認の方針を転換する。[7] 翌年二月二三日、キリシタン武士岡本大八の捕縛をきっかけに次々と禁教政策を打ち出し、三月一二日頃駿府城の直臣層に、同月二一日には直轄領の駿府・江戸・京都・長崎に禁教令を発して、許可なく建設された教会・修道院を破却するにいたった。[8] 大八は同日火刑に処され、五月六日には大八に訴追された有馬晴信が甲斐国で自害させられたが、二人の処刑はキリシタンであるためと人々に受け取られた（駿府記[9]）。

この流れを受けて将軍秀忠も同年江戸の禁教に着手し、翌慶長一八年（一六一三）七月一日から翌日にかけ、江戸鳥越で同会の指導を受けていたキリシタン二二名を処刑するにいたった。この一件は同年末の全国禁教令の発令に無視しえない影響を及ぼしたと考えられるため、以下では当時日本にいたスペイン人商人アビラ・ヒロン『日本王国記[10]』およびフランシスコ会上長ディエゴ・デ・チンチョンの報告書[11]をもとにやや詳しく経緯を追ってみよう。両記録の当該部分は、当時ルイス・ソテロ神父が江戸から発送した書簡に基づきそれぞれ執筆されたと考えられ、ほとんど一致している部分もある。[12] なお以下本文の「　」部分は、注記した部分を除き、『日本王国記』からの引用となる。

ソテロ神父は慶長一七年の禁教令により江戸の教会が取り除かれたことを受け、居場所をなくした浅草のハンセン病患者のため、小さな庵を建造した。[13] しかしこの浅草の「寺（Tera）」の存在は日本人に訴えられ、三日後、江戸町奉行により信徒の神田トメとフランシスコ会同宿のグレゴリオが捕らえられた。江戸の教会の長老で武士の笹田ミゲル、ルイス・ソテロの宿主であった朝鮮人の「組の親」八官ジョアキンもまた、取り調べを受けている。

そして慶長一八年七月一日、八官ジョアキン、笹田ミゲルとその仲間計八名は鳥越の処刑場で斬首された。チンチョンが入手した同日付の宣告文（和文）は「此ものども御法度をそむきはてれん宗に罷成、其上組頭を仕候間如此也[14]」とある。宣教に重要な役割を果たす「組頭」であることが罪科となったのであり、事実ジョアキンの自宅ではミサが行われ、キリシタンが出入りしていた。

本稿で注目したいのは、翌日の七月二日にも一四名が処刑され、その罪状が「此拾四人もの此已前きりしたん御あらためめの時、宗ていをかへ申候由一札を致指上、又今度きりしたんに罷成候間如此也[15]」、つまり棄教した旨の一札を提出したにもかかわらず再び信徒になった、とする点である。事実この二日目の処刑についてヒロンは、江戸で受洗したマルコスが棄教したものの、その後改心して立ち戻り、精力的な宣教を行なったことが処刑のきっかけになった、と述べている。

江戸では町単位でキリシタンを相互監視することが命じられていたため、マルコスのような棄教者は多かったと想像される。前記した笹田ミゲルらが検挙された時点で三七〇〇名以上のキリシタンが名簿に登録され自宅に監禁されたが、彼らは「同じ町の住人たち」の責任下にあり、住人たちは率先して棄教を勧めていた。その効果は絶大であり、熱心な信仰者であったアポリナリオも「親戚友人、また同じ町の人々は猛烈に背教を迫ったので」転んだのであった。キリシタン取締りのため五人組制度が設置されたように、このような共同体的規制は禁教政策上有効であった。

それにもかかわらず、マルコスら一四名の立ち帰りが生じたのは、彼らを指導していたフランシスコ会士の教唆があったからである。例えば棄教した前記アポリナリオに「一フランシスコ会士」（ルイス・ソテロか）が、「信仰のほまれを取り戻し、お前が示した悪い手本を償うために、お前の町Machiの者たちのところへ行って去年背教いたしますと証文をかかされたけれども、あれはあなた方を喜ばせるために、わずらわしさやしつこい歎願から免れるためにしたことで、心からしたことではありませんと申しのべ」よと告げた、とある。江戸にいたマルコスらも同じく、棄教が大罪であり、公の信仰告白をすべきだと勧められたのであろう。しかしそれは殉教に直結する行為であり、アポリナリオはこの教えを守ったために捕縛され、牢死するにいたった。

一方イエズス会は、日本人の殉教を推奨しなかったことが知られている[16]。豊臣秀吉の伴天連追放令後に出版されたペドロ・ゴメス神父の日本語版「講義要綱」にも、一般信徒だけではなく、イルマンや同宿など、聖職者についても進んで殉教することは適切ではないと述べられていた[17]。

その影響であろう、江戸の刑死は日本司教から「殉教」とみなされたにもかかわらず[18]、イエズス会側の記録、例えば「一六一三年度イエズス会日本年報」を見てもごく簡単に触れられているにすぎない。わずかに一六一三年一〇月二八日（和暦九月一五日）付、大坂発、ジョアン・バティスタ・ポーロ神父がイエズス会総長に宛てた書簡で「これ（江戸の殉教）について皆が言っているのは、誰もキリシタンにならないようにという大規模な禁令が発令され、キリスト教界がかつてなく締め付けられた[19]」と、禁教の強化に影響した旨を簡単に述べた程度である。

しかしこの七月の江戸の殉教は、江戸幕府がはじめてキリシタンを大量処刑した事件として大きな衝撃を関係者に与えた。長崎奉行長谷川藤広は、一報を受けると「将軍が私にこの問題（有馬での信仰状況）について訊ねるに違いない」[20]と案じ、有馬氏に領内の迫害を促す書状を送った。これを受けて有馬氏は八月二三日（一六一三年一〇月七日）、キリシタン家臣とその家族総計八名を処刑している。彼は前年までは棄教を拒んだ信徒を墓場や屋敷内でひそかに処刑していたが、禁教令に従う姿勢を将軍に見せる必要があったからであろう、前記八名の公開処刑場を砂浜にしつらえ、キリシタン領民二万人以上が見守る中で火刑に処した[21]。

さらには九月中旬から一〇月中旬にかけて、京都で長崎出身の一信徒が処刑され、その刑死を群衆が崇拝する事件が起きた[22]。彼の罪状は禁教令違反ではなく、銀の購入という別の法度に違反したというものである[23]。つまり殉教者ではないにもかかわらず彼は群衆の崇拝を受けており、当該時期の信徒の間で殉教熱が相当高揚していた様子を看取することができる。

この京都と有馬の処刑は遅くとも一一月初旬頃までに幕府内で議論され[24]、翌月将軍秀忠名で「伴天連追放之文」[25]が発令されるにいたる。最初に同文の主要部分を示そう。

乾為父、坤為母、人生於其中間、三才於是定矣。(a)夫日本者元是神国也、陰陽不測、名之謂神、聖之為聖、霊之為霊、誰不尊崇。（中略）(b)彼伴天連徒党、皆反件政令、嫌疑神道、誹謗正法、残義損善(c)見有刑人、載欣載奔、自拝自礼、以是為宗之本懐、非邪法何哉、実神敵仏敵也、

右のうち日本を神国（傍線部ａ）、キリシタンを徒党と表現しキリスト教を「邪法」とした部分（傍

線部b、c）からは、豊臣秀吉の「伴天連追放令」との継承関係がうかがえる。しかし「邪法」の根拠として信徒の殉教崇拝に言及する（傍線部c）のは、この「伴天連追放之文」が初出となる。[26]

すなわち家康の時代に信徒の殉教崇拝がキリシタンの具体的な徒党行為として、はじめて問題視されるにいたった。先に有馬では二万人が殉教の場に参集したと述べたが、これを見た仏僧幡随意が「何かの一揆（levantamiento）だと思って大いに恐怖し」[27]たとあるように、殉教崇拝は当時一揆の徒党行為を想起させるものであった。かかる殉教崇拝の口火を同年の最初に切ったのが、フランシスコ会が関与した江戸の殉教だったのであり、この意味でたとえイエズス会史料に記載が少ないとしても、当該の事件は極めて重要な意味を持っている。

そのフランシスコ会は国外追放令の通達直後、長崎で聖堂の大門を開け、上長のチンチョンは「私たちはみな殉教と、人々の霊魂を救い、これを天国へ導く希望をもって日本へ来たものであることを忘れるべきではない」と演説を打ったとある。[28]彼らが日本宣教の目的を殉教の獲得においていたことは明らかである。

二、ドミニコ会の宣教方針

ドミニコ会は東南アジア貿易に力を入れていた島津義弘の招致をうけ、一六〇二年七月三日、ルソンから宣教師一行を薩摩国に派遣した。甑島に上陸した後一行は京泊に教会を建設し一六〇四年家康と会うなどしたが、一六〇九年四月上旬、島津氏が宣教師に追放を命じたために薩摩を出、海外貿易に力を入れていた鍋島氏の肥前佐賀に拠点を移した。その後長崎、京都、大坂、江戸、奥州にも進出を試みたが、国外追放令のために一六一三年一〇月八日に佐賀を立ち退いて長崎に移動し、九名中七名が潜伏するにいたる(29)。

このようにドミニコ会はフランシスコ会よりも日本宣教に従事した期間は短いが、その宣教活動は冒頭でも述べた通り、長崎近郊の潜伏キリシタン信仰に痕跡を残すほど影響力があった。ではその特徴とは何か。

一六一四年一〇月八日（慶長一九年九月五日）に佐賀を立ち退く際の出来事を記したアロンソ・デ・メーナの報告書(30)には、残される信徒のために佐賀で男女のコンフラリア（組）を作り、祈禱所での定期的な集会で信仰書を読み断食・苦行をすることなどの会の諸規則が定められた、とある。その規則のひとつは「迫害に際してはお互いに励まし合い、最後には教えを棄てるよりは神の御心に従って死ぬということを定めました。人々はみなこの規則を喜んで受け容れましたが、これは彼らにとって大きな利益でした」というものであった。

これはドミニコ会系のコンフラリアに特徴的な規則である。イエズス会のコンフラリアの包括的規則とされている「被昇天の聖母のこんふらりやの規則」のうち「第二章　組において、特にゆるされない『過ち』について」では、第一～三項目で殺人の過ち、第四、五、七項目に婚姻に関する過ち、その他に博打や人身売買、罪を認めない過ちなどがあげられ、最後の第一四項目に「信仰を告白するにおいて弱さを示し、たとえ表面上のこと以上でないとしても異教徒に妥協すること」との過ちが見える(31)。つまりイエズス会においても棄教は、殺人以下とならぶ大罪として教えられていたことがわかる。しかし同規則では罪を犯した者についてパードレに知らせるよう信徒に指示するにとどまり、「死ぬこと」まで明記してはいない。

一六一九年三月二〇日付、長崎発、ファン・デ・ロス・アンヘレス・ルエダの報告書では、国外追放後に有馬領内で実施されたキリシタン弾圧を取り上げている。[32]これによると彼は一六一五年三月、大勢の棄教者が出た口之津に赴き、そこでイエズス会の中浦ジュリアン神父と棄教者の取り扱いをめぐり口論となった。「まず棄教者たちが左兵衛（長崎奉行長谷川藤広）の面前で取り消すために出かける必要がない」と主張する中浦神父に対し、ルエダは「彼らがまず取り消しをしないなら（信仰に）立ち戻れないではないか、なぜなら彼らがこんなに簡単に立ち戻れるとするなら、棄教した罪の重大さを自覚しないであろう、また別の迫害が起った場合、こんなに簡単に立ち戻れるのなら、後で再び棄教することになりはしないだろうか」と反論したとある。ここには棄教した者が立ち帰りをする際には奉行の前で取り消す公的な信仰宣言が教育上必要だとするドミニコ会と、その必要はないとするイエズス会の方針の違いが鮮明にあらわれている。

そのルエダは自身の宣教について一六一五年三月二五日、長崎発、マニラ駐在宗教裁判所審問官宛書簡[33]で報告したが、追放令実施直後に長崎およびその近郊の棄教者をたずね「彼らが犯した罪の重大さを明らかにすると、彼らはこのようなことは全く知らなかったし、分かってもいなかったと言いながら、驚愕して」いたものの、「誓いを破棄するように義務づけたので、少ないけれども生命の危険を犯して幾人かが立ち戻」った、と述べている。イエズス会の宣教により信徒の間では棄教に対する罪の意識の希薄さが見られたが[34]、これに対してドミニコ会ではフランシスコ会と同様原則論を貫き、一般信徒に対しても殉教に直結する公的な信仰宣言を奨励したのであり、それに従う信徒もいたことがわかる。

以上イエズス会とは対照的に、フランシスコ会とドミニコ会が日本で原理主義的ともいえる宣教を展開していた事実を確認したが、これらの托鉢修道会には、なぜかかる特性が共通してみられるのであろうか。この問題はそれぞれの修道会の歴史的性格を踏まえ今後考えていかなければならないが、状況的にはこの時代のカトリック宣教がイベリア両国の世界事業の一環として行われて来たことの影響がここにあらわれているように思える。

すなわちイエズス会はポルトガル国王の保護のもと、東廻り航路でアジアに進出し、「その性格、習慣、諸事、取引き、および私たちの生活方法、その他すべてのことが、インドやヨーロッパにおけると異な」る日本[35]を早くから体験した結果、いわゆる「現地適応主義」に基づく日本人向け宣教のノウハウを獲得し、信徒が守るべき偶像崇拝禁止の規定についても神学者に諮り特例を認めさせていた。片や、西廻り航路で約半世紀遅れて来日した托鉢修道会の宣教の舞台はスペインの植民地中南米やフィリピンなど、教会が裁治権を行使することのできる植民地が中心であり、そこでは原則論にもとづいた宣教を比較的容易に展開しえたと考えられる。換言するならば、日本宣教における「現地適応主義」のゆえんを、托鉢修道会は身をもって理解することができなかったのではないだろうか。

三、大村の殉教事件とその余波

一六一四年一一月、幕府は国内にいた宣教師と高山右近らを四隻の船に乗せ、長崎からマカオ、マニラ、インドネシアへ追放した。五野井隆史によるとこのとき国内に四五名のパードレとイルマンが日本に残留し、宣教活動を再開したが(36)、翌年フランシスコ会士二名すなわちディエゴ・デ・サン・フランシスコとフアン・デ・サンタ・マルタがそれぞれ江戸と大村で捕縛された(37)。この影響について前者神父は「将軍は甚だ遺憾に思い、棄教者たる大村の殿〔大村純頼〕に対して怒りを発し」、「(大村氏が) 到る処に探偵を放ち、司祭を見付け出した者には賞を与えると布告した」と記しており(38)、大村で司祭すなわちパードレの訴人褒賞制が開始され、探索が強化されたことがわかる。

この措置の結果、元和三年（一六一七）春、大村氏は諫早でフランシスコ会士ペドロ・デ・ラ・アスンシオンを、五島でイエズス会士ジョアン・バプティスタ・マシャードを捕縛して処刑した。その直後ドミニコ会士アロンソ・ナバレテ、アウグスチノ会士のエルナンド・デ・サン・ヨセフが処刑され、彼らは全国禁教令後の最初の殉教者パードレとなった。また当該時期に大村氏家老の朝長次郎兵衛(純興)、同じく家臣の山口ドミンゴ父子、江尻フアン、宣教師を泊めた宿主二名もキリシタンであることを理由に斬首された(【関連年表】参照)。それでは元和三年の大村でなぜこのような《殉教の連鎖》が生じたのだろうか。

ドミニコ会士フランシスコ・モラーレスによると、五月二二日の最初の処刑後、「(宣教師らは) こ

【関連年表】	1617年の大村
4月下旬	大村氏、ペドロ・デ・ラ・アスンシオン神父を諫早で捕縛。
5月1日	五島にいたフアン・バウティスタ・マシャード神父を捕縛。
5月22日	アスンシオン、マシャード両神父を大村で処刑。
5月25日	アロンソ・ナバレテ、エルナンド・デ・サン・ヨセフ両神父の捕縛。
6月1日	ナバレテ、エルナンド両神父の殉教。
7月7日	アポリナリオ・フランコ、トマス・デ・スマラガ両神父を大村で捕縛。
	大村氏、上洛。
10月1日	宿主2名の処刑。中旬、大村氏の帰国。
11月4日	立ち帰り宣言をした朝長次郎兵衛（リノ）が斬首され殉教。
11月7日	「御法度」。
11月11日	浦上で大村家臣の山口ドミンゴ、トメ父子が斬首され殉教。
12月25日	ロザリオの組員江尻フアン二右衛門が斬首され殉教。

の迫害は（中略）生命をとるためだ、ということを知り」、「かえって捕えられることを望んで、前よりも自分の聖務を公然と行な」った[39]。ナバレテ神父がフェルナンド神父を連れて大村に入ったことについてはイエズス会のマテウス・デ・コウロスが「ただ自分の修道会からも殉教者が出ることを熱望して公然と大村の地でミサをあげ、大勢のキリシタンは大騒ぎして彼らについていった[40]」と報じており、やはり両神父は殉教を目指して大村に入ったとみることができる。

両神父の捕縛後、ドミニコ会はなおも後続の宣教師フアン・デ・ロス・アンヘレス・ルエダとトマス・デル・エスピリト・サント・スマラガを大村に投入し、フランシスコ会宣教長アポリナリオ・フランコも彼らに同行した。このうちアポリナリオとスマラガは捕縛され、モラーレスによると大村純頼が上洛のため大村を留守にした間、彼らは牢内でキリシタンの告解を聴き書簡をやり取りするなど精力的に宣教を展開し、一〇月中旬（和暦九月中旬）に帰国した純頼に、そのことが報告されたとある[41]。なお将軍秀忠は元和三年六月上洛し九月江戸に還ったので純頼はこれに供奉したものとみられ[42]、その期間はモラーレスの記録と一致している。

留守中の状況を知った純頼は一段と迫害を強化し、一一月四日、家老で立ち帰り宣言をした朝長次郎兵衛リノを斬首した。前記モラーレスの報告書によると、同月一一日にはやはり一度棄教したもののアポリナリオ・フランコの勧めで立ち帰った山口ドミンゴおよびトメ父子を浦上で、一二月二五日に江尻フアン二右衛門を斬首に処している。彼らはロザリオの組員であった。以上により大村の《殉教の連鎖》は、托鉢修道会とりわけドミニコ会の宣教の影響により生じたことが明らかとなる。

次に注目したいのは、この間大村で出された次の「きりしたん御法度」（「大村見聞集」[43]）である。

「切支丹御法度書之事　元和・寛永年中御法度書之内　きりしたん御法度ニ付申ふるゝ事」

一、きりしたん御法度の儀堅可相守之処、少々しのひ〳〵ニきりしたんをたて候有之由被聞召付、小路内より御穿鑿被成候処、朝長次郎兵衛きりしたんニて罷居候事、于今其隠れなく御成敗被　仰付候、然時ハ万事被　仰付候、朝長次郎兵衛如此之分別御座候、在々下々之もの共御家ニさし当り候、百姓以下ニ至迄彼宗門を相たて候得者、則御家之御為ニ不罷成儀候間、今より先ニおゐてハきりしたんをたて候もの一人もさし置れましき事

一、伴天連・入まん《（満）》の事ハ不申及、きりしたんの道をすすむるものニやとをかし、又ハ野山に隠れ居候とも、其近所之者としてひそかに奉行所迄早々可申出候、若一ときも相隠し候ハヽ、其所

之者五くい程宿主同前にしやうがい可申付事
一、きりしたんを相立、所を罷出、長崎又ハ国取之内ニ罷越候共、天下御法度之儀候間、書状一通ニ而くし〱に可罷成事ニ候条、其心得可仕候、五、三日以前ニ山口権助きりしたんをたて、長崎江はしりこへ候を、長谷川権六殿へ書状被相付候へハ、親子ながら成敗被申付、妻子被差渡候、これを以他方へ罷出候共、のがれさる事分別仕其心得可仕事
一、きりしたん御法度みだりニ仕候もの共、今ニきりしたんを相すて候ハヽ、さしゆるされ候やうニ申上、あんどさせ可申事

（元和三年）
十月九日

彦右衛門（花押）
四郎左衛門（花押）
右　近（花押）

この法度書（写し）は無年号だが、第一条目で朝長次郎兵衛の処刑、第三条目で山口父子の成敗について触れているので元和三年であろう。文書の日付「十月九日」はグレゴリオ暦で一一月七日、すなわち朝長リノを斬首刑にした三日後となる。

第一条では百姓以下にいたるまで、キリシタンを「たて候者」すなわち信仰を表明する者は御家のために今後一人も置かないように（傍線部）(44)、と命じている。この部分は、前年元和二年八月八日付

の幕府令、いわゆる外国船の平戸・長崎二港集中令（島津家文書他）の、「下々百姓以下至迄、彼宗門無之様可被入御念候」の一節が、個別藩内へと浸透した意味がある。

第二条では、イルマン、同宿、キリシタンに宿を提供した者を奉行所に密告するよう命じており、彼ら宿主が発覚した場合は「五くい」もともに処罰されるとする。「五くい」の意味は不詳だがいわゆる五人組制度であろうか。宣教活動を支援する宿主は禁教令を骨抜きにする存在であり、長崎では元和三年正月（一六一七年二月）頃に宣教師の宿泊を禁止したが[45]、大村でも同様の禁令が発出されたのである。

第三条では、長崎にいた山口父子が書状一通で捕らえられたと述べ、キリシタン禁令は「天下の御法度」であるからどこにいても逃れられないことを心得よ、と警告する。しかし第四条では、棄教すれば許されるとも述べている。

以上を小括すると、幕府令の浸透強化を意味する大村氏の元和三年「きりしたん御法度」は、修道会間の抗争ではなく殉教者を輩出する托鉢修道会の宣教方針により発令されたことが明らかである。以降元和年間（一六一五～二四年）に惹起した平山常陳事件においても、同会の信仰告白の方針が影響し、密入国した宣教師二名が身分を自白して、幕府の禁教強化と元和大殉教を招くにいたる[46]。

四、日本人信徒の反応

最後に日本人信徒が托鉢修道会の宣教や殉教をどのような論理で受容していたのか考察しておきた

い。

日本人信徒の多くは、托鉢修道会が勧める禁教下の公的な信仰宣言を、厳しすぎる教えとして受け取ったようである。例えば大追放直後、口之津に入ったドミニコ会士ルエダは「私たちはまず（棄教の）取り消しに行かなければ、立ち戻りを認めないと彼ら（棄教者）に話していましたので、あの町（口之津）でも有馬でも私たちのところで立ち戻った棄教者は誰もいませんでした[47]」と証言している。よって托鉢修道会の教えを実践して殉教を遂げた信徒は、ごく一部であったと考えられる。

しかし既述したように、有馬や京都ではキリシタンの処刑場に群衆が生じた。これは自ら殉教する勇気はないが、せめて殉教者を崇拝することで救いにあずかりたいという信心によるのではなかろうか。いずれの修道会でも重要教義として信仰宣言と殉教の意味を宣べ伝えており、諸先学が指摘するように、実践するか否かは別として、日本人キリシタンはそれらを理解し受容していたと考えられる[48]。

それでは、眼前で繰り広げられる殉教の場面に当該時期の日本人は何を感得し、信心にはどのような影響が及んだのであろうか。この点を、フランシスコ会士ディエゴ・デ・サン・フランシスコが採録した、次の一信徒の声をもとに考察してみたい。彼は「キリシタンはみな全般的にこのようなことを言った」、と述べており、当該時期の日本社会の人々がキリスト教を受容した理由と信仰に何を求めたかを知るうえで重要な証言といえる。

「……パードレ様、殉教の起こる前は私たちは義理だけのキリシタンであり、完全な信仰も信心ももってはいませんでした。（中略）しかし、パードレ様、大勢の聖殉教者が血を流して信仰のために生命を捧げ、現世の財産・女・両親・子供及び人間的慰めをすべて軽視するのを見た今は、私たちはキリシタンになるというのが如何なることであるか、それが如何に価値のあることか、ということが解りました。何故ならばキリシタンであることの代償として、現世のすべてのものを棄てるし、国王たる殿さえもその国を棄てたからです。以前は一人の領主が棄教すると、その家臣はみなこれに従いました。しかし聖殉教者の出た後は、父は子を、夫は妻を、下僕はその主人を棄て、またその反対の場合もあり、堅固な精神で生命を棄てています。今日からは諸秘跡の拝受やそれを受ける希望があり、生活や習慣の改革が行なわれます。(49)」

これによれば日本人キリシタンは目撃した殉教にキリスト教信仰の価値を見出していた。その理由は、殉教者は現世の家財などの「人間的慰め」や、領主・家臣、父子、夫妻、主人・下僕間に存在した封建的な束縛から自由であるからだという。

アビラ・ヒロンによると一六二三年の江戸の殉教者ミボク・ジョアンもまた、「私はそのおかた（創造主）のご命令を行なっているのでございますゆえ、将軍様（Jogun sama）もあなたがた（町役人）もこわくはございませぬ(50)」と述べたといい、七月二日の処刑者の様子については次のように記録している。

……奉行は彼らを呼びにやり、公の牢に連れて行った。そこで彼らは手足をしばられ馬に乗せられ、前の日の殉教者たちと同じようにして大通りをひかれて行き、異教徒たちや下層の人々の激しい嘲笑と罵りの言葉を聞いたが、聖者たちは恥じることも顔を赤らめることもなく、むしろその言葉を賜物とみなしたのである。彼らは道や通りを教えをのべながら行き、ある人々は大声で、自分たちはあの場所で処刑される人々のように、犯罪人だから死ぬのではない、キリシタンであり、キリシタンたることをやめたくないため、天地を創造し給うた真の神を崇めるわれらの信仰をすてぬため死ぬのだ、自分らとてあなたがたのように生きて行きたいが、この世の生命より輝かしくすばらしいもう一つの生命を得るために、喜んで生命を捨てるのだと叫んだ[51]。

右の発言が事実とすれば、キリシタンはやはり殉教に現世の封建的束縛からの解放を感得していたとみられ、そして注目されるのは、この刑死を前にしたキリシタンが創造主に言及している点である。創造主信仰の確立がこのキリシタンに将軍権威を相対視させ、死の恐怖からも解放させた。しかしそのような信心と信仰の実践が「伴天連追放之文」の定める「神国」秩序に相反し、幕府にとって到底容認できないものであったことは、言うまでもない。

おわりに

日本における托鉢修道会の宣教は、一般信徒に殉教を奨励する点に最大の特徴があった。その教えは在来のイエズス会のそれと比較すると大変厳しいものであったが、一部の篤信の信徒により実践され、殉教の現場を目の当たりにした信徒の間では殉教者を崇拝し、信心を深める傾向が見られた。

しかしそのような信徒の様態は、幕府がキリスト教を「神国」の統治秩序に相反する「邪法」と断定する根拠となり、慶長・元和期の禁教令を誘発するにいたった。この意味において托鉢修道会の来日の重要性は、強調してなお余りあるものがある。しかし幕府はイベリア両国と修道会間に生じた対抗関係ではなく、托鉢修道会の宣教により明確化した、統治秩序に相反するキリスト教の浸透そのものを問題視していたのである。

残る課題は、このような状況で展開されたイエズス会、托鉢修道会の宣教が、その後の島原・天草一揆や潜伏信仰に及ぼした影響等を、諸史料をもとに具体的に考証していくことにある。

注

（１）高橋裕史『戦国日本のキリシタン布教論争』（勉誠出版、二〇一九年）。
（２）加藤榮一『幕藩制国家の成立と対外関係』（思文閣出版、一九九八年）。
（３）加藤榮一前掲書、一二二頁。
（４）ヴァリニャーノ「日本諸事要録」第九章。Alejandro Valignano. *Sumario de las cosas de Japon (1583)*, Monumenta Nipponica Monographs No. 9, ed. José Luis Alvarez-Taladriz, Tomol, Tokyo: Sophia University, 1954, pp. 143-144.『日本巡察記』（松田毅一他訳、平凡社、一九七三年）五九―六〇頁。
（５）五野井隆史『キリシタン信仰史の研究』（吉川弘文館、二〇一七年）。ドミニコ会の日本宣教の特徴をまとめたものに、滝澤修身「日本ドミニコ会の宣教理念と布教方法――16・17世紀の長崎を中心に」（『純心人文研究』二四、二〇一八年）。
（６）小島幸枝「潜伏キリシタンとドミニコ会――マニラ版『ロザリヨの経』の背景」（『國語國文』四七‐五、一九七八年）。

岡美穂子「贖宥への祈り――マリア十五玄義と「オラショの功力」」（『文学』一三－五、岩波書店、二〇一二年）。

（7）拙論「徳川家康のメキシコ貿易交渉と「鎖国」」（『岩波講座 世界歴史14 南北アメリカ大陸：～17世紀』岩波書店、二〇二二年）。

（8）五野井隆史『徳川初期キリシタン史研究 補訂版』（吉川弘文館、一九九二年）一二一頁。

（9）『大日本史料第一二編之九』（東京大学、一九九六年）五三〇頁。

（10）アビラ・ヒロン『日本王国記』（佐久間正ほか訳、大航海時代叢書IX、岩波書店、一九六五年）第一三および第一四章。本書の底本は各種写本を校合したシリング・レハルサの翻刻本だが、本稿では引用にあたり写本の中で最も良本とされるBibliotheca Nacional de Madrid 所蔵本の該当箇所を確認した。

（11）Chinchón, Diego de, *Relación de la persecución y martirio de Fr. Luis de Yedo en 1613*, Archivo-Biblioteca Provincial所蔵本。最終葉に「一六一三年一二月六日付、長崎発信」とある。

（12）前掲『日本王国記』三四〇頁掲載注（34）。

（13）前掲『日本王国記』三一三頁。

（14）Chinchón, op. cit., f. 15v.『ベアト・ルイス・ソテーロ伝――慶長遣欧使節のいきさつ』（野間一正訳、東海大学出版会、一九六八年）に当該部分の写真が掲載されている。

（15）Chinchón, op. cit., f. 18. 同右。

（16）イエズス会の本来の宣教方針であったが、豊臣政権により長崎で磔刑に処された二六人の列福後は明らかに方針が転換する。小俣ラポー日登美『殉教の日本――近世ヨーロッパにおける宣教のレトリック』（名古屋大学出版会、二〇二三年）八三頁以降。

（17）浅見雅一『キリシタン時代の偶像崇拝』（東京大学出版会、二〇〇九年）二五二頁。

（18）一六一三年一〇月六日付、長崎発、日本司教ルイス・セルケイラのイエズス会総長宛書簡。『十六・七世紀イエズス会日本報告集第Ⅱ期第1巻』（松田毅一監訳、同朋舎出版、一九九〇年）三八八―三九〇頁。ARSI（=Archivum Romanum Societatis Iesu）, Jap. Sin.（=Japonica Sinica）21-II, ff. 295-296.

（19）ARSI, Jap. Sin. 15-II, f. 316.

（20）ペドゥロ・モレホン『日本殉教録』（佐久間正訳、キリシタン文化研究会、一九七四年）五六頁。同訳書が底本としたメキシコ一六一六年刊本は入手しえず、サラゴサ一六一七年刊本 *Breve relación de la persecución que huvo estos años contra la iglesia de Japón, y los ministros della...*, Mexico, 1617, p. 29. の該当箇所を念のため確認した。

（21）前掲『日本殉教録』六〇頁。
（22）京都の処刑の日付は特定できないが、一六一四年一〇月二五日付、長崎発信、ガブリエル・マトスの「一六一四年度イエズス会日本年報」に、「一六一三年の一一月」（和暦九月一九日―一〇月一九日）とある（濱口庄八訳「一六一四年イエズス会年報」、『純心女子短期大学紀要』、一九五七年、四頁）。
（23）前掲注（22）。
（24）この事件がすでに国主に報告されたとの和暦一一月一一日付、長谷川藤広と後藤光次の書簡の写しが前掲「一六一四年度イエズス会日本年報」に記載されている。長谷川の書簡は、政庁（江戸）から都の学院長に飛脚便で宛てられているので、それまでに幕府内で議論されたはずである。
（25）『影印本異国日記　金地院崇伝外交文書集成』（東京美術、一九八九年）三三頁。『大日本史料第一二編之一三』（東京大学、一九七二年）一八九頁。
（26）清水紘一「伴天連追放文の発令過程」（『長崎歴史文化博物館　研究紀要』三、二〇〇八年）。
（27）『オルファネール　日本キリシタン教会史』（井手勝美訳・ホセ・デルガド・ガルシア注、雄松堂書店、一九七七年）七二頁。Orfanel, Jacinto. *Historia eclesiastica de los sucessos de la christiandad de Japon, desde el año de 1602, que entro en el la orden de predicadores, hasta el de 1620*, Madrid, 1633. f. 20v.
（28）『ディエゴ・デ・サン・フランシスコ報告・書簡集』（キリシタン文化研究会、一九七一年）二八頁。底本の一六二五年マニラ版について本稿では Biblioteca Nacional de Portugal 所蔵本を参照した。
（29）前掲注（27）書および五野井隆史前掲注（8）書、一五七―一五八頁。
（30）一六一四年一二月付、長崎発信、アロンソ・デ・メーナ神父の報告書。APSR（= Archives of the Most Holy Rosary）. J. T.（=Japon Tomo）2. 12. ff.112v-113.『福者アロンソ・デ・メーナO．P．書簡・報告』（ホセ・デルガド・ガルシア編、佐久間正訳、キリシタン文化研究会、一九八二年）一一八～一一九頁。
（31）ARSI. Jap. Sin. 59. ff.166v-167. 一六一八年一月一〇日付、マカオ発、ジェロニモ・ロドリゲスのヌーノ・マスカレーニャス宛書簡。邦訳に五野井隆史「一六一八年、ジェロニモ・ロドリゲス作成の「組ないしコンフラリアに関する覚書」について――解説と翻訳」（『サピエンチア――聖トマス大学論叢』四〇、二〇〇六年）がある。
（32）APSR. J. T. 4. 11. ff. 390-391.『十七世紀の日本における歩くドミニコ会宣教師　フアン・デ・ロス・アンヘレス・ルエダ神父　伝記、書簡、調査書、報告書』（ホセ・デルガド・ガルシア編著・注解、岡本哲男訳、聖ドミニコ修道会、一九九四年）一五八頁以降。

（33）APSR, J. T. 4,11, ff. 388v-389.　前掲注（32）訳書一二一頁以降。
（34）イエズス会では棄教者の良心の呵責を和らげる神学的倫理が用意されていた。浅見前掲書、小俣ラポー前掲書。
（35）前掲『日本巡察記』三頁。Valignano, op. cit., p. 2.
（36）五野井隆史前掲注（8）書、一八四頁。
（37）大村は古くからイエズス会の宣教が盛んであったが、長崎浦上の替地問題をきっかけに同会は慶長一一年（一六〇六）追放され、以降、托鉢修道会が宣教する余地があったようである。追放直後、ディエゴ・デ・サン・フランシスコは「一人の宣教師の存在が有馬におけるよりも大村の方に必要であると思われたので（フアン・デ・サンタ・マルタ神父は有馬から大村へ行った」と述べている（前掲『ディエゴ・デ・サン・フランシスコ報告・書簡集』八九頁）。元和八年（一六二二）三月付「大村ロザリオ組中七七名連判書付」も、ドミニコ会による宣教の影響の大きさをうかがわせる。松田毅一『近世初期日本関係　南蛮史料の研究』（風間書房、一九八一年）一二二〇頁。
（38）前掲『ディエゴ・デ・サン・フランシスコ報告・書簡集』八〇頁。ただし最古のキリシタン訴人褒賞制は、元和四年（一六一八）の長崎とされている。清水紘一「キリシタン訴人褒賞制について」（『キリシタン研究　第十九輯』吉川弘文館、一九七九年）二六四頁。
（39）APSR, J. T. 2, 1, ff. 1-1v. Muñoz, *Los dominicos españoles en Japón* (*siglo XVII*); Madrid, 1965, p. 56.『福者フランシスコ・モラーレスO．P．書簡・報告』（ホセ・デルガド・ガルシア編注、佐久間正訳、キリシタン文化研究会、一九七二年）四七頁。
（40）一六一八年二月二五日、長崎発、イエズス会総会長宛書簡。ARSI, J. S. 35, f. 72. 拙訳。
（41）一六一七年一一月二九日付、フランシスコ・モラーレスの報告書。APSR, J. T. 2, 1, f. 29. Muñoz, op. cit., p. 84. 前掲『福者フランシスコ・モラーレスO．P．書簡・報告』一〇七頁。
（42）『内閣文庫所蔵史籍叢刊　第1巻　東武実録（一）』（汲古書院、一九八一年）五〇―五六頁。
（43）『大村見聞集』（藤野保・清水紘一編、高科書店、一九九四年）一四八―一四九頁。
（44）「たつ（立つ）」には、「意図するところを、何らかのかたちをとって公然と表明する」の意味がある（『時代別国語大辞典　室町時代編　三』）。
（45）五野井隆史前掲注（8）書、三二二―三二三頁。
（46）詳しくは拙著『近世日本とルソン――「鎖国」形成史再考』（東京堂出版、二〇一二年）。
（47）APSR, J. T. 4, 11, f. 391.　前掲注（32）『十七世紀の…報告書』一六四頁。

（48）佐藤吉昭『キリスト教における殉教研究』（創文社、二〇〇四年）。山本博文『殉教——日本人は何を信仰したか』（光文社、二〇〇九年）ほか。
（49）前掲『ディエゴ・デ・サン・フランシスコ報告・書簡集』八六頁。
（50）前掲『日本王国記』三三二頁。
（51）前掲『日本王国記』三四五—三四六頁。

第三章　禁教期日本人司祭とキリシタン信徒たち
――殉教者木村セバスチャン神父の潜伏宣教

竹山瞬太

はじめに――日本人司祭木村セバスチャンと布教論争

元和八年八月五日（一六二二年九月一〇日）、長崎西坂の一般刑場において、キリシタン宣教師およびその宿主一家と連座者たち計五五名への死刑が執行された。「元和大殉教」と呼ばれるこの出来事の中で火炙りの刑に処された、唯一の日本人イエズス会司祭であり、且つ最初の日本人殉教司祭となったのが木村セバスチャンである（【図３】）。永禄九年（一五六六）頃、平戸のキリシタン一家に生まれた木村セバスチャンは、天正一〇年（一五八二）に有馬セミナリオ出身者初のイエズス会士となり、マカオへ留学した後、慶長六年八月二六日（一六〇一年九月二二日）、長崎の被昇天の聖母教会（聖パウロ教会）において、日本人として初めて司祭（Padre）に叙階された[1]。彼の一族からは、従弟のイエズス会士木村レオナルド修道士（元和五年殉教）[2]、レオナルドの甥で元同宿の町人木村アントーニオ（元和五年殉教）、さらには殉教者村山徳安アンドレの後家（寡婦）でドミニコ会第三会会員のマリア（「元和大殉教」殉教者）ら、多数の殉教者が生まれた事実が知られる[3]。

木村セバスチャンの来歴に関する研究は、フーベルト・チースリクが「日本人司祭」の先駆者として木村セバスチャンを位置づけた包括的、かつ伝記的な整理が知られる。しかし、チースリクは史料的制約、そして元和大殉教に至るまでの伝記的概説という研究上の性格ゆえに、特に禁教時代の木村神父の宣教活動（潜伏宣教）については、ほとんど紙幅を割いていない。チースリクはむしろ、木村セバスチャン神父を「これという偉業を残さず、修行者としてただ忠実に、その日の聖務に従事していた」、あるいは「彼は抜群のリーダーとしてよりも、忠実な神の僕としてキリシタンたちの司牧にあたっていた。控えめな言動をとりながらも、重大な責任を果たしていた。言い換えれば、新しい門外地を拓く開拓者ではなく、他人が蒔いた種子を育ててそれを実らせるための、忠実な司牧者であった」と評している[4]。実際に、チースリクの研究では、禁教下の木村セバスチャン神父の具体的な足跡として、一六二〇年二月九日（元和六年一月六日）、長崎市中の有力キリシタン町人今泉ジュリアン[5]の家宅内（「Nagasaquij in domo Juliani」）で行った秘密裏の最終誓願式のことが紹介されるばかりである[6]。

しかしながら、木村セバスチャン神父の潜伏宣教の具体的な足跡の記録が皆無という訳ではなく、例えば、木村セバスチャン神父の宣教実践の様相を書き留めた史料として、松田毅一の先駆的研究において紹介されたものが著名である。ただし、その史料内容は、ドミニコ会系コンフラリア（Confraría. 信徒信心会）「ロザリオの組」の組員（組親・組子）[7]であるキリシタン信徒たち、およびドミニコ会士たちとの論争・対立を扱っているという点で、同時代においても、また研究史上においても、叙述や利用に慎重を要するものであった。そうした背景等もあり、キリシタン史研究において当該史料が具体的に活用される機会は稀少であった。

他方、木村セバスチャン神父の禁教下における動向に関して、木村セバスチャン神父自身の手による書状が現存することは、研究史においてもあまり知られていない。当該書状の記述内容を検討すると、まず木村セバスチャン自身が書状の冒頭で「公事（cuji）」と称する出来事について論及している点が注目される。

松田の紹介した史料や書状の内容から分かる通り、実は、木村セバスチャン神父は、禁教初期の日本に残存していたカトリック諸修道会――特にイエズス会とドミニコ会――間の「公事」「競り合い（xeriay）」と呼ばれた論争・対立（いわゆる「布教論争」）に、潜伏宣教を行う過程で大きく関わっていた。木村セバスチャン神父の潜伏宣教の実相を究明するうえで、その様相が垣間見える「公事」は看過できない事象である。本稿ではまず、木村セバスチャン神父の書状の内容、および松田毅一が紹介した史料の記載内容を検討・考察し、「公事」に際する木村セバスチャン神父の主張と行動の深層、そして木村セバスチャン神父が当該期の「布教論争」の主要当事者のひとりであった点について確認する。

他方で、本稿では次いで、木村セバスチャン神父らと禁教下のキリシタン信徒たちの交際の実相、とりわけ幕府当局による木村セバスチャン神父の捕縛に際する宿主とその連座者たちの経歴をみていく。当該期の長崎のキリスト教界（Christandade）――キリシタン信徒たちの集団(8)――の多層性は、布教論争におけるイエズス会側の当事者であったはずの木村セバスチャン神父が、時に論敵であるドミニコ会士の霊的指導下にあったキリシタン信徒たちとも交流する状況を生み出していた。その事実を確認することは、「日本人司祭」としての木村セバスチャン神父の、複雑な立場である一方で、それ以上に――修道会の別に関わりなく――キリシタン信徒たちにとって貴重かつ重要な存在であったことを理解するための傍証ともなるだろう。

一、木村セバスチャン神父と「公事」

（1）木村セバスチャン神父書状の注目点

ローマのイエズス会文書館（Archivum Romanum Societatis Iesu, ARSI）には現在、木村セバスチャン神父が差出人である書状が一点収められている[9]（【図5】）。同書状については、以前に川口敦子が国語学的視点から紹介し、翻刻・翻字も行っている[10]。しかし、その後、同書状がキリシタン研究において活用された機会は管見の限り無く、また同書状の翻刻と翻字、そして何より、具体的な記述内容についてては依然として検討の余地がある。木村セバスチャン神父の手による唯一現存の確認される貴重な史料として、以下では、まず川口が「解釈の余地を残す」としていた翻刻・翻字について、あらためて修正を施したものを掲示する[11]。

【翻刻[12]】

Pax X^{i}

Sonxo futatcutomoni taxicani todoqimoxi soro, goconxet cataJiqenaqu soro. Soniy no gotocu cocomoto
Cumino guinitcuite S Domingosno fradeto xeriay moxisoro, Vareramo cano Mompano Rosaironoguiua yoqucocoroye
moxisoro, sarinagara Vaga mompano Cumiuo firomentame, Companianiua Rosairo naqusoroto, sanJunẽ maye
yori gozasoro, fiaqugoJippenno Oraciouo naxito moxi quzzusaresoro aida Varera mayeyori Júgono
quannẽmo Aue m^{a} mo S M^{a} mo fitotcu, cauarucotoua naxito moxisoro, anatayori amari cuJiuo
caqerare soroaida Vareramo cuJiuo moxisoro. Võ yuru arubequsoro. socomoto ayamachigoza-
sorote P^{e} tachi go xiqionoyoxi Vqetamauarisoro, meiuaqu xembãni zongisoro. Xicareba Varera
coto faya bioJato nari sorote yacuni tatanuto Voboximexi soroca, conoVchi nuruqu gofocó moxisoro-
yuye faya Operariono yacuuo toriague saxerare, Suzutano Róni ymoxisoro. sugnixi S P^{ro} S P^{lo}no aqurufi
famano machino Ant^{o} tomosu fitono iyenite toraye moxisoro, tcugueteua Vchini Córaj guesu ichinin
ymoxisoro, corega Xóya^{ye} $_{to}$ tcuguesoroto moxi soro, Ds' no goVõtade nite soroaida moxi goto gozanaqusoro.
Júningumimo xetxani cacarisorote yottari, róni irimoxiori, fidesno tocoroua taxicani soroto
moxisoro. sucoxino aidani P^{e} sannĩ toraye moxisoro, Ychibã ni Yagamino inacanite frei Jacinto,
sono tcuguini Varerauo Xibarimoxisoro, sono Vaqini mata frei Josef uo torayemoxisoro.
Róno yósuua mayemayeyori gozongisorotan mama, cuuaxiqu moxiaguezusoro, niquẽsanguẽno
Róni Jógue sanjunin ymaxi soro, yoruua xicaxica minauorimo na~~xi~~ri mosazusoro

P^e^ tachi Dominicanos rocunin, franciscanos reónĩ gozasoro, roscas galinasno cauariniua acagomano ij, mizzucusaqi camourino xiru, coremo S Bernardono Salsauomotte canroto miyemoxisoro, auarenaru teinitesoro, tcuneno Sainiua xiuo gozasoroyedo Vóqinarucotonitesoro, P^e^ Carlos amari mexinari-canesorote yaqi misouo fitoqire Võ coi nasaresorotemo naricanesoro, cayóni funhoi narucotomo mina-mina Deus gofócóni yorocobiuo motte Võ corayesoroto miye moxi soro. Nagasaqiyori yagate yobi-moxisorotote, mainichi martiriono caqungo nite soro aida conofumimo yóyó caqimoxisoro, mochi gozasorotaba casanete sonij uo Vbequsoro. Nos s[tos] sacrif: oje 14 de Setembro.

Bastião

【翻字】

Pax Christi.《主の平安》

尊書《cumi》二つ共に、慥かに届き申し候。御懇切、忝く候。尊意の如く、爰元組の儀に付て、S. Domingos《聖ドミニコ会》の Frade《修道士》と競り合い申し候。我等も、かの門派の Rosairo《ロザリオ》の儀はよく心得申し候。然り乍ら、我が門派の組を弘めんため、Compania《イエズス会》には Rosairo 無く候《「候と申し候えども」カ》と、三十年前より御座候。百五十遍の Oracio《オラシヨ》を無しと申しくづされ候間、我等、前より十五の観念も Ave Maria も S. Maria も一つ、かわることはなしと申し候。彼方よりあまり公事を掛けられ候間、我等も公事を申し候。御許る有るべく候。其元、過ち御座候てPadreたち御死去の由、承り候。迷惑千万に存じ候。然れば、我等事、はや病者と成り候て、役に立たぬと思し召し候は、此内、ぬるく御奉公申し候故、はやOperario《労働者》の役を取り上げさせられ、鈴田の牢に居申し候。過ぎにしS.Pedro, S.Paulo《使徒聖ペドロ・聖パウロの祝日の翌日＝六月三〇日》の明くる日浜ノ町のＡｎｔｏｎｉｏ《アントーニオ源左衛門》と申す人の家にて捕らえ申し候。告げ手は内に高麗下衆一人居申し候。これが庄屋《長崎奉行》へと告げ候と申し候。Deus《デウス》の御Vontade《意志》にて候間、申し事御座無く候。十人組も拙者にかかり候て、四人、牢に入り申し居り、fides《信仰》の所は慥かに候と申し候。少しの間にPadre三人捕らえ申し候。一番に矢上の田舎にてｆｒｅｉ Ｊａｃｉｎｔｏ《ジャシント・オルファネール神父》、その次に我等を縛り申し候。其わきに又ｆｒｅｉ Ｊｏｓｅｆ《ジョゼフ・サルバネース神父》を捕らえ申し候。牢の様子は前々より御存知候段まま、委敷申し上げず候。二軒三軒の牢に上下三十人居申し候。夜は然々身直りも成り申さず候。Padreたち、Dominicanos《ドミニコ会士》六人、franciscanos《フランシスコ会士》両人御座候。roscas《パン》・galinas《鶏肉》の替りには、赤胡麻の飯・水臭き氈瓜《冬瓜》の汁、是もS. Bernardo《聖ベルナルド》のSalsa《調味料》を以て甘露と見え申し候。憐れなる体にて候。常の菜には塩御座候へど、おおきなる《？》事にて候。Padre Carlos《カルロ・スピノラ神父》、あまり召し成り兼ね候て、焼き味噌を一切れ御乞い成され候ても、成り兼ね候。加様に不如意なることも、皆々Deus御奉公に喜びを以て御堪え候と見え申し候。長崎より頓て呼び申し候とて、毎日martirio《殉教》の覚悟にて候間、この文も漸う書き申し候。持ち御座候束、重ねて尊意を得べく候。Nos Santos Sacrificios《我々のミサ聖祭》, oje《本日》, 14 de Setembro《九月一四日》.

Bastião《バスチャン》

まず、右記史料は、書状末尾および次頁（一八一葉表）の宛名・差出表記から、マカオにいるイエズス会日本・シナ巡察師ジェロニモ・ロドリーゲス神父（P^{e}. Visitador Jeronimo Rõz da Cõp^{a}. de Jesus）へ宛てて、「日本人バスチャン神父（P. Bastião de Jappaõ）」、つまり木村セバスチャン神父が差し出した書状であることが分かる。

続いて、差出年月日については、本文末に「九月一四日（14 de Setembro）」とあって発給年のみ未記載である。だが、本文中盤以降の内容、および木村セバスチャン神父の動静から差出年は特定可能である。すなわち、木村セバスチャン神父は、まず本文九行目で「鈴田の牢に居申し候」、つまり自身が既に大村藩領内の公儀牢（鈴田牢）に籠舎されている旨を述べたうえで、次いで、自身とその関係者たちが幕府当局に捕らえられた経緯を簡潔に述べている（九―一二行目）。さらに、同時期にドミニコ会士ジャシント・オルファネール神父（Padre Frei Jacinto Orfanel. 元和七年三月四日／一六二一年四月二五日[13]）と同会代理管区長ジョゼフ・デ・サン・ジャシント・サルバネース神父（Padre Frei Joseph de San Jacinto Salvanez. 元和七年六月三〇日／一六二一年八月一七日[14]）の両名が自身と同様に幕府当局の手で捕縛されたことを付記し（一三―一四行目）、本文後半は、鈴田牢内の現状を報告する内容となっている（一五―二一行目）。

以上の内容構成から、当書状は少なくとも、木村セバスチャン神父が浜ノ町で捕縛された元和七年五月一一日（一六二一年六月三〇日）より後であり、かつ元和八年八月五日（一六二二年九月一〇日）「元和大殉教」より以前に差し出されたことになる。川口敦子は、差出月日のポルトガル語表記という点に注目してこれを西暦（グレゴリオ暦）の九月一四日と捉え、差出年を木村セバスチャン神父捕縛と同年の一六二一年九月一四日（元和七年七月二八日）としている[15]。本文中で、木村セバスチャン神父は自身の捕縛日を「過ぎにし（sugnixi）」聖ペドロと聖パウロの祝日（西暦六月二九日）の翌日（六月三〇日）と記している点からも、差出年は捕縛同年であり、かつ日付は西暦表記と考えられる。川口の解釈は首肯されるものといえよう。

木村セバスチャン神父は、籠舎人数の過多や配給の貧しさなど、鈴田牢内の窮状を記しながらも「皆々 Deus 御奉公に喜びを以て御堪え候」と牢内の者が現状を堪え忍んでいることを明言している。さらに、「毎日 martirio の覚悟にて候」と来たるべき殉教（マルチリオ）に日々備えていることを認めるなど、当書状には、木村セバスチャン神父本人の信心が本人の手で克明に記されている。さらに、木村セバスチャン神父は牢内の配給を「roscas・galinas の替り」と称し、それらは「S. Bernardo の Salsa」として捉えると「甘露と見え申し候」と表現するなど、当書状からは、木村セバスチャン神父の神学的教養の豊かさも窺い知ることができる。いずれにしても、木村セバスチャン神父の信心や心性を理解する上で欠かせない重要資料といえよう。

一方、七行目の本文冒頭「然れば（Xicareba）」以前の前文部分で、木村セバスチャン神父は、「組の儀」に関するドミニコ会士たち（托鉢修道会士 Frade）との「競り合い（xeriay）」や「ロザリオ（Rosairo）」[16]、そして「公事（cuji）」について長文にわたって述べている。「公事」とは「訴訟沙汰」のことを指し、近世初期は、例えば大名家の家中騒動（御家騒動）のうち、「自分仕置」の枠組みを超越して江戸幕府による公儀裁定となった事案などが、公文書（藩政文書等）上で「公事」と称された[17]。

木村セバスチャン神父は、ドミニコ会士たちから「公事」を過剰に「掛けられ」たために「公事」を「申」して応酬したと前文で述べている。このことから、日本宣教に携わるイエズス会士とドミニコ会士双方にとっての、カトリック教会という「ゑけれじや《（Ecclesia、教会）》の御公儀[18]」における論争という意味合いにおいて「公事」という語句を使用したものと考えられる。

　ここで問題となるのは、多くの先学が究明してきた、一六―一七世紀のカトリック日本宣教に関するイエズス会と托鉢修道会――フランシスコ会・ドミニコ会・アウグスチノ会――の「布教論争」における木村セバスチャン神父の史的位置づけである。彼はどのような関わりから、書状前文で「公事」についての自らの見解を詳述し、あるいは「御許る有るべく候」というような弁明の文言を認めたのだろうか。

（２）禁教初期のイエズス会士とドミニコ会士の相克

　日本宣教における布教論争の様相については、既に多くの先行研究が存在する。本稿でその詳細を検討する余裕はないが、木村セバスチャン神父の「公事」について考察する前に、長崎教会分裂[19]（Schisma Nagasakiensis）後、禁教日本の潜伏宣教の最前線で起こった両者の具体的抗争について整理しておこう。

　元和年間（一六一五―二四年）は、禁教下であるにもかかわらず、幕領長崎や肥前大村藩領内、肥前島原藩領内の各所において、コンフラリアの組員獲得、そしてキリシタン信徒の「告解（こんひさん confissão)」に直接携わる聴罪司祭（confessores）の座などをめぐって、イエズス会士とドミニコ会士の角逐が激化していた[20]。ディオゴ・デ・コリャード神父（隠し名[21]「又右衛門[22]」）やジョアン・デ・ロス・アンジェレス・ルエダ神父、オルファネール神父らドミニコ会士たちの場合は、イエズス会士の独占的で不適当と思しき宣教方法をローマ（「ゑけれじやの御公儀」）へ告発するべく、まずキリシタン信徒たちの証言文書を集めた（コリャード徴収文書）。一方、イエズス会士たちも、日本管区長マテウス・デ・コウロス神父の指示の下、自分たちの宣教活動の実効性を明言する証言文書を全国のキリスト教界の指導者たちから徴収し（コウロス徴収文書）、他方でドミニコ会士たちに対しては、時に個別の弁明や反駁文を送るなどの対応を行った[23]。

こうした「公事」の最中、島原藩領や大村藩領のロザリオの組の組親たちは、ドミニコ会士コリャード神父へ提出した証言文書の中で、批判対象として具体的に数名のイエズス会士の名を挙げている。その中には、日本管区のうち、高来地区（Reitorado de Tacacu）・島原のキリスト教界の「住持」であり、「はあらこ[24]（Pároco、小教区主任司祭）」を名乗ったミラノ人ジョアン・バッチスタ・ゾーラ神父（「はてれ寿庵はうちいすたざうら」、隠し名「休庵」）や日本人の榲マルチノ神父[25]（「伴天連榲満るちいの」）、同地区・有家のポルトガル人「住持」ジョアン・ダ・フォンセーカ神父[26]（「はてれしよあんほんせいか」）、そして長崎地区所属の日本人「住持」木村セバスチャン神父その人の名があった[27]。

(3) 木村セバスチャン神父と「ロザリオの組」の軋轢

ロザリオの組の組員による木村セバスチャン神父への批判は、コリャード徴収文書所収の欧文証言文書にのみ詳述されている[28]。以前に松田毅一が翻訳・紹介した基礎的研究を端緒に、五野井隆史もその記述に言及しているが[29]、今までその内容が具体的に検討されることはなかった。以下ではまず、その証言文書の内容を概観していこう。

当該史料は、一六二一年一月一八日(元和六年一二月二六日)、長崎市中において、島原藩領日見の村庄屋ミゲル権左衛門(Gonzayemon)の妻カテリーナがコリャード神父へ口頭で述べたものを、コリャード神父が同日付で認めたカスティーリャ語文の証言文書である。それによると、ロザリオの組の組親であるカテリーナは、一六一八年(元和四年)頃に来訪した木村セバスチャン神父から、①ロザリオの組の放棄と組子たちへの通達、そして②イエズス会司祭以外の托鉢修道会士に告解を行うこと、および托鉢修道会士を家宅へ迎え入れることの禁止を通告されたという。しかし、カテリーナは以下のように陳述して、その説得を拒否した。

神や信仰は一つであるし、司祭は悉く神の使者であり、私の家が舟着場に近いので、そこにはドミニコ会や聖フランシスコ会、その他の修道会の司祭の来る機会が多く、その方々は主の御恵みに依り、私の家へミサを読む為に来られます。もしセバスティアン師(木村セバスチャン神父―筆者注）が私の家から出た時に、ドミニコ会、或いは他の修道会の司祭が来たならば、セバスティアン師に対するのと同じ心を以て彼を迎えるべきであり、自分達を援助して、迫害の中に立ち上がらせ、ロザリオの組を創立したドミニコ会の諸司祭を……（意味不明）しなければなりません。その組に私達は入ったのであり、私達の信心の為に良い方法であると思われますから、それを離れることはできません。(30)

この発言に対して、木村セバスチャン神父は「非常に怒り」、「他の修道士は、外来者であり、キリシタンが増加した時に来たのであって、困難に堪え得る人々ではない」と「他の諸司祭から心を離反させ、イエズス会に心を向けさせる為に諸修道会士の悪口を云」ったという。他方で、木村セバスチャン神父は、イエズス会士としての自らの立場が従前の「住持」という歴史的・法的根拠のあるものだと説明し、キリシタン信徒たちが重視する臨終・埋葬の秘跡や告解の聴き届けを、ロザリオの組の放棄の交換条件として提示した。木村セバスチャン神父とカテリーナの論争は、カテリーナの断固とした拒絶と、カテリーナ曰く、木村セバスチャン神父が「私には口に出せないような悪口を言った」こと、さらには木村神父の告解聴き届け拒否にカテリーナの息子が激怒したことなどもあって、木村セバスチャン神父の告解聴き届けの実行で一旦落着した。しかし、告解後、木村セバスチャン神父によって再度説得を受けたカテリーナは、「その場を逃れる為」の方便として、ロザリオの組の放棄について「そう致しましょう」と約束した。

しかし、組親カテリーナはあらためて組子たちと相談した上で「師父にできないと言おう」と決し、長崎滞在中、木村セバスチャン神父が確認の書簡を持たせて遣わした使者マラカ・ミゲル（Maraca Miguel）を通じて「私も他の人々もロザリオの組を棄てることを希望いたしません」と宣言した。以後、カテリーナの村に木村セバスチャン神父らイエズス会司祭は来なくなったというが、カテリーナは、自分たちと同様の出来事が日見の別の村でも起こったと証言している。同村のロザリオの組の組員たちも、「セバスティアン師への懼れと、その威嚇」によって一度は組を放棄したものの、同地に巡回してきたドミニコ会士（ルエダ神父か）の説得を受け入れ、「セバスティアン師に約束したことを、同師父の面前で取消しに行く」ことを誓詞したうえでロザリオの組に立ち戻ったという。

コリャード神父らドミニコ会士たちは、木村セバスチャン神父の潜伏宣教に際する右記のようなロザリオの組との軋轢を、イエズス会の日本宣教の不当な独占意識が生んだ「悪影響」の具体例として認識していたと考えられる。だからこそ、ロザリオの組の組親カテリーナから直接証言の調書をとり、かつ右記のような記録としてまとめて（コリャード徴収文書）、「ゐけれじやの御公儀」へ提出したのであろう。

（4）ドミニコ会士に批判される木村セバスチャン神父

ドミニコ会士たちは、イエズス会士が、自身の担当するキリスト教界内のロザリオの組の解散を強制していると批判したが、コリャード徴収文書に収められる証言文書では、特に島原のゾーラ神父と、長崎の木村セバスチャン神父その人が具体的な批判対象のイエズス会士として挙げられている。また、ドミニコ会士コリャード神父は、ゾーラ・木村両神父による信徒たちへの教化について、「恐らく、人々が贖宥のある宗規上のドミニコ会のロザリオの組の意味を理解せず、（イエズス会によって従来説教されてきた――筆者注）ロザリオや十五玄義と混同して祈ることを師父が人々に勧めたものであろう」と推測、批判している[31]。つまり、慶長期以来、長崎周辺で興隆していた「ロザリオの信心[32]」に関して、イエズス会士たちは、イエズス会系のコンフラリア内においてもミサ典礼等のかたちで展開し得るとの論理を掲げ、ロザリオの組の解体を図っていたというのである。

また、日本宣教をめぐる禁教以前からの布教論争は、元和年間に、イエズス会の組織的宣教体制と托鉢修道会士の宣教活動の地理的な「衝突」として具現化していた。ロザリオの組の組親カテリーナに対して木村セバスチャン神父が自身を「住持」として説明している点は、長崎地区（Reitorado de Nagasaqui）に日見のキリスト教界が包摂されており、木村神父自身の「住持」としての宣教地域であるという根拠に基づく見解であった[33]。

木村セバスチャン神父は、カテリーナがコリャード神父へ証言を行う一三日前の一六二一年一月五日（元和六年一二月一三日）に「論敵」のドミニコ会士オルファネール神父へ宛てて書簡を認めたが、その中でも、左記のような論理を展開することで、オルファネール神父からの批判に反論していた。四ヶ条にわたるその内容には、自分自身がミサなどの秘跡を行い、聴罪司祭であるべきだという「住持（パーロコ）」としての自負を堅持する、イエズス会士たちの基本的な姿勢がみてとれる。

①　木村セバスチャン神父の宣教区（distrito misional）内において、ロザリオの祈り（el rezo del

Rosario）は許容される一方、ロザリオの組は認められない。

②　ロザリオの組は告解を妨げる（entorpece）存在である。

③　ドミニコ会士たちの批判は、イエズス会士たちの裁判権（jurisdicción）に対する干渉（intromisión）である。

④　ドミニコ会への教皇付与の諸特権（los privilegios pontificios de las Ordenes religiosas）は、司教と小教区主任司祭（párroco）による説教と秘跡の司式（la predicación y administración de los sacramentos）の許可状を事前に取得することを免除するものではない。つまり、ドミニコ会士たちは日本宣教に際して、まず右記の許可状を取得しなければならない[34]。

木村セバスチャン神父がこのような「公事」の渦中にあった事実を踏まえると、前掲の発給書状の前文の意図が明確化されるだろう。つまり、托鉢修道会士やロザリオの組などの一部のキリシタン信徒たちの批判の声に対して、木村セバスチャン神父は、ドミニコ会士へ反駁文を送達する一方で、イエズス会内部においては、マカオの日本・シナ巡察師に対して弁明を行っていた。同書状の前文は、その弁明文として理解されるのである。

なお、木村セバスチャン神父は、捕縛後の鈴田牢内でも同牢の托鉢修道会士たち[35]から批判を受けていたようである。同牢のイエズス会士カルロ・スピノラ神父は、その様子について同情的に書簡へ認めている。

その他に関しては、心を痛める不快なことがありました。その問題の大部分はパードレ・セバス《(Pe. Bastiam)》ティアンに関係のあるものでした。彼が修道士たちの組《(cumis)》の人々を迫害《(perseguia)》したという知らせがあったので、ここの修道士たちは彼に対して言葉の上で非道な取扱いをしました。この気の毒な人は、修道士の人々が彼の病気やその他の事に愛をあまり示さなかったので、その人々の徳の秀れていないことに心を痛めています(36)。

一方で、当の木村セバスチャン神父自身は、書状にドミニコ会士たちへの詳細な反論を認めてイエズス会（日本・シナ巡察師）へ報告し、翻って「論敵」のドミニコ会士（オルファネール神父）に対しては弁駁書を認めるなど、「公事」に関して積極的に応酬する姿勢を示していた。「威嚇」とも称された強気の姿勢の背景には、左記史料記述にも見えるような、木村セバスチャン個人の心性（性格）が影響していたことも考慮される。

（木村セバスチャン神父は——筆者注）正直で謀をせず、騙すことも世辞を言うこともなく純粋なイスラエル人、彼の興味はただ神への奉仕でした。他の事にははなはだ無関心だったので、この世の者であるようには見えませんでした。従って日本の国が非常に礼儀作法を重んじるのに、彼は世辞をあまり大切にしませんでした。彼の衣服は非常に粗末で身体に合っていなかったし、客人や貴人がいても自分のやり方を変えることはありませんでした。説教の時は熱心で悪徳を厳しくとがめ、相手がどのような地位にあろうとも気にとめず、厳格で頑固と思われても意に介しませんでした。同宿たちの聖母会《(Congragação da annunciação aos Dójucus)》に話をするときも同じようにしていました。この点において日本人として希有でした。決して教会の目上あるいは政治の指導者にもへつらおうとはしませんでした。(37)

つまり、チースリク曰く「忠実な司牧者」であった木村セバスチャン神父は、「正直で謀をせず、騙すことも世辞を言うこともなく純粋」であるがゆえに「自分のやり方を変えること」をせず、また「厳格で頑固と思われても意に介」さず、キリシタン信徒たちの霊的指導を担う「住持」として、日本イエズス会の宣教指針を忠実に履行していた。こうした木村セバスチャン神父の心性が、宣教活動時に一部のキリシタン信徒たちとの間に実際問題として大きな不和を生じさせ、ドミニコ会士たちとは「公事」を繰り広げることとなったことが想起されよう。木村セバスチャン神父は、ドミニコ会士や、時にはキリシタン信徒たちとさえ衝突しつつも、イエズス会士として自身が「住持」を務めるキリスト教界を霊的に導こうと奔走する、極めて熱心、かつ忠実な日本人イエズス会司祭であった。

二、「共存」する長崎キリスト教界のキリシタン信徒たち

前節では、木村セバスチャン神父書状の前文に注目し、彼が元和年間のイエズス会士とドミニコ会士の「公事」＝布教論争に、イエズス会側の主要当事者として関わっていた事実を明らかにした。さらに、彼がドミニコ会士と「公事」を展開する最中に、ドミニコ会士の霊的指導下にある一部のロザ

リオの組の組員たちとの間に軋轢を生じさせていた状況を概観した。だが、木村セバスチャン神父は、ロザリオの組の組員であるキリシタン信徒たちと、本当に決裂するほどの決定的な対立関係にあったのだろうか。そもそも、当該期のキリシタン信徒たちにとっては、組親カテリーナが証言したように、修道会の区別にかかわらず「司祭は悉く神の使者」であり、日本へ「どの御門派之伴天連尓ても、てうすの御名代として被成御越(38)」という認識であった。この理解は、イエズス会士木村セバスチャン神父に対してと同様、証言の提出先であるドミニコ会士たちに対してもまた、同様に主張、牽制し得る論理だったのではないだろうか。

本節では、「住持」を務めた長崎において、木村セバスチャン神父がイエズス会系コンフラリアのキリシタン信徒に限らず、実はロザリオの組の組員らドミニコ会系コンフラリアのキリシタン信徒たちとも交流し得る信仰環境にあり、かつ実際に交際していた状況について検討していきたい。その実否を明らかにする手がかりとしては、木村セバスチャン神父自身が幕府当局に捕縛された際に置かれていた人的・地理的な周辺環境が挙げられる。

（1）木村セバスチャン神父の最後の宿主アントーニオ源左衛門

木村セバスチャン神父とともに捕らえられたキリシタン信徒たちは、イエズス会系・ドミニコ会系コンフラリアの相違に限らず、実に多様で複雑な経歴・信仰環境にいた。

ポルトガルのエヴォラ公共図書館（Biblioteca Pública de Évora）には、「元和大殉教」当時長崎に潜伏していたエヴォラ出身のイエズス会士ベント・フェルナンド神父（隠し名「助之丞」）の報告書の一つが収められている[39]。フェルナンデス神父は、元和大殉教の詳細な状況や殉教者の情報を克明に記録しており、複数の報告書を作成していた。一つはローマのイエズス会文書館に所蔵されるイエズス会士のみをまとめたもので、以前に結城了悟の手で邦訳もなされた既知の史料である[40]。一方、本稿で用いるエヴォラ公共図書館所蔵の手稿本『一六二二年日本の肥前王国で我らが主キリストの信仰に命を捧げた栄光ある殉教者たちについて（Tratado dos gloriosos martyres que por defenção da fee de Christo Nosso Senhor derão suas Vidas em Jappam no Reino de Figem o anno de 1622）』は、非イエズス会士であり、且つ日本イエズス会の支援者――宿主・コンフラリア組員など――となったキリシタン信徒たちのみをまとめたものだ。当該史料は、五野井隆史が以前活用したことがあるものの[41]、その史料内容からは、元和大殉教で殉教したキリシタン信徒たちの多彩な来歴や信仰状況を知ることができる。それは、木村セバスチャン神父の関係者についても同様だ。

まず、元和七年五月一一日（一六二一年六月三〇日）、木村セバスチャン神父と共に長崎外町代官所の捕方に捕縛された四三歳の宿主アントーニオ源左衛門（Guenzayemõ Antº.）（【図4】）については、彼の「朝鮮人宿主（Corea caseiro）」という来歴が注目される[42]。フェルナンデス神父によると、一五七九年頃に朝鮮で生まれたアントーニオは、朝鮮出兵時に「諫早殿の一人の家臣の捕虜（cativo de hũ criado de Jsafaidono）」、つまり肥前佐賀領主の鍋島直茂の軍勢の「被虜人」となって来日したという。アントーニオは、諫早キリスト教界（「Xpãndade do Jsafay」）の宣教担当者であったイエズス会士ロドリゴ・バレート（「Rui Barreto」）神父[43]の許で受洗した後、長崎のキリシタン商人へ「売却され

（vendido）」て長崎へ到来した。(44) つまり、アントーニオは、ルシオ・デ・ソウザや岡美穂子らが類例を多数紹介している、(45) 長崎へ連行された朝鮮人奴隷のひとりであったのだ。貴重な労働力として高値がつけられていたという朝鮮人奴隷のひとりとして、来日時十代の若者であったアントーニオもまた、日本イエズス会の指示のもとでキリシタン信徒に購入された過去があったのである。

ただし、その後アントーニオはイエズス会に同宿として登用され、長崎でイエズス会士たちの通詞を務めることとなった。(46) さらに、イエズス会の教会で肥後出身の妻マリアと結婚し、浜ノ町（長崎外町）に家宅を購入・居住した。「善いキリシタン（bons Christãos）」であるアントーニオ・マリア夫婦は、知人たちの告解や聖体拝領を援助するなど「慈悲の業」を実践するうちに貯蓄を得、最終的にはイエズス会士たちへ毎年三三クルサードの資金援助を行う（「33 crusados cada anno parta gastar」）ほどの裕福な町人へと成長したという。日本イエズス会にとって、アントーニオは商売と並行して、家宅を訪問したイエズス会士に毎回銀子（「prata」）を施物（「esmola」）として提供するなど、(47) 財政面でも非常に重要な支援者であった。

一方、彼とともに敬虔なキリシタンであった妻マリアに関しては、彼女がドミニコ会の記録に度々ロザリオの組の組員として紹介されている点が注目される。(48) さらに、ドミニコ会の記録や後年の編纂史料等には、アントーニオ源左衛門自身もまたロザリオの組の組員であったとするものがある。(49) ルイス＝デ＝メディーナはそれを誤伝とし、むしろアントーニオはイエズス会系コンフラリア「ミゼリコルヂア（Confraría de Misericordia）」の組員であったと指摘している。(50) フェルナンデス神父はアントーニオの妻マリアについて多くを言及していないことから、彼女は実際にロザリオの組の組員であった可能性が高い。そのように考えられる理由のひとつとしては、アントーニオ・マリア夫妻の居住する浜ノ町を含めた外町が、元和前半期までドミニコ会の教会堂が設置されるなど、ドミニコ会を中心とした托鉢修道会の宣教地域であった事実が挙げられる。

（2）長崎外町のキリシタン信徒たち

実際に、宿主アントーニオ源左衛門に連座するかたちで捕らえられた浜ノ町居住の十人組ほか、同町の隣人たちには、ロザリオの組の組員が複数人確認される。

例えば、アントーニオの十人組である高来島原出身の河野七右衛門バルトロメオ（Cauano Xichiyemon Bertolameu. 六二歳）は、七歳の時に有馬領のイエズス会の教会で受洗したものの[51]、長崎移住後はドミニコ会士の宿主を務めるなど、ロザリオの組の組員となっていた。捕縛時は、より急進的な「十八人組[52]（los diez y ocho Cofrades）」の一人でもあったという。また、同じく十人組で、アントーニオとは別の通りに居住する長崎出身の多田弥一郎ダミアン（Yaichiró Damião. 四一歳）もロザリオの組の組員であった。ダミアンは、一三歳の時から「小者（moço de serviço）」としてイエズス会に奉仕し、結婚後も日常的にイエズス会の教会に通っていたというが[53]、彼はイエズス会士ばかりでなく、ドミニコ会士の霊的指導も受けていたことになる。

一方、十人組である高来口之津出身の山田ドミンゴス（Yamada Domingos. 三三歳）は、元イエズス会同宿山田ペドロを父にもつ日野江（島原）藩有馬家旧臣の牢人だった[54]。従来、山田ドミンゴスは、大村藩領長与出身のクララ（四一歳）の夫で、フランシスコ会士ペドロ・デ・アヴィラ神父（「イエスの御名準管区」巡察師）およびヴィセンテ・デ・サン・ジョゼフ・ラミレス修道士[55]の宿主を夫婦で務めたロザリオの組の組員ドミンゴスと同一人物視されてきた[56]。しかし、フェルナンデス神父によると、クララの夫ドミンゴスは元和大殉教よりも以前に大村で殉教していたといい[57]、両者は別人である。少なくとも、山田ドミンゴス自身がロザリオの組の組員であったとする確かな史料は確認されない[58]。

また、アントーニオの十人組の一人は故人だったが、その名代として捕縛された故人の父渕上七郎右衛門トーメ（Fuchinouye Xichiroyemon Thome. 六九歳）について、ドミニコ会はロザリオの組の組員であったと記録しているものの[59]、十分な史料的裏付けが取れない。渕上トーメは、かつてキリシタン大名小西行長の家臣として天草下島の宮地（Miagi）を所領としたが、小西氏断絶後は天草志岐に追放され、牢人として、同地のイエズス会の看坊荒川アダムに奉仕していた[60]。慶長一九年（一六一四）にアダムが殉教した後、トーメは赦免されて家族と共に長崎へ移住したという。

フェルナンデス神父の手稿本によると、その他のアントーニオ源左衛門の連座者としては、亡夫がアントーニオ源左衛門の十人組であったという長崎出身の後家ドミンガス（Ogata Domingas Viuva. 三六歳）と、筑後出身の元戦争奴隷で、アントーニオ源左衛門の十人組である夫と四年前に死別していた後家カテリーナ（Catherina Viuva. 四八歳）の二人がいた[61]。彼女たちについてもドミニコ会の記録はロザリオの組の組員であったと記すが、史料的裏付けに欠ける点は渕上トーメと同様だ[62]。

このように、「朝鮮人奴隷」と「イエズス会の同宿」という前歴を有した宿主アントーニオ源左衛門以下、木村セバスチャン神父とともに捕縛されたキリシタン信徒たちは、多くがイエズス会の教会で受洗し婚姻の秘跡を受ける一方、ドミニコ会の宣教地域である浜ノ町の町人として、ドミニコ会の史料にはロザリオの組の組員として記されているのだ。その一部は、ロザリオの組の組員としての実否が未詳であり、メディーナの研究のようにそれを否定する見方もある。だが、こうした史料上、そして研究史上の混乱もまた、元和年間の長崎キリスト教界の多層性の表象として理解することができよう。

（3）長崎キリスト教界におけるキリシタン信徒の共存

さらに、フェルナンデス神父は、河野バルトロメオと同じ「十八人組」の一員であり、当時の長崎のロザリオの組の「惣親」を務めていた五島出身の町人石本ルーフォ（Iximoto Rufu. 四九歳）もまた、イエズス会の霊的指導を受けていたと述べている[63]。ルーフォは七歳の時に父と共に平戸に移住し、同地でイエズス会士の手で受洗したといい、またポルトガル人商人に従ってマカオに渡航し、数年間働いた過去があった。その後、ルーフォはドミニコ会士の霊的指導の許、長崎のロザリオの組の最高指導者として大村の殉教者遺族らの経済的支援も行っていたというが、木村セバスチャン神父捕縛後間もなく、ドミニコ会士サルバネース神父の宿主である「十八人組」のひとり田中リエモン（理右衛門カ）パウロ[64]（Tanaca Riyemon Paulo. 四五歳）の十人組として連座、捕縛された[65]。一方で、長崎で彼に婚姻の秘跡を授けたのがイエズス会士木村セバスチャン神父その人であった[66]（「se cazou dando lhe o matrymonio o nosso Pᵉ. Qimura Bastião」）ことは、彼がイエズス会士とも交際し得る状況にあった事実を示している。

五野井隆史は以前に、禁教下におけるイエズス会士と托鉢修道会士の角逐が、霊的指導を必要とするキリシタン信徒側にも大きな「悪影響」を与え、キリシタン信徒間の「不和・対立」を生んだと指摘している[67]。しかし、同一のキリスト教界（Christandade）に包括されるキリシタン信徒同士間の相克そのものは、殊に長崎に関して、少なくとも潜伏宣教師との関係性に比べると史料から看取することができないのである。むしろ、木村セバスチャン神父が逗留したドミニコ会の宣教地域である浜ノ町の場合は、ロザリオの組の組員に限らず、イエズス会士と密接に交流するキリシタン信徒が実際に数多居住していた。そもそも、長崎近隣の日見のロザリオの組との関係が悪化していたはずのイエズス会士の「住持」木村セバスチャン神父が、ロザリオの組の組員が多数居住するドミニコ会の牙城＝外町に有力なイエズス会の支援者たちを有していた事実こそが、様々な背景をもつキリシタン信徒たちの間での「共存」状況を示しているといえよう。

おわりに――初期禁教時代における「日本人司祭」という視座

（1）木村セバスチャン神父捕縛事件

長崎キリスト教界の只中で精力的な宣教活動を行ってきた木村セバスチャン神父は、元和七年五月一一日（一六二一年六月三〇日「使徒聖ペドロ・聖パウロの祝日の翌日」）の未明、長崎外町代官所の捕方によって浜ノ町の宿主アントーニオ源左衛門の家宅内で捕らえられた。イエズス会文書館所蔵のフェルナンデス神父の報告書には、その詳細が記されている[68]。

それによると、元和七年当時、長崎奉行所は「日本人司祭」木村セバスチャンを集中的に捜索しており、その捜査網が広がる中で、三月に長崎隣村の島原藩領矢上村においてドミニコ会士オルファネール神父が捕縛された。そのことを知った管区長コウロス神父は、木村セバスチャン神父に「長崎から一里ほど離れた村」への退避を通告した。

木村セバスチャン神父は直ちに退避の準備にとりかかったが、その最中の五月九日（六月二八日）、浜ノ町の有力町人アントーニオ源左衛門から、翌日の「聖ペドロと聖パウロの祝日」における息子ペドロへのミサ挙行の依頼を受けた。「勇敢な人」木村セバスチャン神父はそれを引き受けて「危険をも省みずその家に行」ったが、アントーニオの家宅の女中——もと朝鮮人奴隷で、秘かに棄教していた「高麗下衆」——が、報償銀を目当てに外町代官所へ訴人（密告）したために、木村セバスチャン神父の外町潜伏が露見したのである。浜ノ町のキリシタン信徒たちは、「役人が神父を逮捕しに行くという噂」を聞くと宿主のアントーニオにたびたび警告したというが、アントーニオは意に介さず、木村セバスチャン神父自身も「何回もそのような話を聞きましたが、いつも流言ばかりでそのような曖昧な話については耳を貸さないほうがいいでしょう」として気にかけなかったという[69]。

五月一一日の未明、代官所捕方がアントーニオの家宅に踏み込んだことで、「小さな二階の部屋」において「自分の砂時計を裏返して自分の聖なる習慣に従って祈りを始めようと」していた木村セバスチャン神父は捕縛された。同時に、宿主アントーニオ一家および隣家の戸主三名（河野・多田・山田）も連座で捕縛され、捕方に見逃された木村セバスチャン神父の同宿赤星トーメ（五二歳、肥後出身）も自訴・捕縛された。翌々日まで長崎奉行所内の牢屋に籠舎された後、木村・赤星「上下」（主従）は大村藩領内の公儀牢（鈴田牢）に、宿主アントーニオ一家と十人組ら連座者は長崎クルス町（内町）の公儀牢に籠舎され、彼ら全員が一年後、長崎西坂で「元和大殉教」を迎えることとなったのである。

木村セバスチャン神父の捕縛は、宿主の家人による「訴人」の可能性を顕在化させた事件として、潜伏宣教師たちに限らず、宿主となり得るキリシタン信徒たちに対しても大きな衝撃を与えた(70)。当時の幕府当局による長崎での禁教政策は、一般のキリシタン信徒の存在を半ば黙認する一方で、宿主についてでは確実に極刑（死刑）を科す施策方針であった(71)。訴人報償制の奏功と併せて、キリシタン信徒たちによる宿主としての潜伏宣教師の隠匿を阻止したい幕府当局側の意図が結実した捕縛事件といえよう。

（2）キリスト教界にとっての「日本人司祭」木村セバスチャン

長崎の「住持」木村セバスチャン神父は、在日キリシタン宣教師の国外追放が実行された慶長一九年（一六一四）から元和七年の捕縛に至るまでの八年間あまり、長崎を拠点として潜伏宣教に従事しつづけた、唯一の日本人イエズス会士であった。捕縛時、最年長（五六歳）であり、かつイエズス会在籍期間が最長（四〇年目）の日本人司祭として、木村セバスチャン神父が長崎の日本イエズス会、および長崎周辺のキリスト教界（Christandade）の要請に応えるかたちで果たしていた霊的指導の役割・影響力には、相当のものがあったと考えられる。前記のチースリクの評価の一方で、木村セバスチャン神父は、最初の「日本人司祭」という著名かつ象徴的存在であり、かつ長期にわたる長崎キリスト教界の霊的指導者であった。さらに、日本人イエズス会司祭の中でも最年長のリーダー的立ち位置にあり、「重大な責任を果たしていた」「忠実な司牧者」木村セバスチャン神父は、元和年間のキリシタン史を叙述するうえでも特筆すべき存在といえよう。

他方で、本稿でみてきたように、「日本人司祭」木村セバスチャンは、同時期にイエズス会とドミニコ会の間で繰り広げられた「公事」の渦中におり、論争の当事者、とりわけイエズス会側の主要人物であった。長崎キリスト教界における著名なイエズス会司祭としての彼の存在感に加えて、「日本人司祭」としての特性を活かした潜伏宣教の実践こそが、必然的に木村セバスチャン神父を「公事」の当事者とさせる一因になったと考えられる。すなわち、木村セバスチャンは、キリシタン信徒たちにとって元来希求する禁教下での隠匿が比較的容易な「日本人司祭」であり、同時に司祭（Padre）として「こんひさん（告解）」の聴き届けができる、極めて重要な立場にあった[72]。だからこそ、潜伏宣教の最前線で直接的に、かつ不可避的に惹起した一部のキリシタン信徒たちとの争論が論敵のドミニコ会士によって喧伝され、その結果として、木村セバスチャン神父は「公事」の当事者となったのである。前節で述べた通り、木村セバスチャン神父の捕縛事件は、幕府当局にとって禁教政策の実効を見る好例となった。他方で、長崎キリスト教界にとっては、潜伏宣教師の宿主を動揺させることに繋がったのと同時に、何よりも、往年の霊的指導者であり、かつ貴重な人材である「日本人司祭」を失うという打撃となった。

木村セバスチャン神父は捕縛翌年の「元和大殉教」で殉教を遂げたが、彼を先駆者とする「日本人司祭」たちの潜伏宣教の最前線での活動は、後輩のイエズス会士たちの他、他修道会士や日本司教区（Bispado de Japão）所属の「日本人司祭」にも引き継がれた。本論にとり、それは論考の域を超えるものであるが、木村セバスチャン神父の跡を追って潜伏宣教に従事した「日本人司祭」たちは、禁教下の日本人キリシタン信徒が特に到来を希求していた存在という観点からも、さらに考究されるべき対象といえよう。そうした今後の研究課題への試論となることを期しつつ、本稿の擱筆としたい。

注

（1）フーベルト・チースリク著、髙祖敏明監修『キリシタン時代の日本人司祭』（教文館、二〇〇四年）、一五―三〇頁。

（2）右同「レオナルド木村――絵描き―修道士―殉教者」キリシタン文化研究会編『キリシタン研究』二五（吉川弘文館、一九八五年）。

（3）ARSI, Jap. Sin. 60, f. 236. 結城了悟『長崎の元和大殉教　1622年　ベント・フェルナンデス神父による記録』（日本二十六聖人記念館、二〇〇七年）、四六頁。

（4）チースリク前掲書、七―一三頁。

（5）元和七年二月四日付、ローマ教皇宛て長崎奉答書（ヴァチカン図書館バルベリーニ文庫東洋部所蔵）連署者のひとり「今泉時庵」（BAV, Barb. or. 152-4）。

（6）日本管区長コウロス神父の許、同じく最古参の日本人イエズス会士貞松ガスパール修道士（Gaspar Sadamatçu）とともに、「Bastião Quimura」と署名したラテン語文を読み、最終誓願を立てた（ARSI, Jap. Sin. 37, ff. 20, 22. チースリク前掲書、二六頁）。

（7）「組親」等の役職者以外のコンフラリアの組員は「組子」と呼ばれていた（松田毅一『近世初期日本関係南蛮史料の研究』、風間書房、一九六七年、一一五二頁）。

（8）川村信三『キリシタン信徒組織の誕生と変容――「コンフラリヤ」から「こんふらりや」へ』（教文館、二〇〇三年）、三五〇頁。同『戦国宗教社会＝思想史――キリシタン事例からの考察』（知泉書館、二〇一一年）、二〇―二一、二六―二七頁。

（9）尾原悟編『キリシタン文庫　イエズス会日本関係文書』（南窓社、一九八一年）、一七七頁。

（10）川口敦子「イエズス会ローマ文書館所蔵ジェロニモ・ロドリゲス宛書簡の日本語表記」『国語と教育』三三（長崎大学国語国文学会、二〇〇八年）。

（11）書状の撮影画像データは、二〇二二年一二月にイエズス会文書館のダリオ・スカリンチ氏（Dario Scarinci）よりご提供頂いた。この場に記して深謝申し上げる。

（12）ARSI. Jap. Sin. 34. f. 180. なお、合字や略字、大文字、vとuの混同、明確な誤字（チルダの脱記等）等についても、基本的に敢えて原文ママとし、筆者の解釈は一部翻字において明示した。さらなる後学を俟ちたい。

（13）島原藩領矢上村の家宅で、ミサ司式の準備中、長崎奉行所横目の手によって、宿主マチヤス又右衛門の一家五名、および同宿ドミンゴ丹波とともに捕縛された（ホセ・デルガード・ガルシーア編注、佐久間正訳『福者ハシント・オルファネールO・P・書簡・報告』、キリシタン文化研究会、一九八三年、二六―二七、一九〇、一九四頁）。

（14）告解終了後の長崎市中の家宅に踏み込んできた外町代官所の捕方によって、同宿アレショ、宿主田中パウロ、宿主の十人組である石本ルーフォとオノ（小野ヵ）クレメンテ（ミゼリコルヂア組員・ロザリオの組の組員）、他二名とともに捕縛された（J・D・ガルシーア編注、佐久間正訳『福者ホセ・デ・サン・ハシント・サルバネスO・P・書簡・報告』、キリシタン文化研究会、一九七六年、八〇―八三頁）。

（15）川口前掲論文、九二頁。

（16）土井忠生ほか編訳『邦訳 日葡辞書』（岩波書店、一九八〇年）、一六五頁。

（17）福田千鶴「江戸幕府の成立と公儀」『岩波講座 日本歴史』一〇（近世一）（岩波書店、二〇一四年）、一二七―一二八頁。

（18）マドリード、フランシスコ会イベロ・オリエンタル文書館所蔵、竪帳「こんひるまさんに付テこんはにや□□出されたる書物也」（AFIO 23-8. ff. 12-13. ベルナット・マルティ・オロバル、島田潔、アントニオ・ドニャス 共著『日本のキリスト教迫害期における宣教師の「堅信」論争』、春秋社、二〇二三年、七八―八一頁）より。

（19）高橋裕史『戦国日本のキリシタン布教論争』（勉誠出版、二〇一九年）、三六一―三六五頁。チースリク前掲書、二三七

—二四六頁。

(20) 五野井隆史『キリシタンの文化』（吉川弘文館、二〇一二年）、二三六—二三九頁。同『キリシタン信仰史の研究』（吉川弘文館、二〇一七年）、三〇九—三一二頁。

(21) 宣教活動に際して潜伏宣教師たちが用いた日本風の偽名。日本人宣教師たちも使用。「隠し名」の名称は、寛永一六年七月一〇日付、幕府御年寄衆三名宛、米沢藩主上杉定勝書状（『上杉家御年譜』四、米沢温故会、一九八八年、五二七頁）より。

(22) Ｊ・Ｄ・ガルシーア注、井手勝美訳『コリャド　日本キリシタン教会史補遺』（雄松堂書店、一九八〇年）、二七—二八頁。

(23) José Delgado García, O. P. y Manuel Gonzalez Pola, O. P. (ed.), *BEATO JACINTO ORFANELL, O. P. Mártir del Japón (s. XVII) CARTAS Y RELACIONES, Segunda Edición.* Missionalia, 2. Madrid: Institutos de Filosofía y Teología «Santo Tomás», 1989, pp. 69-71.

(24) 拙稿「寛永十年日本イエズス会組織的宣教体制の終焉——天草におけるイエズス会宣教師の捕縛事件を手がかりに」『上智史学』六六（上智大学史学会、二〇二一年）、一二—一六頁参照。

(25) 松田前掲書、一一五六頁。

(26) 右同、一一六二頁。

(27) なお、本稿では日本人やスペイン人、イタリア人の洗礼名等も全てポルトガル語読みの表記とした。当時、スペインの托鉢修道会系コンフラリアのキリシタン信徒たちもポルトガル語読みの洗礼名を名乗っており（五野井二〇一七、二二〇頁）、托鉢修道会士たち自身も、署名等においてポルトガル語表記を用いた。その背景としては、ポルトガル語が一六—一七世紀の東アジアにおける意思疎通の共通言語として普及していた状況（松浦晃佑「「南蛮通詞」試論」『東風西声　九州国立博物館紀要』一二、九州国立博物館、二〇一七年、三四頁）が想起される。

(28) Biblioteca Nacional de España, Sala Cervantes, MSS/18727/1.

(29) 松田前掲書、一二一一—一二一五頁。五野井二〇一二、二三八頁。

(30) 松田前掲書、一二一一—一二一二頁。

(31) 右同、一二一五頁。

(32) ディエゴ・アドゥアルテ著、Ｊ・Ｄ・ガルシーア編注、佐久間正・安藤弥生共訳『日本の聖ドミニコ——ロザリオの聖母管区の歴史』（カトリック聖ドミニコ会ロザリオの聖母管区、一九九〇年）、二〇二頁。五野井二〇一七、二一三—

二一四頁。

(33) 拙稿前掲論文、一二一―一二三頁。

(34) J. D. García y M. G. Pola. (ed.), *op.cit.*, p. 70.

(35) 元和七年七月当時の鈴田牢には、スピノラ神父と懇意のアンジェロ・フェレール・オルスッチ神父や反駁文の宛先人オルファネール神父、サルバネース神父、元代理管区長のフランシスコ・モラーレス神父およびトマース・デル・エスピリツ・サント・デ・スマラーガ神父、アロンソ・デ・メーナ・イ・エスカランテ神父らドミニコ会士六名、前日本遣外管区長アポリナリオ・フランコ神父、ペドロ・デ・アヴィラ神父、ヴィセンテ・デ・サン・ジョゼフ・ラミレス修道士らフランシスコ会士三名が籠舎されていた（スマラーガ・フランコ両神父以外は「元和大殉教」殉教者）。

(36) 一六二一年九月一五日付、日本・シナ巡察師宛書簡（ディエゴ・パチェコ著、佐久間正訳『鈴田の囚人――カルロス・スピノラの書簡』、長崎文献社、一九六七年、一〇八―一〇九頁）。原文は ARSI, Jap. Sin. 36, f. 212.

(37) 結城二〇〇七、四二頁。原文は ARSI, Jap. Sin. 60, f. 234v.

(38) 元和六年一二月一五日付、「さうら様」宛、下田平左衛門尉ヴィセンテ外島原藩領三会村「ロザリオの組」組親衆一四名連署状扣（松田前掲書、一一五二頁）。

(39) 一六二三年八月三日付、長崎発信、総会長宛（BPE, Códice CXVI-1-31, ff. 1-117）。

(40) ARSI, Jap. Sin. 60, ff. 222-256v. 結城前掲書、一一―一〇二頁。

(41) 五野井隆史「長崎キリシタンの信心会に関する新出史料について」日本歴史学会編『日本歴史』六〇九（吉川弘文館、一九九九年）、九五頁。同「被虜朝鮮人とキリスト教――十六、十七世紀日韓キリスト教関係史」『東京大学史料編纂所研究紀要』一三（東京大学史料編纂所、二〇〇三年）、五六―五八頁。

(42) BPE, Cód. CXVI-1-31, ff. 67-71.

(43) エヴォラ出身。一五九〇年来日。下地区に属し、日見・古賀・諫早ほか長崎周辺の宣教を担当。一六一〇年頃マカオに赴き、翌年の日本渡海途上、海賊によって殺害された（Josef Franz Schütte, S. J. *MONUMENTA HISTORICA JAPONIAE I TEXTUS CATALOGORUM JAPONIAE ALIAEQUE DE PERSONIS DOMIBUSQUE S.J. IN JAPONIA INFORMATIONES ET RELATIONES 1549-1654*. Romae: APUD, 1975, pp. 1136-1137）。

(44) BPE, Cód. CXVI-1-31, f. 67.

(45) ルシオ・デ・ソウザ、岡美穂子共著『大航海時代の日本人奴隷――アジア・新大陸・ヨーロッパ』増補新版（中央公論新社、二〇二一年）、二〇二―二一一頁。

（46）五野井前掲論文、五六頁。
（47）BPE, Cód. CXVI-1-31, f. 67v.
（48）J・D・ガルシーア編注、井手勝美訳『フランシスコ・カレーロ　キリシタン時代の聖なるロザリオの信心』（聖ドミニコ会ロザリオの聖母管区日本地区、一九九七年）、二三二頁。
（49）右同、二四六頁（後掲「十八人組」の一人としてアントーニオを紹介）。ディエゴ・ロドリーゲス・ビリャローボス「ドミニコ会殉教録」へスース・ゴンザレス・バリエス編、佐久間正・田中愛子・山本正恵訳『星に輝く使徒』（中央出版会、一九七〇年）、二七三頁。レオン・パジェス著、吉田小五郎訳『日本切支丹宗門史』中（岩波文庫、一九三八年）、二三二頁（原文「confrères du Rosaire」）。岡本哲男訳『信仰の血証し人　日本ドミニコ会殉教録』（カトリック聖ドミニコ修道会、一九八八年）、三〇一―三〇二頁（マリアを「ドミンガ」と混同）。
（50）Juan G. Ruiz-de-Medina, S.J., *EL MARTIROLOGIO DEL JAPÓN 1558-1873*. Roma: Instituto Histórico de la Compañía de Jesús, 1999, p. 446.
（51）BPE, Cód. CXVI-1-31, f. 71.
（52）ロザリオの組（Número）の一種。ガルシーア一九八〇、二八―三〇頁。
（53）BPE, Cód. CXVI-1-31, ff. 73v-74.
（54）BPE, Cód. CXVI-1-31, f. 75. ARSI, Jap. Sin. 57, f. 203v.
（55）ベルンヴァルト・ヴィレケ著、伊能哲夫訳『キリシタン時代におけるフランシスコ会の活動――七つの修道院史と会士たちの略伝』（光明社、一九九三年）、二七三―二七五頁。
（56）BPE, Cód. CXVI-1-31, f. 62.
（57）ガルシーア前掲書、一九四頁。同一九九七、二三二頁。パジェス前掲書、二三五頁。
（58）BPE, Cód. CXVI-1-31, f. 62v.
（59）ガルシーア前掲書、二三二頁。
（60）BPE, Cód. CXVI-1-31, ff. 75v-76.
（61）BPE, Cód. CXVI-1-31, ff. 77v, 78v.
（62）なお、イエズス会士ガルシーア・ガルセス神父作成の一六二三年一月一五日付報告書は、特に河野・多田・山田・ドミンガスの四名を「juningumi（十人組）」と明記している（ARSI, Jap. Sin. 29, f. 57）。木村セバスチャン神父書状中の「yottari（四人）」も、この四人のことを指していると思われる。

（63）BPE, Cód. CXVI-1-31, ff. 82v-83v.
（64）BPE, Cód. CXVI-1-31, ff. 79v-82v.　注14参照。
（65）ガルシーア前掲書、三七―三九、四九頁。五野井一九九九、九五頁。ARSI, Jap. Sin. 29, f. 57.
（66）BPE, Cód. CXVI-1-31, f. 83.
（67）五野井二〇一二、二三九頁。同二〇一七、三一一―三一二頁。
（68）結城前掲書、四四―四五頁。
（69）コリャード神父の報告書にも同様の記述がある（ガルシーア前掲書、二九頁）。
（70）「家の召使いや下人が破廉恥な行動を取り裏切者《ユダ》となって修道会士や彼ら自身の主人を裏切りはじめたことを知って、キリシタンの間にある種の恐怖と警戒の念をひき起こした」（ガルシーア前掲書、三〇頁）。
（71）五野井一九九二、一九四―一九七頁。拙稿「原典史料にみる小西・高山一族のマカオ追放――（二）キリシタン禁教史における位置」『キリシタン文化研究会会報』一六〇（キリシタン文化研究会、二〇二二年）、二五―二六頁。
（72）清水有子『近世日本とルソン――「鎖国」形成史再考』（東京堂出版、二〇一二年）、一〇五―一二〇頁。初出は二〇〇五年。

【付記】本稿執筆にあたり、研究発表の機会をご提供下さったキリシタン文化研究会と同会事務局の皆様方、海外所在史料の画像利用および部分翻刻の許可を下さったイエズス会文書館およびエヴォラ公共図書館、そして《一六二二年長崎大殉教図》の撮影・画像利用をご快諾下さったジェズ教会（ローマ）のクラウディオ・ペーラ師（P. Claudio Pera S.I.）へ、この場に記して感謝申し上げます。

第二部　元和期の宣教活動——新たな時代の幕開け

まえがき

東馬場郁生

第二部は、一六二二年の大殉教、ロヨラとザビエルの列聖、および布教聖省創立と連動して展開した、日本宣教とカトリック布教方針に関する三編の論考から成る。

阿久根晋氏は、日本管区代表のカルディンが日本管区存続のために行った、年報の復活や、報告書、殉教録、布教史による「弘報活動」について明らかにする。その背景には、ポルトガル王の即位やイエズス会内部の中国準管区との摩擦、また日本での禁教下、東南アジアでの布教展開があり、日本の名を冠した管区の存在意義が問われていたことがあった。阿久根は、カルディンの弘報活動では、聖ザビエルと殉教者の存在が言及され、それが日本の布教史を「栄光」ある特別なものにし、日本を冠する管区の存続を訴える根拠となったことを指摘する。

木﨑孝嘉氏は、一六二二年に設立された布教聖省による日本布教への対応について、布教保護権と布教聖省との権益争いと、布教保護権を背景にした修道会の争い、という二つの対立を事例に、初代書記官インゴリの方針に焦点をあて考察している。木崎は、これら対立の内容と背景を辿りつつ、いずれの対立においても司教問題が重要だったことを明らかにする。インゴリが著した『世界の四大陸』をもとに、彼が把握していた日本情報を確認しつつ、布教聖省が目指した在俗・現地人司祭の派遣によって司教問題の解決を図ろうとしたことを示している。

小俣ラポー日登美氏は、一六二二年のロヨラとザビエルの列聖について、彼らと同会の殉教者の聖性の公認が初期イエズス会に対して大きな意義を有したことを外的要素とともに検証しつつ、考察している。小俣ラポーは、当時のイエズス会にとって、ロヨラの列聖は会の存在と正当性をヨーロッパで認知させるために重要であったこと、異端と異教徒の改心はそのための根拠をあたえたこと、この歴史的文脈のなかで、当時、「薔薇」という比喩で語られた日本の殉教者は、ロヨラとザビエルの聖性を讃え、裏付けるものとして機能したこと、を描き出している。

第一章　アントニオ・フランシスコ・カルディンの弘報運動をめぐる文脈

――イエズス会日本管区と聖ザビエルの「遺功」

阿久根　晋

はじめに

一六〇二年以降の約三〇年間、日本諸地域の宣教活動に携わったイエズス会士ベント・フェルナンデス（Bento Fernandes, 一五七九―一六三三）は、「元和大殉教」から六日後の一六二二年九月一六日、ローマのイエズス会総長補佐に宛てた書翰において次のように書き記していた。

この地に関する報せは多く、数々の年報に〔載せるに〕相応しいほどで、短い書翰では伝えることも語ることもできない。そして万事が混沌となるにつれ、年報を秩序立てて纏めることもできない。（……）長崎で起きていることは、その目で見る者でなければ信じることはできないであろう。向こうのローマでは十分に理解されておらず、実際のところ日本〔のイエズス会〕は管区の名を有するのみで、大部分において宣教はイングランドよりも厳しい。[1]

フェルナンデスにとって、日々激しさを増す迫害下の日本宣教は、会士の殉教で幕を明けたイングランドのそれよりも困難なものであり、それゆえに日本管区は名のみの存在と思われたのかもしれない。[2]

その後フェルナンデスは「元和大殉教」の報告書を纏め上げ、そのうちの一つ（一六二三年八月三日付、長崎発信）はポルトガルのエヴォラ公立図書館・地方文書館に現存している。[3] 一六三三年にはフェルナンデス自身も長崎で殉教者となったため、同館所蔵本の最終フォリオには、フェルナンデスの署名の真正性と彼の殉教の事実を証する次の註記が見られる。

私、ローマに対して選ばれた日本管区代表（Procurador geral da Provincia de Jappam eleito a Roma）であるイエズス会のアントニオ・フランシスコ・カルディム神父は、上の署名は我がイエズス会のベント・フェルナンデス師のものであることを証する。同師は長崎の市において我らの聖なるカトリックの信仰を広めることにより栄えある殉教を迎えた。私は彼の手になる署名を幾度も見ているので知っている。従ってこれを彼の署名と認める。この署名および彼が作成した年報が、かくも偉大なるデウスのしもべにして、キリストのいとも高名かつ栄光の殉教者のものとして崇敬されるべく、私は司祭の名において証明する。[4]

これが書かれた時日は、聖フランシスコ・ザビエルの日本開教から一世紀後の一六四九年一月二一日のことであった。フェルナンデスが「元和大殉教」の記録を書き、そこにアントニオ・フランシスコ・カルディン（António Francisco Cardim, 一五九六頃—一六五九）の註記が加わるまでの三〇年近くのあいだに、イエズス会の日本布教は徳川政権の徹底した禁教策のために幕を閉じ、フェルナンデスが言及していた年報の作成も一六二七年に中断された。だがそれ以降もなお、「日本管区」の名は保持されてゆく。

この「日本管区」の名と歴史に特別の意味を見出し、その名のもとで進められた広域的事業の成果発信に役割を果たしたイエズス会士こそ、アントニオ・フランシスコ・カルディンその人であった。かかる弘報運動にカルディンが従事したのは、先の引用文に示された役職、すなわち管区代表プロクラドールに就任したことと関わりが深い。

従来の研究史でカルディンの名が言及される場合、その多くは、本稿の第三節でも触れる殉教録の著者として[5]、または同書所載の日本地図の作者としてであろう[6]。彼の他の著述とその成立事情、そして管区代表としての一連の活動を総合的に探究する試みは、いまだ道半ばにある[7]。

この研究状況を一歩前進させる目的もあり、本稿ではカルディンの越境的足跡を追いながら、彼が管区代表就任中に各方面へ宛てた書翰と、各地で手がけた著作の成立状況を概観する。これをもって、イエズス会日本管区を取り巻く時代情勢や、聖ザビエルの日本開教に淵源するイエズス会日本管区の存続をカルディンがいかに訴え、それがいかなる脈絡のもとでなされたのかを明らかにしてゆきたい。

一、一大転換期のイエズス会日本管区

（１）新たな南のフロンティアにて

カルディンがイエズス会日本管区代表プロクラドールとしてマカオから渡欧するのは一六三八年のことであるが、まずはそれに至る経緯を確認しておこう。その経緯は、日本の全国的禁教体制に直面して以降の日本管区の動向と密に関わっており、後にカルディンが管区情勢を内外に発信する際の前提でもある。

一五九六年頃にポルトガルのヴィアナ・デ・アレンテージョに生まれ、一六一〇年にエヴォラでイエズス会に入会したカルディンは、一六一八年四月、日本司教のディオゴ・ヴァレンテ（Diogo Valente, 一五六八頃―一六三三）、日本管区代表として欧州に派遣されていたガブリエル・デ・マットス（Gabriel de Matos, 一五七一―一六三四）らの一団とリスボンを出航、一六二一年にゴアで司祭に叙された後、一六二三年にマカオ到着を果たす(8)。

当時のイエズス会日本管区は日本での地下活動を続けつつ、同時に本部のマカオ・コレジオを基地として、東南アジア布教の開拓にも乗り出していた。この新事業の契機は、一六一五年に管区長ヴァレンティン・カルヴァーリョ（Valentim Carvalho, 一五五九頃―一六三一）がコーチシナ（広南阮氏、現在のベトナム中南部）に五名構成の宣教団を派遣したことに求められる(9)。

これが管区長カルヴァーリョの独断であったこと、加えて日本布教の継続の観点から、コーチシナ布教の開始に賛同せず、その前途を疑問視する会士もいた[10]。だが司令塔の巡察師フランシスコ・ヴィエイラ（Francisco Vieira，一五五三頃―一六一九）は東南アジアへの拡大路線を打ち出し、日本以外の諸国に新たな布教を開始せよとの命令を遺したとされる[11]。結果的に東南アジア事業は進展を見せ、日本管区は命脈を保ってゆく。

そこでは現地社会を対象とした活動が進められるなか、コーチシナに渡航したキリシタンが同地で秘跡を授与された事例もあるなど[12]、日本布教の延長的側面も見られた。また、コーチシナ・カンボジアを経て日本布教に復帰した福永ニコラオ修道士（一五六九頃―一六三三）の事例が示すように[13]、東南アジアの新布教地から日本キリスト教界の救援に向かう者もいた。

極東の地に到着して間もないカルディンも、以上の状況と無縁ではなかった。一六二六年にはペドロ・モレホン（Pedro Morejón，一五六二―一六三九。マットスの代行者［Substitutus］として一六一五年にマニラ経由で渡欧し、一六二五年にマカオ帰着）、西ロマン修道士（一五七〇頃―一六三九）とシャムのアユタヤ修道院の開設に加わり、次に一六三一年には、四年前に着手されたトンキン（黎朝・鄭氏政権、ベトナム北部）の布教に従事した（カルディンは両地域に派遣された際、そこから内陸国ラオスの布教を開く特別の使命を帯びていた）。またその間にはシャムからマニラに渡り、そこで岐部ペトロ・カスイ（一五八七―一六三九）らと日本に潜入する計画も立てたという[14]。

（２）マカオ・コレジオ院長、管区代表プロクラドールに就任

日本管区の南のフロンティアから戻り、一六三〇年にマカオで盛式誓願司祭となった後、カルディンは管区の要職を担う。まず一六三二年から一六三六年にかけては、モレホンの後継者としてコレジオ院長に就任した。その任期中には、諸会士の殉教調査を担当し、ベント・フェルナンデス、斎藤パウロ（一五七六頃―一六三三）、福永ニコラオ、ディオゴ・デ・メスキータ（Diogo de Mesquita, 一五五三頃―一六一四）、アントニオ・フランシスコ・デ・クリタナ（Antonio Francisco de Critana, 一五五一―一六一四）、マテウス・デ・コウロス（Mateus de Couros, 一五六八頃―一六三三）および他の二名の司祭[15]、次いで一六三七・三八年には、それぞれセバスティアン・ヴィエイラ（Sebastião Vieira, 一五七二―一六三四）とマルチェロ・フランチェスコ・マストリリ[16]（Marcello Francesco Mastrilli, 一六〇三―三七）の殉教時の状況やそれに至る経緯などについて証言を集めた。

この調査でカルディンは、追放令後に長崎で病死したメスキータ、長崎からマニラへの追放行の船上で世を去ったクリタナ、長期の潜伏の末に伏見で衰弱死したコウロスたちを追放令と迫害下の活動ゆえの一種の「殉教者」として扱っている。またマカオ・コレジオにおける彼らへの崇敬の状況として、「他の日本の殉教者たちにまじって（entre os outros martyres de Japão）」絵が描かれた事実に関する証言収集にも努めた（おそらくこの絵画は、ローマのジェズ教会に現存する「日本イエズス会士殉教図」を指していよう。そこにはメスキータ、クリタナ、コウロスの最期も描かれている[17]）。

マストリリ殉教の調査は巡察師マヌエル・ディアス（Manuel Dias *sênior*, 一五六〇―一六三九）がカルディンに委ねたもので、これについて巡察師ディアスは、カトリック教会がマストリリを殉教者として認定・宣言する際に役立つことを期待していたという。[18] すでに一六三三年の時点で前記のフェルナンデス、斎藤パウロらが殉教者となり、[19] その一方で日本管区長代理クリストヴァン・フェレイラ（Christovão Ferreira, 一五八〇頃―一六五〇）は拷問を受けて棄教するなど、日本における布教体制の消滅が目前に迫るなか、殉教者の顕彰に向けた記録の取り纏めはマカオ・コレジオの活動の一つとなっていたのである。

カルディンが以上の一連の証言聴取に携わった経験は、後のローマでの殉教録出版にも活かされることとなる。そして殉教録を含む著作の出版が実現したのは、一六三八年九月の管区会議の決定により、カルディンが日本管区代表プロクラドールに選出されたからにほかならない。

過去にマットス、モレホン、ヴィエイラも就任した当該職の責務とは、フーベルト・チースリクの解説（一九六七年）を参考にすると、①ローマに赴いて会の当局に管区の情勢を報告すること、②管区の要務のためにローマで働くこと、③旅行を利用して宣伝、要員の勧誘、財政上・物質上の義捐を集めることであった。[20] 実際、マットスの巡察師在任中にヴィエイラを管区代表に任じた際の記録の写し（アジュダ図書館所蔵）にも、「会の利益、特権の保護と維持のため（para bem, e deffensão, e conservação dos privilegios da Companhia）」、「最終的には管区の利益（bem desta Provincia）に関する万事を前進させるため」との文言が見られる。[21]

このような日本管区の主張と利益を代表する立場を背負い、カルディンはマカオから東インド経由でローマをめざす。そして渡欧の途上、一六四一年のゴア滞在中には、貿易・布教拠点としてのマカオの死命に関わる報知に接した。

二、日本貿易とスペイン・ポルトガル合邦時代の終焉

(1) ゴアにもたらされた二つの報知

先に述べた報知とは二つあり、それぞれユーラシアの東と西の端からゴアにもたらされた。第一は一六三九年の日本貿易の断絶、第二は翌一六四〇年のポルトガル国王ジョアン四世（在位一六四〇—一六五六）の即位、すなわちスペイン・ハプスブルク帝国からのポルトガルの独立に関する報せであった。

一六四一年七月二七日にゴアで成立した公証記録（ローマ・イエズス会文書館所蔵）によると、カルディンは同年三月、イエズス会士が日本貿易の断絶や「有馬キリシタンの叛乱（o alevantamento dos Christãos Japões de Arima）」（島原天草一揆）の原因でないこと、貿易断絶の理由として徳川家光のキリスト教に対する憎悪、オランダ人の讒言（スペイン国王が諸外国に聖職者を派遣し、多数のキリスト教徒を有した後に諸国を征してきたこと）が存在していたことなどを「証明」すべく、上記に関わる計一〇項の質問を用意し、それに対する回答（証言）をゴアのポルトガル人市民やイエズス会士たちから集めた[22]。以上の行動は、イエズス会擁護の立場からなされたものである。公証記録の冒頭に「ドン・フェリペ」とあることから、カルディンにはゴア当局を通じてスペイン国王フェリペ四世（在位一六

二一―一六六五）に上記の証明事項を伝える意図もあったのであろう。

この記録の成立から間もなくして、マカオの存続に関わるもう一つの報せがリスボンから届けられた。フェリペ二世期（在位一五五六―九八）以来、六〇年間に及んだスペイン・ポルトガルの合邦時代は、一六四〇年一二月一日、ポルトガル国王ジョアン四世の即位（ブラガンサ王朝の開始）をもって終わり、その報せは翌一六四一年の九月初めにゴアに達した。この際のカルディンの反応を示す記録として、一六四二年一二月六日付リスボン発信の国王ジョアン四世宛て建白書（リスボンの海外史文書館所蔵）が存在する。[23]

ポルトガル本国の「復活」は祝福すべきものであったが、インディア領の東端部に位置するマカオの動静をカルディンは懸念していた。ジョアン四世宛ての建白書からは、カルディンがゴアのインディア副王ジョアン・ダ・シルヴァ・テーロ・イ・メネゼス（João da Silva Telo e Meneses, 在職一六四〇―四四）に覚え書を提出し、本国の独立をマカオに急報するように陳情した事実が判明する。これは、マカオがインディア領の諸都市と同様、ジョアン四世に忠節を誓うことを期したためであり、通知の遅延によりマカオのポルトガル人が商品を携行してマニラに渡り、スペイン国王フェリペ四世に与する事態を回避するためでもあった。[24]

（2）ポルトガル国王ジョアン四世への献策

結局のところインディア副王はカルディンの要望に応えず、一六四一年一二月にバタフィアのオランダ東インド会社の総督に使節を遣わし、そのうちの一人がバタフィアからマカオに向かう予定であったという。[25] だがカルディンはこの措置の成功を疑い、ポルトガル商人のマカオからマニラへの航海を制止できないと予想した。[26] そのためリスボン到着後の一六四二年一〇月、カルディンはジョアン四世にも覚え書を提出し、ポルトガル本国からマカオへの船舶派遣について提議した。

建白書の記述から知られるとおり、マカオでジョアン四世の即位が宣告済みであろうと（実際には、後述のアントニオ・フィアーリョ・フェレイラを通じて、マカオは一六四二年五月にジョアン四世の即位を承認）、本国からの派船が必要であるとカルディンは認識しており、その背景として福音宣布ゆえの日本貿易の喪失、国王の即位承認によるマニラ貿易の喪失、ゴアから得られる支援の乏しさを指摘している。これらの点を踏まえ、カルディンは国王に対し、マカオが「あらゆる面でその救済と生命線（todo seu remedio, e sustentação）」であったマニラ貿易を再び求め、スペイン国王に靡くおそれについて警告した。そしてマカオが失われる事態の意味について、建白書には次のような注目すべき記述がある。

神がそれを許すことはないが、マカオ市が失われる事態となれば、陛下はインディア〔領〕における最良の貿易（o melhor contrato da India）を失うことになる。中国〔との貿易〕なしにインディア〔領〕が富むことはない。中国、それから安南――我々が一般にトンキンと呼び、そこでは毎年一万から一万二千人が洗礼を受けている。今日、陛下が全東洋において有する最良の事物であり、〔それは〕異教の王のもとにある神の教会〔でもある〕――のキリスト教界も失われよう。

またコーチシナ、カンボジア、チャンパ、そしてシャムのキリスト教界も、さらには日本〔布教・貿易〕復興の大いなる希望（os grandes esperanças de restauração de Japam）も失われよう。[27]

この記述には、本国からマカオへの直航船を通じてジョアン四世がマカオを掌握することの意義として、本国・マカオ間の通商が双方にとって大いに利となりうるとの主張が続く。[28]

以上のように、カルディンからジョアン四世への訴えは、日本の禁教と「鎖国」、次いでポルトガル本国の独立に伴ってマカオの長崎・マニラ両貿易ラインが失われたなか、さらにそこから惹き起こされうる新たな危機的事態を憂慮した結果なされたものであった。またマカオはポルトガルのインディア領の事業拠点のみならず、同時に日・中・東南アジア宣教のハブとしての機能を有し、カルディンがイエズス会士の立場からその重要性を国王に説いたことは、右記の引用文のとおりである。

さて、チャールズ・ボクサーの研究（一九八四年）に従えば、カルディンは一六四三年、リスボンに帰還したマカオ有力市民のアントニオ・フィアーリョ・フェレイラ[29]（António Fialho Ferreira. 一五九五頃―一六四六）と連携し、即位の報せを兼ねた日本への特使派遣についてジョアン四世に献策したとのことである。[30] これには、同君連合体制の解消からマカオ・マニラ間貿易が途絶えたことを受け、日本貿易の再開が再びマカオの生命線になろうとの期待があったという。

後の一六六一年二月にマカオ・コレジオで書かれた「一六五九・六〇年度日本管区年報」も、カルディンが「管区の利益（bem da Provincia）」のためにポルトガル王室と交渉した実績を評価し、その一例としてジョアン四世の日本遣使を挙げている（これは一六四四年二月にポルトガル本国が日本に派遣した初の王室使節であり、三年後の使節船二隻の長崎来航は近世日本対外関係史上の「正保黒船一件」として知られている）[31]。

年報作者のマティアス・ダ・マヤ（Matias da Maia, 一六一五—六七）は、カルディンが国王からマカオ・コレジオ用の基金三〇〇〇クルザードを獲得した事実にも触れている[32]。同年報の成立時点でコレジオは基金を受給できていなかったが[33]、管区代表職としての使命遂行に向けたカルディンの試みは、後にマカオのイエズス会日本管区本部から認められ、ローマの総長に伝えられるところとなった。

三、イエズス会日本管区の名と実のＰＲ

(1) 新たな「日本管区年報」の設計

カルディンはリスボン滞在中の一六四三年、マカオのイエズス会日本管区本部に連絡し、管区の「健在」を発信する一つの方策を提案することもしていた。同年一月に日本管区長代理兼マカオ・コレジオ院長のガスパール・ド・アマラル（Gaspar do Amaral, 一五九四—一六四六）に宛てた書翰（ポルトガル国立図書館所蔵）には、「日本管区の年報はしかるべき方法で作成されるように」とあり、まずその扉を「日本管区年報（*Annua da Provincia de Iapão*）」とし、次に年報の内容構成について管区人員の総計、本部のマカオ・コレジオ、「日本について得られる〔情報〕」、トンキン、コーチシナおよび他の諸布教地とするよう、具体的に指示している[34]。

本稿の導入部でも触れたように、日本全国の布教を取り上げた従来型の年報の作成は一六二七年三月の「一六二六年度日本年報」をもって終わり（同年には「マカオ・コレジオ年報」の作成も中断[35]）、以来一五年以上が経過していた。カルディンとしても、管区公式記録の発送体制を回復する必要性を感じていたと思われるが、なぜこのタイミングでアマラルに提案したのであろうか。

この問いへの手がかりとなる一つの背景として、日本管区・中国準管区間の摩擦がある。中国布教区が中国準管区に昇格し、日本管区の従属から切り離されたのは一六二三年のことである[36]。同年にはマヌエル・ディアスが中国布教向けコレジオの開設を総長に要望しており[37]、それ以降も両管区間には布教経費、人事、マカオ・コレジオの所管をめぐる見解や方針の不和が見られた[38]。先述のアマラル宛て書翰にもその一端が示されており、たとえば中国準管区のアルヴァロ・セメード（Álvaro Semedo, 一五八六―一六五八）は「日本の司祭たちは働いておらず、マカオのコレジオは中国〔準管区〕のもの」と公言していたという（セメードは中国準管区代表としてマカオから欧州に派遣されていた[39]）。

このセメードの発言に対する反論として、カルディンは「日本の司祭は殉教者であり、トンキンでは毎年一万から一万二千人が洗礼を受けている」とアマラルに伝えている[40]。また書翰の別の箇所には、イエズス会内部に「日本管区は今や衰退した」と発言する者が存在したことを窺わせる記述もある[41]。以上を参考にすると、布教地としての日本が事実上失われていた状況下、会内部に存在した日本管区への批判に抗う意味もあり、年報を通じた管区のプレゼンスの発信こそ急務であるとカルディンは考えたのかもしれない。

一六四五年一一月、マカオ・コレジオでは「一六四四年度日本管区年報」が書かれ、カルディンの提案は実を結ぶところなった。序文の冒頭では、管区が公式の年報や報告書を発送することなく幾年が経過したこと、貿易断絶や宣教師の入国困難ゆえに日本（布教）の消滅を噂する者がいること、そしてアマラルが一定の書式を持つ報告書の作成を命じた事情が明かされている。これに続き、「〔人的・経済的〕規模の小さい管区（piquena Provincia）」ながら諸地域に展開し、会士たちが新たなキリスト教界の開拓に従事している現状が伝えられている。[42]

一六四四年度報告の構成を見ると、独立した章はマカオ・コレジオ、日本、海南島およびカンボジア（二地域を一章で概括）に限られ、管轄下の全布教地を取り上げているわけではないが、日本管区本部としては、日本キリスト教界の情報、本部のマカオ・コレジオの機能、日本禁教後の東南アジア事業の布教成果をローマに報じる一応の体制を整えることができた（なお、トンキンとコーチシナの個別の章を含む年報は、マティアス・ダ・マヤによる「一六五〇年度日本管区年報」が初である[43]）。

（2）殉教録『血染めの日本の花束』の出版まで

『日本管区報告』（一六四五年）

リスボンを離れた後、カルディンは一六四四年以降一六四六年までローマに滞在した。そこでは第八会イエズス会総会議に出席したほか、日本管区の歴史と現状の弘報にも力を注いだ。

この取り組みの一環を成す出版物としては、一六四六年の殉教録『血染めの日本の花束[44]（*Fasciculus e lapponicis floribus suo adhuc madentibus sanguine*）』が有名であるが、前年の一六四五年にもカルディンは著作を公にしている。すなわち、管区の旧・新双方の布教地を取り上げた嚆矢的作品で、時の教皇インノケンティウス一〇世（在位一六四四―五五）に献呈した布教史『日本管区報告（*Relatione della Provincia del Giappone*）』（以下『報告』と略記[45]）である。その基本構成は、自らアマラルに提案した年報のそれと変わらない。トンキン・コーチシナ布教を含む東南アジア事業の進捗と成果報告を中心としながらも、それに先立って、貿易・布教拠点としてのマカオ史、日本キリスト教界の現状報告にも各一章が割り当てられている[46]。

このような構成を採用したのは、マカオ以南の諸地域が主たる活動舞台になりつつあった管区の状況と、それでいてなお「日本」の名が保持されていることの背景と意味を周知する狙いがあったためと考えられる[47]。カルディンは読者への緒言において、「数多のキリスト教徒と修道士の尊い血が注がれた」日本の成果を読者が享受するであろうと伝え、そのうえで次のようなメッセージを発している。

〔読者の〕あなたに注意する必要がある。私が〔この著作で〕しばしば日本管区と話し呼ぶとき、単にかの列島〔＝日本〕のみがそこに含まれるものと理解してはならない。そうではなく、次のように理解されるべきである。すなわち、先述の迫害ゆえに管区が日本から切り離され、そこから会が引き上げたとしても、同じ管区のもとにトンキン、コーチシナ、シャム、カンボジア、ライ〔＝ラオス〕、海南島〔の布教地〕が存在しているのである（それでも同じ日本管区の名を保ちながら。諸領地に有するコレジオだけが存続しているにもかかわらず、イタリアでヴェネツィア管区［Provincia Veneta］が旧来の名を保っているように）。したがって、私が述べたように、それ〔＝日本管区〕が異なる諸王国にあろうと、わが管区が日本という大切な王国に因んで（del Regno

Principale del Giappone）命名され、その本部がマカオのコレジオであることに驚いてはならない。[48]

ここで「管区の本部がマカオのコレジオである」とカルディンが明言したのは、以前アマラル宛ての書翰でも打ち明けていた「マカオのコレジオは中国のもの」とするセメードの主張を意識した結果と考えられよう。実際に、『報告』出版翌年の一六四六年五月二四日、カルディンは新任のイエズス会総長ヴィンチェンツォ・カラッファ（Vincenzo Caraffa, 一五八五―一六四九）にラテン語の建白書「日本管区のための情報（*Informatio pro Provincia Japponica*）」（ローマ・イエズス会文書館所蔵）を提出し、管区の人員・経済状況やマカオ・コレジオの帰属をめぐるセメードの見解に対して反論を披瀝した。[49]

「日本管区のための情報」（一六四六年）

三部から成る「日本管区のための情報」（以下「情報」）の概要は木﨑孝嘉（二〇一六年）の論考が紹介しており、フェデリコ・パロモ（二〇一六年）も史料中の一部の記述に着目し、『報告』の緒言との共通点（日本管区の広域的事業、名称の意味）を指摘している。[50]

「情報」の第一部は、聖フランシスコ・ザビエルの日本開教に起源を持つ日本管区の概史となっている。日本布教において数多くの受洗者、教皇庁からの栄誉、三木パウロ（一五六四―九七）らの殉教者を獲得した事実のほか、日本禁教後の東南アジア方面への進出とそこでの新成果が簡潔に語られている。以上を踏まえ、日本国外の諸国に広がった管区の首府こそ、ジョアン四世支配下のマカオに

位置するマカオ・コレジオであると強調されている。(51)

第二部からは、イエズス会が日本管区よりも中国準管区に注力すべしと考えるセメードの具体的な根拠と、それに対するカルディンの反論が明らかになる。カルディンはマカオ・コレジオの所管問題に関して、コレジオが中国に存することは日本管区の管轄を離れる根拠たりえないと主張し、イングランド管区が低地ゲルマニア（フランドル地方）に住院とコレジオを有する状況を引き合いに出すことで自説の補強材料とした。(52)

これに続く記述は、『報告』の緒言と同様、管区の名称の意味についてである。(53) 日本と諸国を含む管区本部の所在地から「マカオ管区（Provinciam Macaënsem）」と称しうるが、「より名高く光栄ある名によって（a nomine magis noto et glorioso）」日本管区と名付けうる、とカルディンは記す。また別の箇所を見る限り、彼は中国管区の独立から日本管区が消滅する事態について、およそ次のように捉えていた。(54) すなわち、かかる事態は聖フランシスコ・ザビエル（その使徒の名は中国ではなく日本に由来する）と日本の聖殉教者に対する名誉の毀損である、と。(55) さらには、「会の栄光の大部分（maxima pars gloriae Societatis）」の喪失にもなり、いつの日か日本へ派遣されることを願って入会する若者の目標の喪失にもなる、と。

前節で見たとおり、ゴアとリスボンにおけるポルトガル王室への陳情は、主にポルトガルの貿易拠点としてのマカオの存続を期したものであった。他方、ローマにおける『報告』と「情報」の執筆では、カルディンは日本管区代表の立場を明確に押し出して管区の広域的事業を宣伝し、これをもって日本禁教後の管区の「健在」を示し、同時にその本部たるマカオ・コレジオの管轄権を守り抜こうと努めたのである。またカルディンのレトリックでは、日本管区の存続は聖ザビエルと殉教者の名誉の保持をも意味した。

「情報」の第三部は、具体的な管区の財産管理方法、管区への経済支援の話題に焦点が当てられている。[56] 本稿のテーマから注目すべきは、印刷中の『日本の殉教者の頌辞（*Elogiorum Martyrum Japponiae*）』が教皇に献じられた場合に四〇〇〇スクードが得られようとの見込みを述べた部分である。[57] この作品こそ、一六四六年にコルベレッティ家の印刷工房が世に送り出したラテン語の殉教録『血染めの日本の花束』である。[58]

『血染めの日本の花束』（一六四六年）

殉教録の基本構成は、森脇優紀・小島浩之の共著論文（二〇一八年）と浅見雅一の研究（二〇二二年）より知られる。[59] 全三部のうち、第一部は聖ザビエルとイエズス会士の殉教者に捧げた頌辞、ならびに高山右近・大友宗麟・大村純忠の略伝から成る。各人物に付された図像（銅版画、計八七点）は特に有名であろう。第二部は一五五七年から一六四〇年に至る殉教者のカタログ（一般信徒と托鉢修道士も含まれる）、第三部は一六四〇年のいわゆる「マカオ市使節処刑事件」の報告書となっている。[60]

読者への緒言に従えば、カルディンは年報とともに「真正な証言」（マカオにおける殉教者調査で作られ、後にローマ教皇庁に送られた証言聴取の記録を指す）を殉教録の情報源として活用し、マカオで執筆を始め、その後ゴアとリスボンでの加筆作業を経て、最終的にローマで完成させたという。[61]

第一部では、拷問の末に殉教を遂げた会士とともに、追放令と迫害下の潜伏活動のなかで死没した会士（本稿第一節で言及したメスキータ、クリタナ、コウロスなど）にも個別の項目が与えられ、第三部では、来日後に棄教を拒絶して処刑された使節団（マカオ市民のポルトガル人、中国人のほか各地域出身者の計六一名）も取り上げられている。つまり、信仰のために命を抛った人々を広く採録して顕彰することをカルディンは意図したようである。

日本地図（【図6】）の収録も本書の特色である。(62) 地図中央上部のカルトゥーシュには「日本の頌辞に添えたイエズス会の尊師アントニウス・フランシスクス・カルディンによる新精確日本図（*IAPPONIAE Nova & accurata descriptio Per R. P. Antonium Franciscum Cardim Societatis IESV Ad Elogia Iapponica*）」と書かれ、その左右および地図下部中央のテクストは、イエズス会が日本の諸国に有した施設の説明となっている。また海上に浮かぶ帆船の描写は「日本の使徒」聖ザビエルの鹿児島到達を表し、地図中の十字架記号は〝Tzugaru〟（津軽）や〝YEZO〟（蝦夷）にも付されている。要するにカルディンは、九州南端から日本の極北地方に至る宣教の軌跡を集約的かつシンボリックに示す視覚資料として、本図を用意したわけである。先に総長宛ての「情報」で聖ザビエルと殉教者の名誉や、「会の栄光」としての日本を強調していた事実も考え合わせると、本図の作成と殉教録への収録もカルディンの主張の一つの具体化であり、一連の弘報活動のなかに位置づけられる行為として評価したい。

（3）布教史『栄光の日本管区におけるイエズス会の闘い』の編述

殉教録のポルトガル語版がリスボンで刊行された一六五〇年、すでにカルディンは極東への帰路にあり、国王ジョアン四世に献呈するための布教史をゴアで編述していた。リスボン科学アカデミア図書館に遺されたその手稿本の扉には、『栄光の日本管区におけるイエズス会の闘い（*Batalhas da Companhia de Iesu na sua gloriosa Provincia de Iappam*）』（以下『イエズス会の闘い』）とのタイトルが付けられている(63)。日本管区一世紀の歴史をパノラミックに展望した本書は、前作の『報告』と殉教録の内容を補う豊富な情報を有し、カルディンの日本管区代表プロクラドールとしての活動の集大成と言うべき作品でもあった。

作品の規模は、手稿本で全二九二フォリオ（一八九四年の翻刻版では全二九〇頁(64)）の分量があり、これはカルディンの諸作品において最も多い。本書の基本的内容は、序文に「一六四九年に至る日本管区の現況報告(65)」と示されたとおりである。導入部では、聖ザビエルの鹿児島到達に始まる日本キリスト教界の発展、一六一四年の禁教令を契機とした管区の東南アジア進出の略史を述べ、次いで貿易・布教拠点としてのマカオ、中国内地の政治・布教情勢(66)、日本の最新情報(67)の各章があり、これに東南アジア事業（順にトンキン、コーチシナ、海南島、カンボジア、ラオス、マカッサル、シャムの布教）の詳報が続く。

本書の中核を成す東南アジア事業の報告からは、トンキンが約一九万人の信徒を擁する一大布教地に成長した過程が明らかになる。またトンキンに次ぐ受洗者数が得られたコーチシナでは、阮氏政権の弾圧下で現地信徒の殉教者が出現したため、この点も管区の「成果」として特筆の対象となった。そこには「コーチシナの教会が天に捧げる殉教者の精華と果実（flores, e fruito dos Martyres）、日本教会の美しく豊かな樹木の接ぎ枝（ramos transplantados da fermosa, e fertil arvore da Igreia de Jappão）

から得られたもの[68]」とあるように、殉教の歴史を共有した日本とコーチシナを並べて評価した表現も見られる。

このように、トンキンとコーチシナが「日本の喪失」に代わる主要布教地となり、カルディンは両地域の報告に多くの紙面を割いたが、同時に管区発祥地の日本に対する名誉の念も懐いており、それを明記することを忘れていない。

それ〔日本管区〕は本部の名をとってマカオ管区（Provincia de Macao）と称しうるが、より輝かしく重要な地域、すなわち日本（mais gloriosa e principal, que he Jappão）の名を付けることができる。この日本については、その名が失われることはなく、かつての平穏な状態に回帰することへの希望も〔失われることはない〕。今日、日本が殉教者を我々に与えているが、それは他のいかなる時代における聖なる信仰の公言者と比べても、神の教会の栄光において劣るものではない。今や〔日本は〕福音に扉を鎖しているが、聖フランシスコ・デ・ザビエルも日本の使徒の称号と光輝ある名（o titulo, e glorioso nome de Apostolo de Jappão）を失うことはなかった。オルムス・マラッカ・マスカットの要塞、従属させた諸王を失ったが、インディア領（Estado da India）も副王・司法官・役人たちのかつての統治を失わなかった。ヨーロッパの他の諸民族がポルトガルの海を航海するようになったが、ポルトガルの諸王もエチオピア・アラビア・ペルシャ・インディアの交易と征服の主としての輝かしい称号（os gloriosos titulos de Senhores do comercio, e conquista de Ethiopia, Arabia, Persia, e India）を失うことはない[69]。

先に見たイエズス会総長宛ての「情報」と同様、「日本の使徒」聖ザビエルと日本の殉教者の存在を持ち出しながら、カルディンは管区の名称に「日本」が冠せられることの意味をあらためて強調した。ポルトガル海上帝国の（かつての）「栄光」にも触れたのは、本書の献呈先である国王ジョアン四世を意識したためであろう(70)。

『イエズス会の闘い』擱筆後の一六五二年五月、カルディンはマカオに帰任すべくゴアを出発するも、マラッカ近海でオランダ勢力に捕まり、セイロン島で約三年間の抑留を強いられた(71)。釈放された一六五五年、再びゴアからマカオをめざし、その途上で立ち寄った海南島では、聖ザビエルの名を持つレジデンシアと教会の設立にも貢献したという。布教前線への復帰を望みつつマカオ・コレジオで帰天したのは、一六五九年四月末のことであった。

おわりに

本稿では、欧亜を往復したアントニオ・フランシスコ・カルディンの越境的足跡を軸に、彼がイエズス会日本管区代表プロクラドールの職責で実施した一連の活動とその脈絡を見てきた。

カルディンが配属されて以降のイエズス会日本管区は、徳川政権の禁教・「鎖国」体制のもと、日本という歴史ある布教地を失った。だがその一方、東南アジア諸方面への転進は、新たな活動地と果実の獲得をもたらした。かかる管区の一大転換期にあって、カルディンは布教史と殉教録を編み、地理的に拡大した管区の現状とそこでの新成果を周知しながら、日本の殉教者の顕彰にも努めたのである。

この弘報運動に取り組む直前、カルディンは近世ポルトガル史上の転機にも際会していた。すなわち、一六四〇年のポルトガルの「復活」である。彼はジョアン四世即位の報せを受け、アジア貿易・布教拠点としてのマカオの重要性を王室に説き、日本への特使派遣の提案もおこなっていた。この遣使は好結果をもたらさなかったが、日葡関係の復交を期したカルディンの試みそれ自体は、「一六五九・六〇年度日本管区年報」が報じたように、プロクラドール就任中の一つの「実績」として評価しうるものであろう。

その他のカルディンの弘報運動の文脈には、イエズス会内部の事情も存在した。その主なものは、マカオ・コレジオの所管をめぐる中国準管区との摩擦である。カルディンによる新形式の「日本管区年報」の設計と総長への建白書の提出も、イエズス会の内部に向けて日本管区の「健在」を主張しつつ、従来の利益を護持しようとする狙いからであったと考えられる。そしてこの建白書において、聖殉教者の存在や「日本の使徒」聖フランシスコ・ザビエルの名が示され、「日本管区」の名とその「栄光」の歴史が強調されていたことは、先に見たとおりである。

ジョアン四世に献呈した布教史にも同様の語りが繰り返されていた事実を見るに、聖ザビエルの「遺功」や「余光」とも言うべきこの種のレトリックの使用は、日本管区に対する内外からの関心と支援を引き寄せるこの上ない手段とアントニオ・フランシスコ・カルディンには考えられたのであろう。彼の「フランシスコ」の名もまた、聖ザビエルへの崇敬から自ら付けたものであった[72]。

注

（1）Archivum Romanum Societatis Iesu（ARSI）, Jap. Sin.（JS）35, fol. 167r. 原史料の翻訳における〔　〕の補足語句は本稿筆者による（以下同様）。この一節の訳出にあたり、次の研究を参照した。結城了悟、ルイ・タヴァレス（訳）『ベント・フェルナンデス「日本人」一五七九年～一六三三年』（ポルトガル大航海時代記念委員会マカオ部会、一九九七年）八九頁、および同書併録ポルトガル語訳版の八〇頁。Helena Barros Rodrigues, "Father Bento Fernandes S.J. and the Clandestine Japanese Mission"（*Bulletin of Portuguese-Japanese Studies*, vol. 15, 2007）, pp. 107-108.

（2）同様の認識は一六二五年一一月四日付の長崎発信書翰でも表明されている。結城（一九九七）九五―九六頁（ポルトガル語訳版は八五頁）を参照。なお、イエズス会イングランド宣教の開拓者エドマンド・キャンピョンの殉教（一五八一年）については、巡察師アレッサンドロ・ヴァリニャーノがドゥアルテ・デ・サンデにラテン語で編纂させた『ローマ教皇庁派遣日本使節対話録』（一五九〇年マカオ刊）にも記されている。泉井久之助ほか（訳）『デ・サンデ天正遣欧使節記』（『新異国叢書』五、雄松堂出版、一九六九年）四二〇―四二一頁。

（3）Biblioteca Pública e Arquivo Distrital de Évora（BPADE）, Cód. CXVI/1-31, fols. 1r-117v.

（4）BPADE, Cód. CXVI/1-31, fol. 117v.（　）内の欧語表記の補足は本稿筆者による（以下同様）。リスボンのサント・アンタン・コレジオで書かれたこの註記の日本語訳は、次の研究より引用した。イザベル・シッド、東光博英（訳）「エヴォラの日本屏風、その特徴およびポルトガルに伝存する日本についての他の文書類との関係」（伊藤玄二郎（編）『エヴォラ屏風の世界』「エヴォラ屏風」修復保存・出版実行委員会、二〇〇〇年）一四七―一四八頁。

（5）Hitomi Omata Rappo, *Des Indes lointaines aux scènes des collèges: Les reflets des martyrs de la mission japonaise en Europe*（*XVIe-XVIIIe siècle*）(Münster: Aschendorff Verlag, 2020), chap. 4. 森脇優紀・小島浩之「カルディン著『日本殉教精華』の古書冊学的研究（一）」（『東京大学経済学部資料室年報』第八号、二〇一八年）四一―五五頁。浅見雅一『キリシタン時代の良心問題　インド・日本・中国の「倫理」の足跡』（慶應義塾大学出版会、二〇二二年）第一〇章。

（6）岡本良知『十六世紀における日本地図の発達』（八木書店、一九七三年）第七章。海老沢有道『地方切支丹の発掘』（柏書房、一九七六年）第一章。

（7）カルディンの管区代表就任後の動向を部分的に明らかにした近年の論考として、次のものがある。Federico Palomo, "Procurators, Religious Orders and Cultural Circulation in the Early Modern Portuguese Empire: Printed Works, Images (and relics) from Japan in António Cardim's Journey to Rome (1644-1646)" (*e-Journal of Portuguese History*, 34 (2), 2016), pp. 1-32. 木﨑孝嘉「『殉教録』とともにヨーロッパに帰国した修道士――イエズス会管区代表プロクラドールの活動」（『歴史学研究』第九四一号、二〇一六年）二二―三二頁。Isabel Murta Pina, "Dois Procuradores Jesuítas em Confronto: Álvaro Semedo e António Francisco Cardim" (Arnaldo do Espírito Santo; Cristina Costa Gomes; Enrique Rodrigues-Moura (eds.), *Res Sinicae: Pessoas, Papéis e Intercâmbios Culturais entre a Europa e a China (1600-1800)*, Bamberg: University of Bamberg Press, 2022), pp. 97-112.

（8）カルディンの事績全般は次の文献を参照。フーベルト・チースリク「暹羅の日本町とキリシタン」『キリシタン研究』第十二輯（吉川弘文館、一九六七年）三一三―三一八頁。Charles Ralph Boxer (ed. & trans.), *Seventeenth Century Macau in Contemporary Documents and Illustrations* (Hong Kong: Heinemann Asia, 1984), pp. 132-134. Charles E. O'Neill; Joaquín María Domínguez (eds.), *Diccionario Histórico de la Compañía de Jesús: Biográfico-Temático* (4 vols. Roma: Institutum Historicum Societatis Iesu, 2001), vol. 1, pp. 655-656. 阿久根晋「ポルトガル人イエズス会士アントニオ・カルディンの修史活動――『栄光の日本管区におけるイエズス会の闘い』の成立・構成・内容をめぐって」（『歴史文化社会論講座紀要』第一二号、二〇一五年）七六―八〇頁。

（9）五野井隆史「十六・十七世紀ヴェトナムにおけるキリスト教布教について」（『英知大学キリスト教文化研究所紀要』二二巻一号、二〇〇七年）七二頁。以下に述べる経緯については、阿久根晋「ラーンサーン王国に至る布教の道――イエズス会日本管区による東南アジア事業の一幕」（大橋幸泰（編）『近世日本のキリシタンと異文化交流』「アジア遊学」二八四、勉誠社、二〇二三年）一〇七―一二一頁も参照。

（10）一六一六年二月一五日付、諫早発信、マテウス・デ・コウロスの総長宛て書翰。高瀬弘一郎（訳）『イエズス会と日本』一（「大航海時代叢書」第二期六、岩波書店、一九八一年）四二三―四二五頁。

（11）一六二〇年一〇月二一日付、日本発信、バルタサール・デ・トーレスの総長宛て書翰。高瀬（訳）（一九八一）五四〇頁。

（12）五野井（二〇〇七）七六頁。

（13）一六二〇年一〇月一〇日付、加津佐発信、マテウス・デ・コウロスの総長宛て書翰。ARSI, JS 37, fol. 156r. このコウロスの書翰によると、福永はカンボジアから日本人のジャンク船を利用したという。

(14) フーベルト・チースリク（監修）、五野井隆史『ペトロ岐部カスイ』（大分県教育委員会、一九九七年）二一六—二一七頁。

(15) BRAH, 9-7239, fols. 366r-385v, 386r-397v, 398r-434v. この二名とはファン・バウティスタ・デ・バエサ、ガスパール・デ・クラストである（一六二六年にそれぞれ長崎と有家の潜伏先で衰弱死）。

(16) Biblioteca da Ajuda (BA), Jesuítas na Ásia (JA), Códice 49-V-12, fols. 71r-88r, 95r-118v, 187r-195r, 219r-251r; Archivum Apostolicum Vaticanum (AAV), Congr. Riti, Processus 1193, 2904, 5278.

(17) BRAH, 9-7239, fols. 398r-400r.「日本イエズス会士殉教図」の詳細は次の文献も参照。小俣ラポー日登美『殉教の日本　近世ヨーロッパにおける宣教のレトリック』（名古屋大学出版会、二〇二三年）一九—二三頁。浅見（二〇二二）二六三—二六四頁。Palomo (2016), pp. 22-23.

(18) 一六三七年一一月一七日付、巡察師マヌエル・ディアスの総長宛て書翰。ARSI, JS 29, fols. 186r. 結城了悟『殉教者ディオゴ結城了雪　一五七四—一六三六　他人のために生きた人』（日本二十六聖人記念館、二〇〇八年）一三二頁。

(19) 一六三三年に諸会士が捕縛されたことのイエズス会日本布教史上の意味については、次の研究を参照。竹山瞬太「寛永十年日本イエズス会組織的宣教体制の終焉——天草におけるイエズス会宣教師の捕縛事件を手がかりに」（『上智史学』第六六号、二〇二一年）一—二一頁。

(20) チースリク（一九六七）三〇九頁。このほか財務会計や王室担当のプロクラドールも設けられていた。詳細は木崎（二〇一六）一三三頁に整理されている。

(21) BA, JA, Códice 49-V-5, fol. 414v. この任命書の作成時日は一六二一年一二月一日。「会の利益、特権の保護と維持」と書かれているのは、日本布教をめぐるイエズス会と托鉢修道会の係争を意識したものか。

(22) ARSI, JS 22, fols. 314r-331r. この一〇項目には、マカオ住民に対して徳川家光が発した禁令を受け、イエズス会士はマカオではなくマニラを経て日本に渡航したこと、ポルトガル商人のジェロニモ・ルイスとドゥアルテ・コレアの火刑の原因がイエズス会士によるものではないことに関する質問も含まれていた。この質問では、ルイスの処刑が日本人教区司祭パウロ・ドス・サントスの書翰（日本人の文通相手に宛てたもの）を運搬した咎によるとされている。同事件については、岡美穂子『商人と宣教師　南蛮貿易の世界』（東京大学出版会、二〇一〇年）第八章に詳しい。

(23) Arquivo Histórico Ultramarino (AHU), Macau, Caixa 1, no. 20. この史料の翻刻と英訳はそれぞれ下記の研究成果を参照。Frazão de Vasconcelos, "A Aclamação del Rei D. João IV em Macau" (*Boletim da Agência Geral das Colónias*, 53, 1929), pp. 85-88. Boxer (ed. & trans.) (1984), pp. 136-138.

(24) AHU, Macau, Caixa 1, no. 20. Vasconcelos (1929), pp. 85-86. Boxer (1984), p. 136.

(25) 以下の説明は特に註記しない限り、AHU, Macau, Caixa 1, no. 20, Vasconcelos (1984), pp. 85-86, Boxer (1984), pp. 136-137に基づいている。

(26) ボクサーの註記によると、バタフィアに派遣されたインディア副王の使節は同地からマカオへの渡航が認められなかったという。Boxer (1984), p. 136. なお、この使節はオランダ東インド会社総督との休戦交渉のためにバタフィアに派遣された。一六四四年一一月の休戦協定締結に至るゴア・バタフィア当局間の交渉経緯については、次の研究を参照。George Davison Winius, *The Fatal History of Portuguese Ceylon: Transition to Dutch Rule* (Cambridge, Massachusetts: Harvard University Press, 1971), chap. 5.

(27) AHU, Macau, Caixa 1, no. 20. Vasconcelos (1929), p. 87. Boxer (1984), p. 137.

(28) カルディンはその証拠として、マカオから本国にもたらされうる諸種の軍事物資とアジア原産の交易品を列挙している。建白書に付された一六四三年二月四日付の文書では、「南洋を二〇年、海南湾を九回渡航してきた者」としての立場で、中国への航海に関する具体的な助言も提示していた。AHU, Macau, Caixa 1, no. 20. Vasconcelos (1929), pp. 88-90. Boxer (1984), pp. 137-138.

(29) 一六三〇年代にマカオ・マニラ貿易に従事し、ジョアン四世の即位前にポルトガルに帰国。ポルトガル独立の報せをマカオにもたらすべく、一六四一年にリスボンを出航、イングランドから東インド会社船でバンテンに寄港、次いでバタフィアでオランダ東インド会社総督にポルトガルの独立を伝え、一六四二年にオランダ船でマカオに到着。同年五月末のマカオにおけるジョアン四世即位承認式の後、バタフィアから欧州に向かうオランダ艦隊を利用し、一六四三年にアムステルダム経由でリスボンに帰着。Boxer (1984), pp. 87-94.

(30) Boxer (1984), pp. 91, 133.

(31) ARSI, JS 48, fol. 27r. 一六四四年以降の使節船の航海、徳川政権との交渉の結末については、下記の文献を参照。Charles Ralph Boxer, *The Embassy of Captain Gonçalo de Siqueira de Souza to Japan in 1644-7* (Macau: Oficinas Graficas da Tipografia Mercantil, 1938).『長崎市史　通交貿易編　西洋諸国部（復刻版）』（清文堂、一九六七年）一六六―二〇二頁。中砂明徳「マカオ・メキシコから見た華夷変態」（『京都大学文学部研究紀要』第五二号、二〇一三年）一五七―一五九頁。

(32) ARSI, JS 48, fol. 27r.

(33) 一六四九年にカルディンがリスボンからゴアに戻る途上で遭遇した海難事故が原因であろう。一六五一年一〇月ローマ発信のアレクサンドル・ド・ロードによる日本管区長ジョアン・カブラル宛て書翰にも、この海難による全財産の喪失が報じられている。BA, JA, Códice 49-V-32, fol. 469r.

(34) Biblioteca Nacional de Portugal (BNP), Códice 722, fol. 461r. この書翰はやや不完全な写本であり、本文に空白や訂正が散見されるほか、署名も"Antonio Froes Cardim"と誤って写されている。末尾の執筆時期の部分も"Janeiro de 16"と情報が欠けているが、本文中の「この〔一六〕四三年のモンスーンの（desta monção de corenta tres）」との記述から一六四三年の成立と判断した。

(35) フーベルト・チースリク「イエズス会年報の成立と評価」（『東方学』第四九輯、一九七五年）一九―二二頁。João Paulo A. Oliveira e Costa; Ana Fernandes Pinto (eds), *Cartas Ânuas do Colégio de Macau* (*1594-1627*) (Macau: Comissão Territorial de Macau para as Comemorações dos Descobrimentos, 1999), p. 40.

(36) Luke Clossey, *Salvation and Globalization in the Early Jesuit Missions* (Cambridge: Cambridge University Press, 2008), pp. 41-42.

(37) Liam Matthew Brockey, "The China Jesuits and the College of Macao, 1579-1623" (*Revista de Cultura*, International Edition, 5, Macau: Instituto Cultural do Governo da R. A. E de Macau, 2003), p. 53.

(38) 次の研究では、日本管区資金の中国布教への再分配に対するセバスティアン・ヴィエイラの批判（一六三二年）や、マヌエル・ディアスの巡察師就任をめぐるカルディンら数名の日本管区所属司祭の不支持（一六三五年）が明らかにされている。Liam Matthew Brockey, *The Visitor: André Palmeiro and the Jesuits in Asia* (Cambridge, Massachusetts: Belknap Press of Harvard University Press, 2014), pp. 390, 401-402.

(39) BNP, Códice 722, fol. 460v. 中国準管区代表就任期のセメードの活動については、次の研究を参照。Pina (2022), pp. 102-108.

(40) BNP, Códice 722, fol. 460v.

(41) BNP, Códice 722, fol. 461r.

(42) ARSI, JS 64, fol. 217r.

(43) 阿久根晋「十七世紀中期の「イエズス会日本管区年報」をめぐる覚え書――マカオ・コレジオにおける編纂再開後二十年間の布教記録」（大橋幸泰（編）『「近世日本のキリシタンと異文化交流」中間成果報告集』（二〇一七―二〇年度科学研究費補助金（基盤研究Ｂ（一般）17H02392））早稲田大学、二〇二一年）一一七―一三五頁。木﨑孝嘉・阿久根晋「日本への視線と希望――「キリシタンの世紀」終焉後のイエズス会年次報告とＧ・Ｆ・マリーニの『布教記』を読み解く」（『キリシタン文化研究会会報』一五一号、二〇一八年）一〇―二二頁。

（44）António Francisco Cardim, *Fasciculus e Iapponicis floribus suo adhuc madentibus sanguine*... (Romae, Typis Heredum Corbeletti, 1646).

（45）António Francisco Cardim, *Relatione della Provincia del Giappone*... (Roma, Stamperia di Andrea Fei, 1645). 本書の諸版については、次の研究も参照。Palomo (2016), p. 12. Rady Roldán-Figueroa, *The Martyrs of Japan: Publication History and Catholic Missions in the Spanish World* (*Spain, New Spain, and the Philippines, 1597-1700*) (Leiden: Brill, 2021), p. 97.

（46）日本の章で取り上げられた話題として、セバスティアン・ヴィエイラとマルチェロ・マストリリの殉教（それぞれ一六三四、三七年）、マカオ市使節一行の刑死（一六四〇年）、巡察師アントニオ・ルビノの日本渡航（一六四二年）などがある。Cardim (1645), pp. 9-46.

（47）Palomo (2016), pp. 11-12も参照。

（48）Cardim (1645), *Al Lettore*. 一七世紀中期に至るヴェネツィア管区の状況については、下記の研究を参照。Paul V. Murphy, "Jesuit Rome and Italy" (Thomas Worcester (ed.), *The Cambridge Companion to the Jesuits* (Cambridge, UK: Cambridge University Press, 2008), pp. 81-83. 木﨑・阿久根（二〇一八）三五頁の注四九。

（49）ARSI, Congr. 71, fols. 274r-283v. Josef Franz Schütte, *Monumenta Historica Japoniae*... (Romae: Apud Monumenta Historica Societatis Iesu, 1975), pp. 1010-1033. 本稿では、同史料における管区の経済状況等の問題については取り上げないため、その詳細は木﨑（二〇一六）二七―二九頁を参照されたい。

（50）木﨑（二〇一六）二六―二九頁。Palomo (2016), pp. 8-9, 11.

（51）Schütte (1975), pp. 1010-1013. 木﨑（二〇一六）二六―二九頁。

（52）Schütte (1975), p. 1017. 木﨑（二〇一六）二七頁および三三頁の注四三。Palomo (2016), p. 9. 迫害下のイングランド宣教に向けたグレートブリテン島外の拠点については、下記の史料と研究を参照。泉井（訳）（一九六九）四二〇―四二一頁。Markus Friedrich; Dillon John Noël (transl.), *The Jesuits: A History* (Princeton, New Jersey: Princeton University Press, 2022), p. 40.

（53）Schütte (1975), p. 1018. 木﨑（二〇一六）二七頁。

（54）Schütte (1975), p. 1020. 木﨑（二〇一六）二七頁。Palomo (2016), p. 9.

（55）先に註記したとおり、一六三五年に中国準管区出身のマヌエル・ディアスが巡察師に就任した際、カルディンはこの決定を支持していなかった。そしてその際、「〔中国準管区の司祭らは〕中国以外を支援しないだろう。会に名誉を与えてきた、そして今では多くの気高い殉教者によって〔名誉を与えている〕日本を見棄てるであろう」との懸念を総長補佐のポルトガル顧問に打ち明けていた。ARSI, JS 161-II, fols. 160r-160v. Brockey (2014), p. 401.

(56) Schütte (1975), pp. 1031-1033. 木崎（二〇一六）二八―二九頁。

(57) Schütte (1975), p. 1032. 木崎（二〇一六）二九頁。Palomo (2016), p. 13, n. 16.

(58) 殉教者カルロ・スピノラの伝記や「一六二二年度日本年報」の出版を手掛けた工房として知られる。Roldán-Figueroa (2021), pp. 119-120.

(59) 森脇・小島（二〇一八）四一―四四頁。浅見（二〇二二）二五三―二六三頁および二八〇―二八三頁の表。

(60) 東洋文庫所蔵本（貴重書 Y-O-17-C-4）のポルトガル語版（一六五〇年）のように、使節一行の処刑図が収録されるケースもあった。なお、カルディンは一六四三年に同使節の処刑に関する報告書をリスボンで出版し、ジョアン四世に献呈している。Palomo (2016), p. 11. 日埜博司「一六四〇年にマカオから長崎へ派遣されたポルトガル使節に関する「報告」――その翻訳・註釈ならびに若干の問題点」『長崎談叢』第八六輯（一九九七年）一二―九六頁。

(61) Palomo (2016), pp. 16-17 を参考に、本稿ではポルトガル語版の緒言を確認した。António Francisco Cardim, *Elogios, e ramalhete de flores borrifado com o sangue dos religiosos da Companhia de Iesu...* (Lisboa: Manoel da Sylva, 1650), pp. 2, 8.

(62) この地図については次の文献を参照。岡本（一九七三）第七章。海老沢（一九七六）第一章。五野井隆史『日本キリスト教史』（吉川弘文館、一九九〇年）の表表紙見返しの解説。ルッツ・ワルター（編）『西洋人の描いた日本地図――ジパングからシーボルトまで』（社団法人ＯＡＧ・ドイツ東洋文化研究協会、一九九三年）一九一頁。

(63) Biblioteca da Academia das Ciências de Lisboa (BACL), Série Vermelha (SV), MS. 656. トーレ・ド・トンボ所蔵本（筆者未見）にはこのタイトルが付されていないようである。*O Japão Visto pelos Portugueses* (Lisboa: Comissão Nacional para as Comemorações dos Descobrimentos Portugueses, 1993), p. 117.『イエズス会の闘い』に関する以下の説明は、阿久根（二〇一五）を参照。

(64) António Francisco Cardim; Luciano Cordeiro (ed.), *Batalhas da Companhia de Jesus na sua gloriosa Província do Japão...* (Lisboa: Imprensa Nacional, 1894).

(65) BACL, SV, MS. 656, fol. 2v.

(66) 明清交替の動乱、南明の永暦帝宮廷における皇族の受洗事例などが述べられ、セメードによる一六四九年一二月一〇日付の広東発信書翰も引用されている。

（67）ポルトガル王室使節のリスボンから長崎に至る航海、使節と奉行との交渉の経過、江戸送りとされた日本管区長ペドロ・マルケス宣教団の消息、都地方における小西マンショの殉教など。

（68）BACL, SV, MS. 656, fol. 216v. Cardim（1894）, p. 215.

（69）BACL, SV, MS. 656, fol. 18v. Cardim（1894）, p. 17.　この一節の解釈にあたり、アンドレス・メナチェ氏よりご教示をいただいた。記して感謝申し上げる。

（70）これと類似したレトリックは、ジョアン四世に献呈されたアントニオ・デ・ゴヴェアの中国布教史『極アジア（Asia Extrema）』（一六四四年）にも見られる。そこではジョアン四世の即位を一六四〇年の一つの嘉事と捉え、オルムス・マラッカ・モルッカの喪失に言及しつつも、「ゴア・オルムス・マラッカにおける新たなアルブケルケたち（novos Albuquerques em Goa, Ormuz, e Malaca）」が現れることへの待望を表明している（ゴヴェアの言う第二の嘉事は、一六四〇年のマカオ市使節の「光輝ある死」であった）。António de Gouvea; Horácio P. Araújo (ed.), *Asia Extrema. Segunda Parte, Livros IV a VI* (Lisboa: Fundação Oriente, 2018), pp. 283-287.

（71）ARSI, JS 48, fols. 27r-27v.　チースリク（一九六七）三一八頁。

（72）ARSI, JS 48, fol. 26v.

【付記】

本稿はＪＳＰＳ科研費（研究課題 JP22J01263; JP22H00698）および角川文化振興財団「バチカンと日本百年プロジェクト」による研究成果の一部である。

本稿の執筆中には、大学院博士後期課程以来の恩師の一人であり、右記のプロジェクトでもご一緒したシルヴィオ・ヴィータ先生（二〇二三年六月一八日ご逝去）から貴重なご助言と示唆をいただいた。感謝と祈りを込めて、本稿をヴィータ先生に捧げたい。

第二章　布教聖省設立と日本
――初代書記官フランチェスコ・インゴリ『世界の四大陸』とその周辺

木　﨑　孝　嘉

はじめに

二〇二二年は、日本キリシタン史にとって重要な行事が目白押しであった。いずれも一六二二年の出来事であるザビエル列聖、元和大殉教、そして布教聖省設立の四〇〇周年である。それらに関連して筆者もいくつかの報告の機会に恵まれたが、準備に追われるなかで、折しもバチカンの教皇庁が組織改変を行い、布教聖省の後継組織である福音宣教省（Congregazione）が「廃止（soppresso）」されるというニュースを知った[1]。福音宣教省（Dicastero）が数ある新設省の筆頭に設置され[2]、旧来の福音宣教省の長官であったフィリピン人ルイス・アントニオ・タグレ枢機卿は、新たな宣教省では長官として直轄する教皇のもと、副長官を務めることになる[3]。この「改革」が史上初のヨーロッパ外出身の教皇フランシスコによって行われたことからも、現在のカトリック教会にとって、同省はいまなお重要な意義を持っていることが推察される。むしろ、世界の情勢が混沌としているいまこそ、カトリック教会にとってその現代的価値は高いと言えよう。

そもそも、布教聖省（以後、後継組織も含めて本稿ではこの名称に統一）とは、ローマ・バチカンに存在するカトリック教会が大航海時代を経てヨーロッパ外との関係を模索する中で誕生した組織である。本稿では、前半で布教聖省の設立の経緯と背景を概観しつつ、キリシタン時代の「日本の葡萄畑」が布教聖省を舞台に行われた論争の題材であったことを確認する。(4) そして、後半では、布教聖省の初代書記官フランチェスコ・インゴリの著作『世界の四大陸』に登場する日本情報から彼の日本布教方針を想像してみたい。それによって、布教聖省設立が遠い日本に及ぼした影響、また逆に日本布教が布教聖省というバチカン改革の最初の一事例であった様を概観していく。

一、布教聖省の設立——日本布教の権益争いとその背景

（1）布教聖省設立の経緯と背景

布教聖省とは教皇庁の直属の一組織として一六二二年に設立されたが、そこに至るにはトレント公会議（一五四五―六三）からの長い経緯があった。さらに半世紀前、マルティン・ルターによる宗教改革が批判したのは、カトリック教会による「贖宥状」販売だけでなく、(5) ヨーロッパに居ながらにしてそこから上がる権益を政治的利権とした「不在司教」問題もあったのである。そのため、トレント

公会議において「現地人司祭の登用」、「司教（司祭）の現地在住」が義務とされた。同時に、一六世紀を通じて近代国家化していくイベリア両国やフランスなどに対抗して、教皇庁国家も官僚制度を整え、みずから海外宣教、とりわけ当初は東ヨーロッパへの宣教活動の管理・運営を企図し始めた。

まずはピウス五世（在位：一五六六―七二）の時代、「枢機卿会議（Congregazione Cardinalizia）」というかたちで始まったが、まもなく中断され、クレメンス八世（在位：一五九二―一六〇五）のもとで「布教会議（一五九九―一六〇四：Congregazione de Propaganda Fide）」が開催されるようになり、最終的にグレゴリウス一五世（在位：一六二一―二三）のもと、一六二二年の一月六日に同名の「布教会議（Congregazione de Propaganda Fide）」、すなわち「布教聖省」の設立が決定された。同月一四日に最初の集会が行われ、月一度は教皇の面前で、加えて月に二度、最年長の枢機卿の家で集会がもたれることとなった[6]。当初は枢機卿一三名、高位聖職者二名、書記官一名という規模であった。このように、トレント公会議の閉幕から設立までおよそ六〇年もかかったのは、布教聖省がカトリック諸国のように独自の財源を持たず、また教皇への権力集中に対するカトリック諸国の抵抗が原因であったと思われる。

（2）布教聖省を舞台とした対立

こうして設立された布教聖省であったが、設立経緯にも影響した対立原因は必ずしも解決していたわけではなかった。まずは布教聖省を舞台とした二つの対立軸を確認したい。一つ目は、布教保護権の実施者と布教聖省との権益争い、すなわち、大航海時代を牽引したイベリア両国の王室布教保護権（padroado real）と、教皇庁による直接統治をもくろむ布教聖省とが内包している対立である。もう一つは、このイベリア両国それぞれの王室布教保護権を背景にした修道会同士の対立である。

王室布教保護権とは、国王が植民地での金銭的・人的費用を負担する代わりに、教会は国王に対し司教推挙権を認可するという「取引」である。フランシスコ・ザビエルが開教した日本においては、以後およそ三〇年にわたってイエズス会とそれを後援したポルトガル王室による布教活動が行われてきた。しかしながら、布教活動の進展とともに、日本においても信徒が増え、来日する宣教師の数も増え、新たな「葡萄畑」の司教区への編制も考慮されるようになる。その結果、まず一五六〇年代にエチオピア総大司教の補佐司教兼ニケア司教のベルシオール・カルネイロは、当時マラッカ司教に属していたマカオに派遣され、日本と中国の最初の司教となった[7]。

一五八〇年代に入ると、ローマにおいて恒久的な日本司教区の設置が検討されるようになる。この動きは、それまで日本布教を一手に担っていた日本イエズス会にとっては権益の削減でもあった。実際、一五八三年に同会の東インド巡察師のアレッサンドロ・ヴァリニャーノは、『日本諸事要録（*Sumario de las cosas de Japón*）』第八章において、八つの根拠を挙げて司教区設置に反対であるという意見を表明している[8]。ヴァリニャーノはこの章で司教区設置という喫緊の課題にとどまらず、Ⅱ：「もし司教がイエズス会員であったならば」やⅢ：「イエズス会の名義司教を（日本へ）派遣すべきである（ことについて）」ということにすらこの時点では反対していたのである[9]。

（3）日本司教区の設置とそれにまつわる対立

ヴァリニャーノの指示や改革によって教勢を拡大したイエズス会日本布教区は、インド管区から独立して準管区に昇格した。一方で、司教区設置問題の方も、一五八八年の勅書（*Hodie ecclesia funaiensis*）によって府内（豊後）司教区の設置が決定された[10]。初めて来日を果たした第三代司教ペドロ・マルティンス（在任：一五九二—九八）、最も長く日本で活動した第四代司教ルイス・セルケイラ（在任：一五九三—一六一四、来日は一五九八年）など、歴代の司教がイエズス会士によって独占されたことは周知のとおりである。

その後、一五八〇—九〇年代にはマニラからスペインの布教保護権を背景にフランシスコ会、ドミニコ会、アウグスチノ会の三つの托鉢修道会が相次いで来日した。イエズス会と托鉢修道会の日本布教をめぐる管轄争いが一七世紀初頭のキリシタン史の大きなテーマとなったことも非常に良く知られているが[11]、托鉢修道会士たちは日本司教をめぐる状況の変更をもくろんだ。例えば慶長遣欧使節派遣を主導したフランシスコ会士ルイス・ソテロは、一六一五年に支倉常長とともにローマに滞在した際に、日本の司教区を東西に分割してみずからを東日本司教に叙階するよう教皇パウルス五世に求めた[12]。この件は結果的にスペイン国王フェリペ三世の同意が得られずに実現しなかったが、イエズス会が独占する在長崎の日本司教の管轄域を減らす試みであった。

（4）一六二〇年代の「布教の担い手」論争

一方で、イエズス会と托鉢修道会の対立は司教問題に限られなかった。すでに述べたように、「ポルトガル系」イエズス会と「スペイン系」托鉢修道会は王室の布教保護権を背景に対立していた。デマルカシオン（世界分割線）が科学的に確定できない時代、日本がどちらに属するのかという問題があったのである[13]。一五九〇年代以降、来日宣教師の入国経路や所属修道会をめぐっての対立が続いたが、殉教を「栄光」と考え積極的に布教を図る托鉢修道会に対し、従来どおり日本の政権の方針にある程度妥協して穏便に布教をしたいイエズス会、という布教方針の違いもその対立を掻き立てるものであった。アジアに戻ったソテロと入れ替わるように、一六二〇年代には、イエズス会士セバスティアン・ヴィエイラとドミニコ会士ディエゴ・コリャードの二人が各会の日本布教を代表するプロクラドールとしてローマに戻り、それぞれ教皇庁やスペイン国王に対して請願を行うなどのロビー活動を試みた。所属するイエズス会やポルトガル経由で交渉したヴィエイラに対し、ラテン語に堪能なコリャードは国王や布教聖省、その書記官フランチェスコ・インゴリに請願書を送るなど、直接交渉を続けた[14]。

以下、コリャードが一六二六年に布教聖省に提出した意見書から両者の主張を確認してみよう。ヴィエイラの見解は次のようにまとめられる。すなわち（一）スペインから修道士が来るようになって〔日本〕（以下、史料中の〔　〕は本稿筆者による補足）王に疑われた結果、迫害と殉教を生んだ。（二）これまでイエズス会士はポルトガル領インドから来ていたが、長年の友好関係があり疑われていない。（三）グレゴリウス一三世、クレメンス八世〔の勅書〕以来、西インド経由は禁止されている。

それに対し、コリャード自身の反駁は、次のようなものであった。（一）日本でキリスト教徒が迫害されるのは、オランダ人、イギリス人が讒言した結果であり、西インドからの修道士の責ではない[15]。（二）東インド経由がより良いのではない。イエズス会士がマカオに力を持っているからだ。しかもイエズス会士も一六二〇―二五年には西インド経由で入っている。ポルトガルがスペインの臣下なのは日本人も知っている。（三）航路の制限は意味がない。布教聖省がパウルス五世の勅書を受けてこのような制限を解除した[16]。

要するに、彼らの主張の論点は、（一）迫害の理由を何に求めるか、（二）同君連合になっていることの時代、デマルカシオンとも密接に関連するマカオ航路限定の可否、（三）これまで発布されてきた教皇勅書の有効性についてであった。このように、すでにヴァリニャーノが『日本諸事要録』第九章で示していた他修道会に関する見解こそがイエズス会の主張や修道会間の論争の出発点であり[17]、このおよそ五〇年間の論争はほぼ同じ論拠・論調で行われていたのである。実際、ヴィエイラとコリャードの請願を契機に布教聖省（とスペイン宮廷）で行われた論争は、コリャードがローマ入りした一六二三年から、ウルバヌス八世による教皇勅書（*Ex debito pastoralis*）によって一応の決着を見る一六三三年まで続いた。しかしながら絶え間なく変化する日本の布教実態や度重なる変更がなされた教皇勅書を論拠とする限り、完全な解決は無理であった[18]。

この間、ルイス・ソテロが獄中から日本の情報を報告した書翰がローマに届き、その真偽をめぐって紛糾したが、一方でコリャードはソテロの司教増置問題も並行して議題とし、布教聖省に対し同様の司教増置の提案をしている。コリャード案はソテロによる日本司教区の東西分割案の発展形で、都（ミヤコ）を中心に大司教区を設置し、その他の長崎司教区、四国司教区、江戸司教区、奥州司教区とともに日本を司牧するという計画であった[19]。その詳細は左のとおり。

(1)都大司教区：山城、長門、石見、出雲、伯耆、因幡、但馬、丹後、越前、周防、安芸、備後、備中、備前、美作、丹波、津国、近江、播磨

(2)長崎司教区：肥前、豊前、筑前、豊後、日向、薩摩、肥後、筑後、大隅と五島、天草、対馬の諸島

(3)四国司教区：伊予、土佐、讃岐、阿波

(4)江戸司教区：安房、上総、下総、日立、伊豆、和泉、駿河、甲斐、遠江、三河、美濃、尾張、伊勢、伊賀、河内、紀伊国

(5)奥州司教区：出羽、越前、上野、信濃、越中、能登、加賀、飛騨と佐渡（と呼ばれる）島

また、このコリャード案で増置されることになる各修道会の司教候補の案においても、イエズス会（一人）に対し、托鉢修道会（フランシスコ会、ドミニコ会、アウグスチノ会それぞれ一人ずつ）が想定されていた[20]。

(5) インゴリによる司教派遣計画

そうしたなか、インゴリたち布教聖省は一六二八年に以下の決議を行った[21]。

(1)Ⅰ．一人の司教をイエズス会から（選び）日本南西部に、もう一人の司教を世俗司祭から日本東北部に派遣、Ⅱ．司教の現地在住と日本人現地司祭の叙階、Ⅲ．日本への渡航自由（司祭の不足のため失われたイングランドのようにならない）、Ⅳ．貿易の厳重な禁止（イエズス会への批判）

(2)司教の日本在住義務、またはマカオで待機

(3)マカオ司教への上訴（マカオ司教に教皇代牧の権限付与）

(4)司教区分割調整：最低二修道会が一つの司教区に（対立阻止）

(5)ローマカテキズムの使用（布教方針の確定）

(6)コンフラリアの禁止（対立阻止）

(7)フィリピン〜メキシコ航路の禁止（ポルトガルが二国商業混合を嫌った）

(3)や(7)はイエズス会寄り、(1)Ⅰや(1)Ⅳは托鉢修道会寄り、(1)Ⅱや(2)などは布教聖省に有利な項目であると思われる。その他の項目は、対立を避けるための調整的な内容である。このように、修道会間の争いについては玉虫色の決着に過ぎなかったが、当時マカオにいた第五代日本司教ディオゴ・ヴァ

レンテ（在任：一六一八―三三）が日本に着任できないなか、司教区問題がより重要性を増してきた。

そしてその後、一六三二年一一月に二度、布教聖省は司教派遣について会議を行っている。フーベルト・チースリクによる整理をかいつまんで紹介すると、(1)〔日本における〕あらゆる修道会の布教活動に対する自由、したがってイエズス会の特権の正式廃止、(2)日本への渡航の自由、したがってポルトガルの保護権の停止、(3)教理と布教方法における統一、(4)小教区の組織、(5)宣教師による貿易の禁止、(6)現地民聖職者の養成、(7)司教問題、(8)日本の新司教がマニラの属司教たるべきか否かについて、(9)スペインまたはポルトガルのインド〔インディアス〕顧問会議、ならびにコリャード神父の異論と提案を検討するための特別調査委員会の設置、以上が論点であった[22]。チースリクによると、スペイン王フェリペ四世には司教の指名、叙階や定住が論じられた第七項が王の布教保護権を侵犯するという点で問題であったようであるが、この会議を経て翌年の勅書発布が実現した。

二、布教聖省初代書記官フランチェスコ・インゴリの日本情報

(1) 法学者フランチェスコ・インゴリ

ここからは、前節の論争の実質的裁定者であったフランチェスコ・インゴリに着目したい。一五七八年にイタリアのエミリア・ロマーニャ州のラヴェンナに生まれたインゴリは、ロマーニャに教皇大使（legato）として着任していたボニファシオ・カエターニ枢機卿に仕え、枢機卿に従ってローマに

移った。そして、いわゆる「ガリレオ裁判（一六一六年）」で有名になった法学者である。その後一六一七年にカエターニが亡くなるとオラツィオ・ランチェロッティ枢機卿に仕えたが、一六二〇年にランチェロッティが亡くなると、「有徳者のアカデミー（Accademia dei Virtuosi）」に通ってアレッサンドロ・ルドヴィジ枢機卿一族と関係を深めた。ルドヴィジが教皇グレゴリウス一五世として即位すると、インゴリも布教聖省の設立と同時に初代書記官に任命された[23]。すでに述べたように、布教聖省はバチカンからの直接統治による「世界布教」を理想としており、日本についてはイエズス会の勢力削減が必要であったため、その点でコリャードの主張と親和性があった。一方で、世界に目を向ければ、布教活動の手足となる修道士を機構のなかに持たない布教聖省やインゴリにとって、イエズス会は最も重要な「パートナー」でもあった。

この高名な法学者インゴリはさまざまな文書を遺しているが、そのなかで当時の世界布教について著した『世界の四大陸（*Relazione delle quattro parti del mondo*）（一六三〇年頃）』が重要であろう[24]。大航海時代の始まりとともに、それまで「ヨーロッパ」、「アジア」、「アフリカ」で構成されていた世界に新たに「アメリカ」が加わった。こうしてヨーロッパにおいても一六世紀に始まるバロック美術の時代、四大陸やそこへの世界宣教をテーマとした作品が数多く見られる。ヴィエイラがローマに着いた年（一六二六）にカルロ・マデルノによる聖ピエトロ大聖堂の修復が終わり、同年イグナチオ・デ・ロヨラを記念した聖イグナチオ教会が完成した。ダニエッロ・バルトリ『聖イグナチオ・ロヨラ伝[25]（一六五九年）』も四大陸に展開した同会の栄光を扉絵によって発信している。聖イグナチオ教会には後に四大陸にみずから設立したイエズス会の宣教師を派遣したロヨラを賞賛する「聖イグナチオの栄光（一六八五―九四）」というバロック絵画の傑作がアンドレア・ポッツォの手で描かれた。この作品のアジア部分には聖ザビエルが描かれている[26]。また、後に聖ピエトロ大聖堂の修復にもかかわるバロックの巨匠ジャン・ロレンツォ・ベルニーニによってナヴォーナ広場につくられた「四大河の噴水」も、まさにこうした時代の空気を表している。

（2）『世界の四大陸』に見られる日本関係記事

インゴリの著書『世界の四大陸』は現在ローマの国立文書館に所蔵されているが[27]、ヨーロッパ（第一フォリオ表―第五四フォリオ裏）、アジア（第五六フォリオ表―第一一三フォリオ裏）、アフリカ（第一一五フォリオ表―第一四三フォリオ表）、アメリカ（第一四四フォリオ表―第一七七フォリオ表）の四部からなり、各地域のそれまでの歴史・地理・布教のプロセスを記録している。このフォリオ数から推察されるように、ヨーロッパとアジアが依然として、とくに大きな注目の対象であった。そのなかで、日本については第九四フォリオ裏―第九八フォリオ表にかけて書かれている。以下、いくつかの記述をかいつまんで紹介したい。

まず日本の地理区分についてであるが、「日本は二つに分かれていて、「東」と「西」と呼ばれる。そして各々に三三の王がいて、彼らは皇帝に貢納をしている[28]」という「東」と「西」、すなわちソテロによる司教区の東西分割案を想起させる文言がある。また、「計六六の王（東西それぞれ三三）」という表現[29]も、それ以前から慣用的に言われていたように、日本に六六国が存在することを踏まえたものであろう[30]。

続いてイエズス会の布教成果として、教会、修道院（conventi）や多くのコレジョ、多くのカーサをつくり、六〇万人の改宗者を生み出したことを記している[31]。

その後、一六一二年に迫害が開始され、殉教時代が本格的に到来したことを記すとともに、「皇帝〔徳川家康を指すか〕が猛烈な迫害者[32]」であり、「〔古代ローマ時代の〕ディオクレティアヌスやマクシミアヌスのような〔迫害者[33]〕」であるという、当時の日本迫害・殉教記録の定型句が散見される。こうした各会の殉教報告にもさらなる言及があり、その一例として挙げられる「ヴェラ〔ヴィエイラ〕神父が我々にそのことを証言した[34]」という記述からは、インゴリが一六二五年からローマに滞在したイエズス会士ヴィエイラの存在を認知していたことが確認される。

さらに、「長崎から修道士がマニラに救援を呼ぶために船を派遣したい[35]」や「他の〔長崎以外の〕日本の地区では激しい迫害はない[36]」などの記述からは、インゴリが長崎についての一定の情報を獲得していた様子が看取される。実際、「国際港」長崎に集う人々は、マカオから来るポルトガル人やマニラ経由のスペイン人のほかに、オランダ人やイギリス人も増えていた[37]。これらのプロテスタント国の人々はカトリックのイベリア両国について、将軍に次のように讒言をしていたとされる。「カトリック王（il Re Cattolico〔フェリペ三世〕）は他国を征服したい際には、まず臣下の修道士司祭（li Padri religiosi suoi sudditi）を送り、キリスト教を宣教し、それらの司祭と改宗者によって〔征服を図る〕[38]」。

また次のとおり、インゴリは信徒の増加と司教問題についてもよく把握しており、「〔日本に〕司教が一人では不足している。しかも彼〔ヴァレンテ〕はマカオにいて一二年間不在である[39]」と記している。引き続いて、慶長使節とソテロの司教叙階要求にも言及している。「一六一五年のパウルス五世宛の奥州王の外交使節（l'Ambasceria inviata l'anno 1615 a Paolo V a nome del Re di Voxu）」が、「ルイス・ソテロを司教に（per Vescovo il P. Ludovico Sotelo）」と要求したことに対し、「ポルトガル人がそれに嫉妬した（o Portoghesi n'hebbero gelosia）」[40]など、フランシスコ会とイエズス会との対立についてもよく理解していた。

インゴリはオランダ人によるスペインの改宗・征服策への讒言についてもさらに繰り返す。すなわち、「〔日本の〕王は誤りに気付かされ（disingannato il Re）」、「オランダ人によって〔彼らに対する〕疑念を抱かされた（che perciò insospettito da gli olandesi）」と[41]。この記事の背景にあるのは、同時期（一六二〇年代後半）に東アジアでオランダ人がポルトガル人から覇権を奪おうとしていたことも挙げられよう。

ここまで紹介した記述から判明するとおり、インゴリはローマに在りながら、詳細な日本情報を得ていたのである。それにもかかわらず、不思議なことに、一六二〇年代後半のローマ滞在中に布教聖省やスペイン王に執拗に請願書を提出したコリャードについては、彼の名すら現れないし、彼の行動を想起させる事象にも何ら言及がない。また、彼が提示した司教増置案や司教候補者案にも触れていない。その理由を本稿の著者はいまだに解明しえないのであるが、次に見るインゴリの指令からある程度の推測することはできるかもしれない。

（3）インゴリの計画はどのようなものだったのか

一六二三年にコリャードがローマを去ると、インゴリは布教聖省主体で日本に向けた司教の選任・派遣を開始した。すなわち、ヴァレンテまではポルトガル王（同君連合期はスペイン王）の推挙によって現地のイエズス会士のなかから選ばれた候補者が叙階されていたのに対し、ローマであらかじめ意中の修道士を叙階し、その者を布教聖省の「コマ」として現地に派遣するという方針である。すでに述べたように、コリャードはフランシスコ会・ドミニコ会・アウグスチノ会の托鉢修道会から、会士を日本司教の候補にリストアップしていた[42]。

しかし、インゴリが実際にゴアに向かわせたのは彼らではなく、フランシスコ会系コンベントゥアル会トランシルヴァニア管区長アントニオ・デ・サン・フェリーチェと、インド人マテウス（マッテオ）・デ・カストロ・マハロであった[43]。彼ら名義司教の派遣計画はスペイン王フェリペ四世の布教保護権への侵犯であると不興を買ったため、彼らはイベリア両国の勢力圏から逃れ、陸路ペルシア経由でゴアに向かうこととなった。なぜなら、名義司教とは任地が確定されない司教をすでに失われた（主に中東の）司教区の司教にすることによって、（布教保護権ではなく）教階制に編制する方策であったからである。サン・フェリーチェは出立前に病死したアゴスティーノ・デ・ラス・リャガスの後任でミュラ名義大司教となっていた[44]。一方のカストロ・マハロは在俗・現地人司祭という布教聖省直属、その理想を体現したような人物であった。実際、インゴリは友人のファビオ・キージに彼がいかに布教聖省にとって理想的な働き手であるかを書き送り、支援を依頼している[45]。

次の引用はこの時期（一六三六―三八）、日本に派遣する司教たちの旅程についてスパーダ、パンフィリ、パッロット枢機卿[46]らが参加して教皇の承認を得た会議（consistro）の議事録の一部である[47]。

> 日本の諸事のために派遣されることになるドン・マッテオ〔カストロ・マハロ〕は以下のことをしなければならないだろう。東インドのイダルカン王国（regno d'Idalcan）に留まり、そこで彼と同じ民族である（sua natione）〔傍点は本稿筆者による〕キリスト教徒の世話をし、そして、同国の異教徒の王とスペイン王に服従していない王国全体の改宗を果たすことを。そのため、彼に対し、通常の法的権限以上に、日本のために彼に与えられた（concessele per il Giappone）上記の権限を行使できる権威をともなう上記の国の教皇代理〔あるいは代牧〕（Vicario Apostolico）にする勅書が必要である[48]。

このように、カストロ・マハロには現地人（在俗）司祭として、異教徒である同じ民族の人々の改宗が任務として与えられた。そして、このときにインゴリが布教聖省による直接統治をもくろんで彼に与えた「通常の法的権限以上（の権限）」、すなわち「特権」こそが「教皇の代理人」（Vicario Apostolico）であった。この役職は、約二〇年後に司教区というかたちでは任地が確定されないパリ外国宣教会の司教たちが任命され「教皇代牧」と訳されるようになるが、アジアにおいては彼の方がはるかに先であったことを強調したい[49]。この事例はイエズス会とパリ外国宣教会の「代牧」が布教権益をめぐって争うことになる一七世紀後期の東南アジアの状況にもつながっているのである。[50]

おわりに

本稿において見たように、布教聖省は、布教保護権どうしの、また布教保護権と布教聖省体制という日本をめぐる二つの対立の舞台となった。同時に、諸修道会が競って開墾した「日本の葡萄畑」は布教聖省設立というバチカン改革の最初の事例でもあったのである。そして、初代書記官インゴリはその対立の裁定者であった。彼が送り出した名義司教たちは、マカオから日本に着任できなかったイエズス会出身の日本司教ディオゴ・ヴァレンテに対する批判を再び喚起させ、結果的に一六四二年にイエズス会日本管区・中国準管区の司令塔アントニオ・ルビノらが企てた日本潜入を誘発した。[51]まさにこのルビノ宣教団は、ポルトガルが先導した大航海時代の終焉を画する事件となり、日本の鎖国とそれによる布教保護権の無効化という、大きな歴史的転換点となったのである。

一方で、インゴリの持つ日本情報や日本記述には、ディエゴ・コリャードという人物をめぐって偏向・欠落があったことが確認された。その理由について、コリャードのローマ出立後の司教候補との関係について概観した。インゴリにとって、コリャードやその背後に見え隠れするスペイン王は理想実現の理想的な「パートナー」ではなかったようである。もちろんこの分析の精度を上げるためにはコリャードが布教聖省に提出した数々の請願書などのさらなる調査が必要であろう。今後の課題としたい。

〔謝辞〕本研究は科研費22H00698（代表者：大橋幸泰）の助成を受けたものである。

注

（1）一六二二年六月二二日、グレゴリウス一五世の勅書（*Inscrutabili Divinae*）発布によって設立された「布教聖省」"Congregazione de Propaganda Fide"は、一九六七年八月一五日パウルス六世の勅書（*Immortalis Dei*）により「福音宣教省」"Congregazione per l'evangelizzazione dei popoli"に名称変更されていた。それを二〇二二年六月五日に現在の教皇フランシスコが発した教皇憲章（costituzione apostolica）（Praedicate evangelium）により、日本語訳は同じ「福音宣教省」である"Dicastero per l'evangelizzazione"という後継組織に再編された。

（2）Praedicate evangelium については下記ＨＰを参照。（五三―六八条）https://www.vatican.va/content/francesco/it/apost_constitutions/documents/20220319-costituzione-ap-praedicate-evangelium.html#Dicastero_per_l_Evangelizzazione（二〇二三年三月最終閲覧）

（3）https://www.cbcj.catholic.jp/catholic/vatican/（二〇二三年三月最終閲覧）

（4）近刊の拙稿とはテーマが近似するため一部内容が重複するが、併せて参照されたい。木﨑孝嘉「布教保護権から布教聖省へ――バチカンの日本司教増置計画をめぐって」大橋幸泰編『近世日本のキリシタンと異文化交流』（アジア遊学284）、勉誠出版、二〇二三年七月、八九―一〇五頁。

（5）こうした「免償」の濫用については以下参照。川村信三『戦国宗教社会＝思想史――キリシタン事例からの考察』知泉書館、二〇一一年、二三一―二九八頁。

（6）*Compendio di Storia della Sacra Congregazione per l'Evangelizzazione dei Popoli o "de Propaganda Fide"*,（*Euntes Docete* 24), 1973, pp.17-18; bula Inscrutabili Divinae は六月二二日発布。注1参照。

（7）ジョアン・ロドリゲス著、土井忠夫他訳『日本教会史　下』（大航海時代叢書第一期一〇）、岩波書店、一九七〇年、六〇五―六六七頁。この経緯の詳細については六〇六―六〇八頁。

（8）同章のスペイン語のタイトルは“Como no debe ne ninguna manera venir por ahora obispo a Japon”「現在、日本へ司教が絶対に着座すべきでない理由」であるが、「現在」と留保をつけている点にも注目すべきであろう。Alejandro Valignano, editados por José Luis Alvarez-Taladriz, Sumario de las cosas de Japon (Monumenta Nipponica monographs. no. 9), Sophia University, 1954, Cap. 8; ヴァリニャーノ、松田毅一訳『日本巡察記』（東洋文庫二二九）平凡社、一九七三年、第八章（五三―五八頁）。

（9）同右、とくに五六―五八頁。

（10）ロドリゲス前掲書、六一四頁には「彼ら〔使節〕がローマで教皇に申し上げたこと、またイターリアからの帰途、モンサン〔モンソン〕で開催中の議会で国王陛下と話した要件のうちの一つは、（中略）そこのキリスト教会の司教で、司牧者《パストール》となる者を日本の諸国に与えられるように懇請したことである」とあり、天正遣欧使節が日本に司教を求めたように書かれているが、注として引かれるフロイスの著作（Luís Fróis, *Le Primière Ambassade du Japon en Europe 1582-1592*, Première Partie: Le traité du Père Frois, Ouvrage edité et annoté par J. A. Abranches Pinto, Yoshitomo Okamoto et Henri Bernard S. J., 1942, Tokyo, p.253.）に該当する記述はない。

（11）高瀬弘一郎『イエズス会と日本　一』『イエズス会と日本　二』（大航海時代叢書、第二期六・七）岩波書店、一九八一年／一九八八年、高橋裕史『戦国日本のキリシタン布教論争』勉誠出版、二〇一九年。

（12）Pagès, *Histoire du Japon*, Tomo II, doc.39.;『仙台市史　特別編八：慶長遣欧使節』仙台市史編さん委員会、二〇一〇年、史料番号三六三。

（13）デマルカシオンについては以下を参照。合田昌史「地球を山分けする…「世界分割」の夢」ＪＡＸＡ宇宙大航海時代検討委員会編『宇宙大航海時代――「発見の時代」に探る、宇宙進出への羅針盤』誠文堂新光社、二〇二二年、一二八―一五一頁。

（14）この両者の交渉経路については以下の拙コラム参照。木﨑孝嘉「南欧文書館に眠るセバスティアン・ヴィエイラ関係文書――所蔵の整理とプロクラドール研究の展望」大橋幸泰編前掲書、一六〇―一八五頁。

（15）イエズス会士モレホンもオランダ人・イギリス人の讒言を迫害原因として言及している。ペドゥロ・モレホン著、佐久間正訳『日本殉教録』（キリシタン文化研究シリーズ一〇）、一九七四年、三九―四〇頁。

（16）APF, SOCG, 189, f.544r-v. もう少し詳細にイエズス会の主張を記した史料もある。APF, SOCG, 190, f.390r.（年代不明）

（17）Como no conviene ir a Japon otras religiones「他の修道会が日本に赴くことが不適当な理由」松田訳前掲書、第九章（五九―六五頁）。以下論拠を紹介したい。（一）日本は一神教でないのでキリスト教が仏教の一派と勘違いされる不都合、（二）布教方法が異なることによる不都合、（三）修道会間の不和の温床、（四）他修道会の日本経験の浅さから生じる問題、（五）支配の困難から生じる適応の必要性、（六）費用の問題、（七）布教による征服の疑念、の七点である。

（18）この論争については前掲拙稿三編と以下参照。Lino M. Pedot, *La S. C. de Propaganda Fide e le missioni del Giappone (1622-1838)*（Vicenza: Tip. Pont. Vesc. S. Giuseppe, G. Rumor, 1946), pp.65-313.

（19）APF, SOCG, 190, f.546r.

（20）APF, SOCG, 190, f.533r-v.

（21）Pedot, op. cit., pp.94-96.

（22）詳細は以下を参照。フーベルト・チースリク「キリシタン時代における司教問題」『キリシタン研究　九』吉川弘文館、一九六三年、三六六―四七七頁、とくに四五三―四五七頁。

（23）Fabio Tosi, "La Memoria perduta di Propaganda Fide", in Francesco Ingoli, (a cura di) Fabio Tosi, *Relazione delle quattro parti del mondo*（Roma: Urbaniana University Press, 1999), pp.VII-XLI; Giovanni Pizzorusso, *Dizionario Biografico degli Italiani*, "*Francesco Ingoli*", Vol. 62, 2004; https://www.treccani.it/enciclopedia/francesco-ingoli_%28Dizionario-Biografico%29/（二〇二三年三月最終閲覧）

（24）インゴリのガリレオ裁判期の天文学に関する著作に関しては注21参照。また、トージはインゴリの執筆時期を一六二九―三〇年頃と推定している（Tosi, op. cit., pp.XVII-XXX）。

（25）Daniello Bartoli, *Della vita e dell'istituto di S. Ignatio fondatore della Compagnia di Giesu*, Libri 5, edizione 2ª, Roma, 1659, frontespizio.

（26）聖イグナチオ教会については以下参照。新保淳乃「神のより大いなる栄光のために――アンドレア・ポッゾのサンティニャーツィオ聖堂身廊天井画」金山弘昌・金井直（責任編集）『天空のアルストピア――カラヴァッジョからジャンバッティスタ・ティエポロへ』ありな書房、二〇二一年、第五章。

（27）トージによる序文によると、この著作は聖省書記官の職務との関係から四大陸についての詳細な情報を友人のジョヴァン・バッティスタ・アグッキ（Giovanni Battista Agucchi）宛に書翰として送り、その後整理して遺されたようである。Fabio Tosi, op. cit.; ASR (Archivio di Stato di Roma), Archivio Santacroce vol. 84, ff.1-177r.

（28）ASR, Archivio Santacroce vol. 84, f.94v; Tosi, op. cit., p.150.

（29）Ibid.
（30）例えばヴァリニャーノ前掲書、五頁。
（31）ASR, Archivio Santacroce vol. 84, f.95r; Tosi, op. cit., p.150.
（32）Ibid.
（33）Ibid.
（34）Ibid.
（35）ASR, Archivio Santacroce vol. 84, f.95r; Tosi, op. cit., p.151.
（36）Ibid.
（37）ヤン・ヨーステンやウィリアム・アダムズなど。
（38）ASR, Archivio Santacroce vol. 84, f.96r; Tosi, op. cit., p.152.
（39）ASR, Archivio Santacroce vol. 84, f.95r-v; Tosi, op. cit., p.151. トージによるインゴリの執筆時期の推定は別の根拠によるものであったが（注24）、この内容（ヴァレンテの着任時期から一六三〇年頃の記述と推定）も「アジア」部執筆時期の特定に有用であろう。
（40）ASR, Archivio Santacroce vol. 84, f.95v; Tosi, op. cit., pp.151-152.
（41）モレホン前掲書、三九―四〇頁、五野井隆史『日本キリシタンの研究』吉川弘文館、二〇〇二年、第二部第四章。
（42）APF, SOCG, 190, f.533r-v. ただし、例えばドミニコ会の候補の一人、ドミンゴ・デ・エルキシアは一六三三年八月一四日に長崎で殉教しているように、日本で活動している者も含まれていた。
（43）前掲拙稿「南欧文書館に眠るセバスティアン・ヴィエイラ関係文書」。
（44）彼らはポルトガル王権と対立して、また彼ら同士も仲違いしてゴアから先に進むことはできなかったが、本稿論旨を超えるため割愛する。その運命については以下参照。チースリク前掲論文、四六一―四六二頁。
（45）Nocola Kowalsky O.M.I., “Il testamento di Mons. Ingoli, primo segretario della Sacra Congregazione «de Propaganda Fide»”, in *Neue Zeitschrift für Missionswissenschaft* 19, 1963, p.277.
（46）ジョバン・バッティスタ・パッロット（パッロッタ）枢機卿は一六二〇年代にポルトガル教皇使節（Collettore di Portogallo）として勤務しており、ヴィエイラについて教皇庁に報告していた。拙稿「南欧文書館に眠るセバスティアン・ヴィエイラ関係文書」。また、この教皇使節が布教聖省の「出先機関」であったことについては以下参照。Josef Metzler, “Contraffazioni di «Propaganda Fide»?”, in *Euntes Docete* 30, 1977, pp.44-45.

（47）岡本良知「日本学術会議文庫蔵キリシタン文書解説」『キリシタン研究　五』吉川弘文館、一九五九年。

（48）APF, SOCG, 194, f.306r-v. この巻の目次には「日本司教：派遣（Episcopus Japonia: Spedition del Vescovo o Arcivescovo del Giappone）」の項目があるとおり、この司教団派遣に関する史料が多く含まれている。

（49）Pedot, op.cit., p.219. 例えば以下の研究では、一六五九年のパリ外国宣教会の司教らがアジアにおける代牧の最初であると紹介されている。Nicola Kowalsky O.M.I., "Documenti prima de «maximum illud»", in *Euntes Docete* 13, 1960, p.173. 一方で、カストロ・マハロの事例では、後に「代牧区（Vicariato）」と訳される任地には言及がない。

（50）以下の文献でこの問題が扱われている。Tara Alberts, *Conflict and Conversion: Catholicism in Southeast Asia, 1500-1700*, Oxford UP, 2013.

（51）前掲拙稿「布教保護権から布教聖省へ」。

第三章

ロヨラ・ザビエル・殉教者

――初期イエズス会の聖性

小俣ラポー日登美

たしかに二冊の聖人伝がある。『黄金伝説』の伝記（一五世紀）はやたらと記号表現を氾濫させ、舞台を水びたしにする（記号表現、つまりこの殉教者の肉体）。近代のイグナチオの伝記は、この同じ肉体をこんどは逆に放逐している。われわれはこの聖人について、彼の曇った両の目と彼がびっこをひいていたことしか知らないことになる。記号を超えて（あるいは超えず）、記号表現を求めるとき、われわれはイグナチオ・デ・ロヨラの生涯については何ひとつ知らないのである(1)。

ロラン・バルト『サド、フーリエ、ロヨラ』

はじめに

今からほぼ四〇〇年前の一六二二年三月一二日、サン・ピエトロ大聖堂では壮麗な列聖の儀式が執り行われ、フランシスコ・ザビエルやイグナティウス・デ・ロヨラを含む五人が列聖され聖人となった。ローマのイエズス会学院においては、引き続き壮麗な祝典の場が設けられたが、その舞台上で初めて、日本の殉教がこのカトリックの首都であるローマで、晴れの場に出されてイエズス会から公に讃えられたことはあまり知られていない[2]。そのおよそ半年後の九月、まさに元和大殉教のさ中の迫害下の長崎では、いわゆる日本二十六聖人の列福裁判が秘密裏に開催されていたが、イエズス会の手引きにより一部の証人が証言をボイコットするというスキャンダルが起こっていた[3]。そしてその一年後の一六二三年、今度は日本を単独で題材とした初めての挿絵付きの殉教伝が、ミュンヘンにおいて出版された。これが現在邦名で『日本殉教伝』で知られるイエズス会士ニコラ・トリゴーの作品である(【図7】)。

これらは一見無関係な出来事の羅列に過ぎない。しかし、イエズス会の初期の聖性――ロヨラとザビエル、そして宣教における殉教者――のあり方の目まぐるしい変遷とその関係性を端的に伝える事象である。一般的に、聖人の成立を歴史的に考察する上で、列聖・列福の裁判資料や最終的な勅書が最も参考になりうると単純に考えられるかもしれない。しかし実際のところこの種の裁判は、特定の証言を引き出すために目的論的に問いが組み立てられた資料であり、実際に起こったことというよりも、関係者が見たかったことを示す[4]。また、列聖の勅書のような印刷物も、列聖対象の聖人の聖性を構成する徳やその人物が起こした奇跡といった、内的な聖性の条件もしくは発露を説明する文書で、それは聖人固有の史的背景というより、その時代の聖性を記号的に示す表象である場合が多い[5]。したがって、早い時で数十年、長い時で数百年かかる列聖・列福のタイミングが、なぜ「ほかならぬその機会」に達成されえたのか、という歴史的に興味深い問いにはストレートに答えていないことも多々ある。つまりこれらの資料は、個別の列聖において異なるはずの歴史的な外的背景を直截的に反映していないことが多い。本稿では、冒頭で挙げた出来事の外的な要素と合わせて検証することで、初期のイエズス会にとってこれらの人物の聖性の公認がどのような意味を持ちえたのかを考察する。

一、日本の薔薇──殉教者の血で鮮やかな日本の表象

信仰を受け取って、すでに不毛の地となった日本、
ロヨラによって多くの殉教者の紫のバラが咲き乱れる美しい庭園になった。
中国への進出に際し、彼はローマで惜しみなく命を捧げ、
最終的にその努めのためにザビエルを派遣した[6]。

ローマでロヨラとザビエルを讃えて練り歩かれた列聖記念の宗教的祝祭行進《プロセッション》では、二人の聖人にゆかりのある国々が擬人化して登場する。ザビエルにより宣教の対象となった日本は、右記の通り薔薇に

より演出された。この表象は、同じ機会にフランシスコ・ザビエルの功績を讃えてローマ学院にて上演された殉教演劇『ピリマロ』における演出とも呼応する。[7] この作品は、信仰に篤いセイロン島王子の殉教物語であるが、第一幕において、日本という土地そのものが、殉教者の血の色の薔薇の姿を取り、物語の寓意として登場する（同時代に日本の殉教が最も酸鼻を極めていたことはヨーロッパで知られていたにもかかわらず、殉教演劇で敢えて日本以外の場所の架空の王子が主人公とされているのも注目に値する）。月桂樹の冠や棕櫚が殉教者を象徴することは良く知られるが、殉教を薔薇として表象することは、キリスト教の教父文学、特にキプリアヌスをひもとくと頻出する比喩である。[8] ただしこの比喩の使用で当時すでに有名だったのは、むしろプロテスタントの文人アグリッパ・ドービニェの『悲劇』（一六一六）の方である。これは、プロテスタントだけでなくカトリックの文人からも反イエズス会的な言説が勃興していた同時代のフランスにおける文学的傾向を、対抗的に意識したものと思われる。[9]

薔薇は、例えば磔刑図のように、それ自体単独でより高次の宗教的な象徴性を持つものではない。同時代のフランシスコ会の図像において日本の殉教者が描かれるとき、それはほぼ必ず磔刑図であったのに対し、イエズス会は（確かに磔刑図による日本殉教者も描いたが）この婉曲的な、しかしより文芸的な表現を好んだ。長崎二十六殉教者が列福された際に、パオロ・アレーニが記念のミサで行った説教も『日本の薔薇』と題され、元和大殉教で死亡したカルロ・スピノラも、『イエズス会百年史』（一六四〇）においては薔薇を引き合いに出して讃えられた。[10] 後者の場合においては、燃えるような赤い色が、血の色だけでなく炎を連想させることで、異教の地へ宣教を通じて光をもたらしたザビエルの偉業や、イエズス会文学において伝統的に火に喩えられたロヨラ自身に結び付けられる。[11] つまり、薔薇という比喩は、殉教者の功績をイエズス会の立役者であった創立者ロヨラとザビエルに視覚的に関連づけるために有効な手段であった。実際ロヨラとザビエルの列聖式典に上演されたオペラ『聖イグナティウス・ロヨラ賛美またはその聖別』では、日本における殉教の栄光が明らかにロヨラのそれであると明言される。(12)日本の殉教者のイメージは、ロヨラおよびザビエルの聖性を讃える祝祭の文脈で形成され直され、そのイメージは長らくイエズス会の文芸文化の中で持続的影響力を保ったのである。ここでのイメージの創造で重要なのは、あくまでもそれがロヨラやザビエルの聖性や威光をしのぐものではなく、彼らの徳を裏付けるもの、ひいては彼らの偉業そのものの具現化として機能していることである。

実際、日本の二十六殉教者の列福（一六二七）以後は、日本人であった三人のイエズス会士たちが、具体的に日本の殉教者の代表として、創立者ロヨラに連なる上述の聖人及びイエズス会の偉人の系譜に入ることになった。それが顕著に明示されているのは、イエズス会の初期の聖人図像である。これらは大別すると二種の形態がある。その一つは、フランシスコ・ザビエルの眷属として日本人殉教者が同時に描かれる（もしくは造形される）タイプで、スペインの教会や礼拝堂に見られる複数の祭壇にそのような作例が見られる。(13)もう一つは、ロヨラやザビエルだけでなく、アロイジオ・ゴンザーガ、スタニスラス・コストカらといった非殉教者の初期のイエズス会の福者らとともに日本の殉教者が描かれる群像図としての聖人図である。この両者は、君主の鑑に照応する理想のキリスト者としての聖性を体現し、イエズス会の名声をヨーロッパ中に定着させることになった教育哲学の推進や徳育的理想にも適う模範者である。(14)彼らは、前近代のイエズス会の文化において一貫して崇敬されたモデルであった。この模範者を含んだ群像図の例として、ポルトガルのリスボンのカペラ・モールや、セヴィリアのイエズス会修道院に残された複数の図像に作例が認められる。[15]日本の殉教者の聖性は、日本の信仰の礎を作ったザビエル、ひいてはイエズス会の創立者ロヨラ、会全体の栄光に連なるものとして位置づけられ、イエズス会の歴史に収斂されていくのである。

二、イエズス会内部の殉教者

殉教者は古代においては聖人と同一視され、殉教することがすなわち聖人視されることに自動的につながっていたのは、中世までは伝統的な慣例であった。つまり殉教者は分かりやすく聖性を放つ存在であったと言えるのだが、殉教の世紀でもあった一六世紀を経て列福されたロヨラの伝記の扉絵は、殉教を必ずしも蔑ろにしたわけではないイエズス会の姿勢が如実に表現されている。ロヨラ伝『イエズス会の創立者・福者イグナティウス・ロヨラ神父の人生（*Vita Beati P. Ignatii Loiolae Societatis Iesu Fundatoris*）』（一六〇九）の扉絵（**【図8】**）は、初期のイエズス会内部における先人の聖性の序列を可視化している。これは祭壇風の構築物の中央に本のタイトルが描かれ、列福されたロヨラの肖像を祭壇の頂点にあしらったうえで、当時イエズス会が輩出した偉人たちがメダイのような額縁内部に描かれて祭壇を装飾している意匠となっている。この種の細かな図像の羅列は、一六世紀後半に聖人候補者の宣伝のために盛んに作成された「奇跡の絵」の意匠のように、伝記内部で取り上げられるはずのロヨラの人生のメルクマールとなるような事件・奇跡の数々を、図像として各額縁の内部にあしらっても良かったはずである。しかしこの扉絵では、ロヨラの図像に直接結びつけられる形で、フランシスコ・ザビエルの図像が祭壇状の台の中央上部に置かれ、その両脇にイエズス会の初期の福者となったスタニスラス・コストカとアロイジオ・ゴンザーガが置かれている。

その一方で、一六〇九年のこの扉絵は、この当時に着目されていた新たな崇敬対象者たる殉教者に大きな比重を置いている。向かって右側の一列には、上からイングランドで処刑されたエドマンド・カンピオン、フランスでプロテスタントに殺害されたジャコブ・サレシウス（Jacob Salesius）とギゼルム・サルテモシウス（Guiselm Saltemochius）、そして「（複数形の）インド」の殉教者たちの図像が描かれる。本のタイトルの真上には、インドで亡くなったロドルフォ・アクアヴィーヴァとその仲間たちが、フランシスコ・ザビエルの肖像の真下に集団で横並びに描き込まれている。彼らは、長崎二十六聖人に先駆けてインドで死亡した五人の殉教者集団であったが、イエズス会は一六〇〇年に彼らの列福を優先的に行おうとしていたのである[16]。さらに向かって左側の一列には、上からインドの最初の殉教者と考えられていたアントニオ・クリミナーリ（Antonio Criminali, 1520-1549）、アフリカで死亡したアブラハム・ゲオルギウス（Abrahamus Georgius）、そしてイングランドの殉教者たちの集団が描かれる。祭壇状の構造部の下部部分に描き込まれた図像もまた、各地の殉教者を描いている。左には、フロリダ、中央にはブラジル沖でプロテスタントの襲撃により鎮められた宣教師たちが、右には磔刑にかけられた日本の殉教者が細かく描き込まれている[17]。

この扉絵は、明らかに東は日本から西はブラジルやフロリダに至るまでの広い地域で見られたイエズス会士の殉教の広がりを、地図ではなく肖像画によって可視化している。つまりこれはいわば、イエズス会の聖人候補者たちの肖像を通じた信仰の世界地図なのだ。ただし、当時世界宣教を展開していたイエズス会士が、必ずしも殉教者の公的な顕彰の推進に積極的であったわけではないことも忘れてはならない。なぜならば、殉教者の栄誉がいかなるものであったとしても、それは創立者ロヨラを凌ぐものであってはならなかったからである。この扉絵の中心人物はあくまでもロヨラであり、扉絵の殉教者はその聖性の傍におかれ、ロヨラの栄光を荘厳しているのである。

三、イエズス会にとってのロヨラ列聖の意義

イエズス会の創立者であるイグナティウス・ロヨラ（Ignatius de Loyola, 1491-1556）は、イベリア半島のバスク地方出身、洗礼名はイニゴ（Inigo）であり、イグナティウスの名は、後に教父で殉教者のアンティオキアのイグナティウスにちなんで自ら名乗ったものである。武芸を好みナバラ公に仕え、対仏戦争に従軍するものの、一五二一年にパンプローナの戦いで負傷した。病床で耽った読書の対象『キリスト伝』と『黄金伝説』を通じて、信仰を新たにしたロヨラは、モンセラートへ巡礼し、その後近隣の町マンレサで清貧の生活を送る。この経験をもとに執筆されたのが、瞑想の書『霊操』と言われる。一五二三年にエルサレム巡礼後、イベリア半島のアルカラ、サラマンカ、パリの各地で勉学を続け、パリで後に仲間となるフランシスコ・ザビエルを始め同志となる初期の六人の仲間と出会い、一五三四年にパリのモンマルトルで清貧の誓いを立てるが、これがイエズス会の始まりとされている。一五三七年以降ローマに居を移し、一五四〇年に教皇パウロ三世によって創立が許可されると、イエ

ズス会の総長となった。

このロヨラ列聖の歴史的意義をここで再考してみたい。一般的に、聖人は修道会にとって社会にその存在を影響力行使の手段として示すために、大きな意味を持っていた。聖人になると、その人物に対して祭壇を奉納できるようになり、その聖人の名によるミサの呼びかけが可能になる。聖人ゆかりの聖遺物のもとに崇敬が可能となり、その力により奇跡が発現すれば世間における評判はさらに高まる。その上、聖人にちなんだ名付けによって、その名を授かる子供たちが増え、彼らが実際に社会で活躍することを通じ、聖人本人も想起されるようになり、さらに名高い存在になっていく。

聖人を通じた影響力という点では、日本での宣教活動に関してイエズス会の競争相手であったフランシスコ会・ドミニコ会は、すでにヨーロッパ内では伝統を築き上げていた。彼らは中世以来の歴史を持ち、すでに会の創始者のみならず、その会から多数の聖者・福者を輩出していた。特にフランシスコ会は、中世を通じ聖人崇敬文化の涵養によって、彼らの「顧客」たる信徒たちへの要求に応え、それは彼らの社会的な影響力と表裏一体であったという分析もなされている。(18) それに対してイエズス会は、今こそ世界的に教育方面を中心とした知的活動への貢献で知られているが、当時はまだ創立一〇〇年未満の新興団体であり、ヨーロッパにおいてその存在をさらに広く認知させるためにも、誰よりも先にその創立者イグナティウス・ロヨラの列聖を優先的に希求していた。

また、前近代におけるイエズス会のライバルは、単に既存の伝統ある修道会にとどまらず、ほぼ同時期に成立した新興の団体、例えばオラトリオ会のような集団でもあった。彼らは厳密には修道会ではなかったが、同時代に徳の誉がすでに高かった創立者フィリッポ・ネリの聖人化に向けた運動を促進しており、一六世紀末から創立者の聖人化活動に関してはイエズス会と競争関係にあったため、時には列聖のための共闘もいとわなかった[19]。

そして何よりも、ロヨラの列聖は、イエズス会の歴史においては会の存在の正統性をヨーロッパ内部で確立するために重要であった。現代においてこそ、イエズス会はいわゆる対抗宗教改革（カトリック改革）の騎手として認識されている。しかし、これはイエズス会の初期のメンバーが主体となって構築してきた彼らの歴史的言説に起因している。その一連のディスクールの起点にあるのが創立者のロヨラであり、その伝記は一六世紀後半からロヨラの意志を受け継いだ後進たちが積極的かつ意識的に形成してきた。例えば、イエズス会の伝記作家であったペドロ・デ・リバデネイラ（Pedro de Ribadeneira, 1527-1611）は、ロヨラを正統なものとした人生伝を完成させ、その中で「トリエント公会議を経て開花した聖性」というカトリック教会の大きな時代の流れに適合する形で、ロヨラという人物を教会史に刻もうとしたのである[20]。ロヨラを特に改革者であるルターと対比するような人物として描いたのは、リバデネイラに連なる初期のイエズス会の文人たち、例えばヘロニモ・ナダル（Jeronimo Nadal, 1507-1580）である[21]。ロヨラの秘書であったフアン・アルフォンソ・デ・ポランコ（Juan Alfonso de Polanco, 1517-1576）は、

神が私たちの罪のために、ドイツのマルティン・ルターが聖座とカトリックの宗教に宣戦布告することをお許しになったまさにそのとき、神の摂理はイグナチオ・ロヨラ師のめざましい回心という、この毒に対抗するいわば解毒剤を用意し始めた[22]。（一五六四年）

と述べている。これは、カトリック教会における聖人信仰の再考が開始された一五六三年のトリエント公会議後の発言であり、この公会議以後のイエズス会のカトリック世界における立ち位置を大いに意識したものに見える。

ただし、ロヨラが戦役に倒れ改心して宗教者となることを誓ったとき、必ずしもロヨラ自身がプロテスタントに対する戦いを意識していたとは限らず、またそのような述懐を明示する資料も残されていない。確かにロヨラの改心は、マルティン・ルターが教皇から異端として破門された年である一五二一年に当たっているが、両者の人生が実際に直接的に交錯したことは歴史上認められない。むしろ、ロヨラと彼を中心とした宗教者たちの集団は、カトリック教会の従来の在り方に依存しない土着の信徒運動であるアルムブラドス（Alumbrados）と混同される危険性があった。こうした信心深い世俗の信徒集団は、時には狂信的に見えるほどの熱狂的な信仰を顕示し、既存の秩序を脅かすような存在とみなされて、スペインの教会当局が逆に異端としての懸念を示すような人々であった[23]。実際、ロヨラは生涯にわたってスペイン、フランス、イタリアで計八回の異端裁判を受けていた（これは、ルターが生涯で受けた審問の数よりはるかに多い）。このような訴追はイエズス会が一五四〇年に結成される以前から始まっていたことで、その裁判は一五二六―一五三八年に集中している[24]。しかもその審問は、イエズス会の創設の直前のイタリア半島でも起こっている。特に問題とされたのは、敬虔で熱心な観想の習慣であった。

ロヨラの神秘体験と瞑想の秘技が著されているのが、その主著である『霊操』である。その内容は、あえて端的に言えばイエス・キリストの十字架上における受難を追体験するもので、キリストの受難に集中的に思いを馳せると言う表面的な面から言えば、マルティン・ルターにおける十字架の神学（Theologia crucis）との類似点もある。その成立のはっきりした年号は不詳であるが、一五四八年に急ぎ教皇からの認可を得ている。[25] その理由は、『霊操』の新規性にある。要するに、ロヨラの神秘主義は、状況いかんによっては、ルター同様に異端のレッテルを貼られてもおかしくないと初期のイエズス会は危惧していたのである。実際、ルターと親交があり、最終的にルターに異端性が認められないと考えていたカトリックの人文学者ガスパロ・コンタリーニ（Gasparo Contarini, 1483-1542）は、ロヨラの『霊操』の原稿も受け取って、それを（ルターの思想同様）高く評価していた。コンタリーニは、後年、最終的にルター同様に異端の誹りを受けるとまではいかなかったが、同種の疑念を受けながら「好ましからざる人物（ペルソナ・ノン・グラータ、Persona non grata）」として亡くなることになった。[26]

かつてその異端性を疑われていた創立者を、その対極にある聖人の地位までにいたらしめることは、カトリック世界のみならずイエズス会がヨーロッパ社会全体において立場を確立するために必要とみなされていた。異端審問の対象者が一世紀以内の短い期間の間に、列聖手続きの対象となるというのは、それだけでほぼ奇跡的な歴史的経緯である。異端審問から聖人になるための列聖裁判への歴史的な連続性は、ピエール・アントワーヌ・ファーブルがかつて指摘したように、近代に再興され、その歴史的言説を再構築中であったイエズス会自体がその史書の叢書であるモニュメンタ・ヒストリカにおける編集で明示していたことであり、その修史活動自体がロヨラおよびイエズス会の正統化の軌跡そのものを体現している。[27]

実際、ロヨラの列聖を宣言する教勅には以下の文言が冒頭から見られる。

近年、ポルトガルの信心深い国王たちがインドの遠き地や遥かなる島々に広がる主のぶどう園の伝道の道を開き、カトリックのカスティーリャの王たちが新たな西方の世界を発見した。しかし、卑しい生活様式を持つルターといった非常に邪悪な存在や他の憎むべき災厄が、彼らの冷酷な舌（言葉）で（ヨーロッパ）北部地域を腐敗させ、堕落させ、そして教皇庁の権威を損なおうとしたとき、イグナティウス・ロヨラの霊が喚起された。彼の名声と奇跡の栄光はいや増し、俗世の任務から奇跡的な方法で召され、神の命に導かれ、最終的には新しいイエズス会を創設した。このイエズス会は、異教徒の回心、異端から真理への回心、そしてローマ教皇の権威の保護のために設立され、信仰に基づく生活を導くことに全力を注いだ。彼の生涯は優れた敬虔さと共に終わりを告げ、（その聖性は）多くの奇跡によって証明された。[28]（下線部引用者）

つまりここでは、ナダルやポランコといったイエズス会の初期の思想家が提唱したようなルターに立ち向かう旗手としてのロヨラ像が全面的に押し出され、その聖人化の大きな根拠であることが明示されている。「異端」が腐敗させているというヨーロッパ「北部地域」と対をなすのが、「インドの遠き地や遥かなる島々」である。ここで登場するインドとは、複数形のインドであり、いわゆる大航海時代にヨーロッパと接続された広大な地域を指す。西は北中南アメリカ大陸から東は日本列島を含み、近きは北アフリカのエチオピアをも時には含む理念的な地理的概念としての異教徒の世界であり、それはまさにイエズス会が宣教対象とした地域でもあった。異端と異教徒の回心は、これ以後ロヨラが生涯かけて対峙した目標と位置付けられることになり、それはロヨラのアイデンティティの一部へと昇華した。そして現在、ロヨラの遺体が安置された礼拝堂の意匠の一部として視覚的に訴える形で造形されている。[29] ロヨラの列聖を報告する教勅においては、実際にその「インド」で宣教に従事したフランシスコ・ザビエルも同時に讃えられるが、ロヨラおよびイエズス会に正統性を与えた根拠が異教徒の回宗にあるとすると、ザビエルがロヨラと同時に列聖されたのは当然の帰結であったと言える。

同じ教勅において興味深いのは、グレゴリウス一三世からパウルス五世に至る教皇の代替わりによって一旦中断されたロヨラの列聖手続きが、カトリック諸侯の口添えにより再開されたという点である。

パウルス五世がこの世を去り、イグナティウスの列聖を進めるべきかどうかという問題が提起された。この請願は、グレゴリウス前教皇によって慎ましくも提案され、前述の聖なる儀式に関する問題を担当する枢機卿たちによって再調査されることとなった。調査の議論の進行中に、まず私たちの最愛のキリストの使者であるフランスのルイ王とナバラ王が、そして後に最愛のキリストの使者であるバイエルンのマクシミリアン公と、その後継者にして最愛のキリストの使者である（神聖）ローマ皇帝フェルディナントの嘆願が寄せられた。これにより、枢機卿たちは請願を承認し、グレゴリウス前教皇がイグナティウスを聖人として認定することが可能であると判断したのだ、とみなした[30]。

ここに登場するマキシミリアンとフェルディナンドこそ、実は冒頭で言及したトリゴーの日本の殉教伝が献呈された対象である。その扉絵（【図7】）は、内容が日本の殉教伝であるにもかかわらず、前年に列聖されたばかりのザビエルとロヨラが対照的に配置され描かれている。トリゴーは現在でこそ中国宣教における活躍で知られるが、実はヨーロッパ一時帰国中にイタリア半島から南ドイツにかけていわゆるグランド・ツアーに類する旅を行い、各地の諸侯からイエズス会への協力を得た功績もある。その際に活用されたのが、日本の殉教者の聖遺物であり、そして殉教の物語であった[31]。実際のところ、この殉教伝内では、ロヨラ列聖の教勅と異なって、日本の殉教がロヨラやザビエルの功績と直接的に結びつけられない。しかし、この本の成立過程を検証すると、本書がロヨラとザビエルの列聖を待った上で満を期して出版されたことは明らかである。殉教伝の成立の外的な文脈としてイエズス会の初期の聖性の確立がある[32]。その逆に、ロヨラとザビエルの列聖の成功の背景にも、日本の殉教の物語を活用したドイツ諸侯へのロビー運動が功を奏していた。

イエズス会の前近代の全盛期は、ちょうど創立一〇〇年後の一七世紀半ばである。この時出版された『イエズス会の百年像』（一六四〇）においては、ロヨラの聖性が直接的に日本の殉教者のそれと結びつけられ、さらにそれは火という記号的モチーフにちなんだエンブレムの意匠によって分かりやすく可視化された[33]。ここにおいて、日本の宣教は、ロヨラにささげられた一連の記号的な表象に収斂される。ヨーロッパにおける日本の殉教者の聖性は、単独ではなくイエズス会の近世史のコンテクストにおいて独自の位置を確立し、他のより偉大な聖性と齟齬を持たない形で表象されえたからこそ、その記憶が継承されていったのである。そしてロラン・バルトが提言するように、こうした一連の記号の集積を通じ、私たちはイエズス会のロヨラという創られた歴史上の人物へと近づくことができるようになる。

注

（1）篠田浩一郎訳（みすず書房、一九七一年）一六―一七頁。

（2）菅見の限りでは、ヨーロッパにおける日本の殉教者の舞台化は、イベリア半島においてすでに一六〇二年から世俗の演劇活動において実現していた。拙著『殉教の日本――近世ヨーロッパにおける宣教のレトリック』（名古屋大学出版会、二〇二三年）三一二―三一三頁。

（3）同右書、一二三―一二六頁。

（4）この種の裁判資料に関する資料論は、欧米言語によりかなりの分析が蓄積されているが、その代表的なものに、Pierre Antoine Fabre, « Ignace de Loyola en procès d'orthodoxie (1522-1622) », in Susanna Elm (dir.), *Orthodoxie, christia-nisme, histoire (Orthodoxy, Christianity, History)*, Rome, École française de Rome, 2000, p. 101-124.

（5）Ibid.

（6）Archivio Romanum Historicum Societatis IESU（以下 ARSI), Roma, Post. Sant'Ignazio vol. 21-1, f. 10r.

（7）Biblioteca Nazionale Centrale V. E., Ges. 580, f. 44r. この演劇については前掲書『殉教の日本』三六五頁。

（8）Suzanne Poque, « Des roses du printemps à la rose d'automne. La culture patristique d'Agrippa d'Aubigné », *Revue d'études augustiniennes et patristiques*, 17, 1971, p. 155-69.

(9) Myriam Yardeni, « L'entrée des Jésuites dans l'historiographie française, » in Bernard Dompnier et al. (dir.), *Les Jésuites parmi les hommes aux XVIe Et XVIIe siècle. actes du colloque de Clermont-Ferrand, avril 1985*, Clermont-Ferrand: Faculté des lettres et sciences humaines de l'université de Clermont-Ferrand, 1987, p. 219-230.
(10) 前掲書『殉教の日本』一四三頁。
(11) 拙稿「イエズス会の公的殉教観を『イエズス会百年像』（一六四〇）からひもとく」（『キリシタン文化研究会会報』一五五号、二〇二〇年）二四（一―四四）頁。
(12) Biblioteca Nazionale Centrale V. E., *Argomento dell'Apoteosi o consagratione de santi Ignatio Loiola*, Roma, Zannetti, 1622, f. 251v-252r.
(13) 前掲書『殉教の日本』二八〇頁。
(14) 皆川卓「アロイジオ・ゴンザーガの「殉教」と聖化――対抗宗教改革下「帝国イタリア」における聖性の形成」（甚野尚志編『疫病・終末・再生――中近世キリスト教世界に学ぶ』知泉書館、二〇二一年）。
(15) 同右書、二八二―二八六頁。
(16) 前掲書『殉教の日本』一〇五頁。
(17) 彼らがなぜ日本の殉教者のように後に列聖対象にならなかったのかに関しては、同右書、一〇三頁。
(18) Bernard Dompnier, « Des Franciscains et des dévotions, entre Moyen Âge et époque moderne », in Frédéric Meyer et Ludovic Viallet (dir.), *Le silence du cloître : l'exemple des saints, XIVe-XVIIe siècles*, Clermont-Ferrand, Presses universitaires Blaise Pascal, 2011, p. 39-59.
(19) 前掲書『殉教の日本』三三二―三三三頁。
(20) John W. O'Malley, *The First Jesuits*, Cambridge, Harvard University Press, 1993, p. 279. リバデネイラによるこの壮大なプロジェクトについては以下の研究が詳しい。Miguel Gotor, "Hagiografía y censura libraria: el quinto capitulo sobre los milagros de la vida de Ignacio de Loyola de Pedro de Ribadeneira entre corte de reyes obediencia romana", in Millán Martínez, José et al. (ed.), *Los Jesuitas : religión, política y educación (siglos XVI-XVIII) t.2*, Madrid, Universidad Pontificia Comillas, 2012, p. 1007-1027.
(21) John W. O'Malley, *Saints or Devils Incarnate ? Studies in Jesuit History*, Coll. "Jesuit Studies", Leiden; Boston, Brill, 2013. p. 100. William David Myers, "Ignatius Loyola and Martin Luther: The History and Basis of a Comparison", in Robert A. Maryks (ed.), *A Companion to Ignatius of Loyola: Life, Writings, Spirituality, Influence*, Leiden, Brill, 2014,

p. 141-158.

(22) *Monumenta Historica Societatis Jesu*, MN V, 780; FN II, p. 306-307.

(23) Alastair Hamilton, *Heresy and Mysticism in Sixteenth-Century Spain : the Alumbrados*, Toronto; Baffalo, University of Toronto Press, 1992, p. 8.

(24) Pierre Antoine Fabre, « Ignace de Loyola en procès d'orthodoxie (1522-1622) ».

(25) Terence O'Reilly, *The Spiritual Exercises of Saint Ignatius of Loyola (Contexts, Sources, Reception)*, Leiden; Boston, Brill, 2021. p. 82.

(26) Ibid., p. 55.

(27) Pierre Antoine Fabre, « Ignace de Loyola en procès d'orthodoxie (1522-1622) ».

(28) ARSI, Archivio della postulazione, *Bolla di canonizzazione di S. Ignazio*, 1626, f. 1v.

(29) この意匠と日本宣教のヨーロッパにおけるイメージに関しては、拙稿「「偶像崇拝」の地・日本——近世フランスの思想家ルイ・リショームの言説から」(『佛教大学歴史学部論集』二〇二一年一一号) 四五—六五頁。

(30) Op. cit.. *Bolla di canonizzazione di* S. Ignazio, 1626, f. 3v.

(31) 拙稿「絵はことばを裏切る——ニコラ・トリゴー『日本殉教史』(一六二三/一六二四) の挿絵とテクスト」(『京都市立芸術大学美術学部紀』六五号、二〇二一年) 四九—六七頁。

(32) Hitomi Omata Rappo, "From the Cross to the Pyre: The Representation of the Martyrs of Japan in Jesuit Prints", *Journal of Jesuit Studies*, 10 (3), 2023, p. 456-486.

(33) 拙稿、前掲論文「イエズス会の公的殉教観を『イエズス会の百年像』(一六四〇) からひもとく」八—二七頁。

第三部　潜伏キリシタンの信仰

まえがき

川村信三

ここ数年、禁教以後、いわゆる「潜伏期」のキリスト教をめぐる民衆の信仰の在り方に、いくつかのアプローチが存在し少なからず賛否両論が巻き起こっている。その中でもとくに重要と思われる議論を展開してきた三人の研究者の主張をここにとりあげる。宮崎賢太郎氏の「民衆キリシタンはキリシタンをいかに受容し伝承してきたのか」は、キリシタンのイメージの在り方への問題提起をなし、中園成生氏の「ムラ・イエのキリシタン信仰」は具体的な人の交わりとしての信仰共同体の在り方から、そして、東馬場郁生氏の「潜伏きりしたんの『信仰』の語り方」は、実際に民衆キリシタンが用いた道具の考察を出発点として同じテーマに迫った論考である。

三者の論考は二〇二二年のキリシタン文化研究会のパネル企画で示されたものであった。企画当初、それぞれの立場が極めて異なっているように見えたため、活発な議論が起こることを期待していた。しかし、三人の研究者の論考を一読して得られたのは、問題提起の仕方は異なるが、目指されている結論は同じものではないかという感想である。すなわち、従来の日本キリスト教史（キリシタン史）のヒストリオグラフィー（歴史叙述）への反省が、各々違った形で表現されているように思えたからである。

キリシタン研究の対象はいうまでもなく、日本という土壌で、ヨーロッパからもたらされたキリスト教という信仰内容を受入れた民衆日本人であった。ところが、当初はヨーロッパ人宣教師文書を中心とした研究により、キリスト教教義や信仰形態を基準とする、外国人宣教師側からの説明と観点に終始した。その間、民間から発掘された史資料により、民衆側へのアプローチもあるにはあったが、キリシタン史の視点はおおむね大きく変更されることなく継承された。しかし、宮崎論考にもあるとおり、日本人がキリスト教としてイメージするのは「ヨーロッパ式キリスト教」であり、それを、祖先崇拝を基軸としている人びとの「日本式キリスト教」に無理やりあてはめ、ある種の「幻想的」なキリスト者像をつくりあげてしまっていることに反省はおこらないのかという問題提起は重要である。その提言をうけ、中園論考、東馬場論考がいかなる統合的観点を示そうとしているのか。三者の統合的な結論はいかなるものか。その判断は読者にゆだねたい。

第一章　民衆キリシタンはキリシタンをいかに受容し伝承してきたのか

宮崎　賢太郎

一、潜伏キリシタンの信仰解釈における三つのバイアス

信仰における内面の問題は、いつの時代においてもそれを窺うにたる客観的、直接的な証拠・資料といったものは限りなく乏しいといえよう。たとえあったとしても心の中の真実相を明らかにするのは困難な作業である。おのれの信仰を自己分析することすら容易ではない。いわんや他者の信仰について語ることは、結局、第三者による推論、解釈に立脚するところが大きく、それが正しいかどうかの保証もどこにもない。

今回のシンポジウム全体のテーマである「潜伏期の信徒の信仰はいかなるものだったのか」について語る作業はいっそう困難を極める。己の信仰をひた隠しにし、仏教徒を装いながら二百数十年間に

わたり秘かに信仰を守り通してきたといわれるような特殊な時代環境の下で、彼らの信仰を伺うに足るような資料は常にも増して限られているからである。彼らの信仰の実像を明らかにすることの困難さゆえに、いきおい研究者の思い入れ、思い込みが入り込む余地が少なからずあったことは指摘されるべきであろう。その解釈の形成に更にバイアスをかける要因となったと思われるものとして、次の三点を指摘しておきたい。

①これまでキリシタン研究に携わってきたのが、主としてカトリックの聖職者、あるいは信徒ないしはキリシタンにシンパシーを抱く者が多く、主観的、護教的な見方が入ってくることは避けがたかったということ。

②キリシタン禁制の高札が撤廃されたのは明治の文明開化期に当たり、キリスト教は欧米文化招来による日本社会再生の精神的なバックボーンとして、それまでの邪宗門から一転して、進歩開明の旗印とみなされるようになった点である。幕府によるこれまでのキリシタン弾圧は非道なおこないであり、それに耐えて信仰を守り通し、大浦天主堂においてめでたく復活した潜伏キリシタンの歴史は、信仰の輝かしい勝利の証しとみなされた。この認識が、その後の日本キリシタン史をほぼ一貫して通底する見方として、広く一般に浸透していったといえよう。

③明治中期から大正時代にかけてロマン主義文学がもてはやされ、北原白秋、木下杢太郎らに代表されるような著名な文学者、姉崎正治や新村出のような当代一流の学者たちも盛んに「南蛮趣味」と呼ばれるキリシタン物を取り上げたことも、その後のキリシタンに対する世間一般の好意

的なイメージを醸成するに大きな影響をおよぼしたことは間違いないであろう。そしてその影響は今日にいたるまで強く残っているといってよい。

二、キリシタン史における二つの歴史認識

約四五〇年間にわたる日本におけるキリスト教の歴史をどのように捉えたらよいのか。前述した潜伏キリシタンに関する歴史認識における三つのバイアスは思いのほか強く、迫害と殉教に彩られたキリシタンの歴史はあれこれと論ずるまでもなく自明なものとして広く一般に受けとめられ、これまであまり議論の俎上に上ることはなかった。

筆者は三〇年以上におよぶ現存する長崎県下のカクレキリシタンの綿密な現地調査を行い、「カクレキリシタンは隠れてもいなければキリシタンでもない(1)」という少々センセーショナルなキャッチフレーズを唱えた。それ以来、キリシタンの信仰とはいかなるものであったのかという議論が活発化してきたように思われる。

このキャッチフレーズは、キリシタンは厳しい幕府の弾圧にもかかわらず、仏教徒を装いながらも幕末まで隠れてその信仰を守り通したという、「夢とロマンにみちた感動の歴史イメージ」を少しでもその実像に近づけたいという思いで提唱されたものであった。

従来のこのようなキリシタン史に対するイメージは、禁教時代以降多数のキリシタンが殉教したという事象にもとづいて、帰納的に作り上げられたものといえよう。殉教とは命をかけて信仰を守り通

す行為であるから、殉教者が多数出たということは、命がけでキリスト教を信じた日本人が多数存在したということの動かぬ証拠とみなされてきた。

殉教者といわれた人々が命を捨てたことはまちがいないが、信仰のために命を捨てたのかどうかまでは多くの場合十分には確認されていない。殉教者が己の死に関わる信仰について直接に書き残した史料は皆無といってもよい。巷間に残された殉教録、殉教伝といった類いのものは、殉教者本人が書いたものではない。そのほとんどが同僚のキリシタン聖職者によって記されたものであり、殺された者がキリシタン信仰のために命を捧げたのは紛れもない事実という大前提に立って記述されている。

上述してきたような観点から、筆者は、従来より広く一般に受け入れられてきた、日本におけるキリシタンの歴史の流れについてのステレオタイプな見方を「夢とロマンの殉教史観」と呼び、以下のようにまとめてみた。

（一）「夢とロマンの殉教史観」

「一五四九年ザビエルが来日。キリシタン布教が開始されるや短期日の内に大勢の日本人がキリシタンに改宗し、敬虔な信徒が多数生まれた。一六一四年江戸幕府による徹底した禁教令が発布され、全国的な厳しい迫害と弾圧が始まった。一六四四年日本に残留していた最後の宣教師も殉教し、信徒だけの時代を迎えた。その後、潜伏したキリシタンたちは弾圧にも屈することなく、表向きは仏教徒を装い、七代経てば再び宣教師がやってくるとのバスチャンの予言を心の支えとして、幕末まで秘かにキリシタンの信仰を守り通した。その予言通り一八六五年大浦天主堂における信徒発見によって潜伏キリシタンは復活し、カトリック教会に戻った。一方、戻らなかった人々は隠れキリシタンとして、その後も潜伏時代の信仰形態を保持しつつ現在に至っている」

「夢とロマンの殉教史観」は主として来日宣教師が本国や同僚に書き送った報告書や書簡など、西洋側の史料を主な材料とするものである。記述された記録という性格上、そこに登場する人物は、キリシタン民衆層も皆無というわけではないが、宣教師と接する機会が圧倒的に多かったキリシタン大名など、ごく一部の限られた武士層や豪商、富裕層、知識人層に偏っていたことは否めない。

そのような限られた人々との間で起こった事象を日本のキリシタンはと敷衍するならば、信徒の大多数を占める民衆キリシタンの信仰の実態とは、大きな齟齬が生じるのではないかと危惧される。一部の事例を全体に敷衍し、信仰のためには命も捧げたという、悲しくも美しいロマンチックなストーリーが紡ぎだされ、それが人々の心に史実として浸透していったところに再考すべき問題点が存在する。

(二)「実像の異文化受容史観」

これに対し、筆者は大多数を占める一般の民衆キリシタンたちがキリシタンといかに出会い、いかなるものとしてキリシタンを理解したのか。彼らが受け止めたキリシタンとはどのようなものであったのか、民衆の視点から実像のキリシタン史をとらえ直してみることを試みた。これを「夢とロマンの殉教史観」に対して、「実像の異文化受容史観」と名付ける。
「初期のキリシタン時代から、大多数の民衆キリシタンたちは強制的に改宗させられ、キリシタンの教えについてほとんど何も知らなかった。宣教師不在の潜伏時代に入ると、キリシタンについての理解はなお一層希薄化し、それが何かはよくわからないが、先祖が大切に伝えてきた有難いものとして伝承された。民衆におけるキリシタン信仰とは、伝統的な神仏信仰・民俗信仰・先祖崇拝といった民衆信仰の諸要素はほとんどなにも変わることなく、その上に新たにひとつキリシタンという要素が加わったものであった。潜伏期の民衆キリシタンを潜伏キリシタンと呼び、明治六年禁教令撤廃後も潜伏期の信仰形態を継承し続けた人々をカクレキリシタンと呼ぶ(2)」

「実像の異文化受容史観」は、一般民衆におけるキリシタン信仰の実像に目を向けようとする中で新たにみえてきたものである。これら二つの史観のうち、どちらが正しいかとか、その優劣を論じようというものではない。視点の相違によって見えてくる世界には大きな差異があり、多面的な考察によって、これまで目にすることのなかった新たなキリシタン史研究の地平が切り開かれていくことを試みたのである。

紙数の関係で日本の一般民衆のキリシタン理解と、その受容の在り方について詳述するゆとりはないので、本稿においては、「実像の異文化受容史観」にたどり着くに至ったいくつかのポイントを以下に示すことにする。

三、「実像の異文化受容史観」形成にいたるいくつかの論拠

（一）民衆キリシタンの改宗は自由意志によるものだったのか、それとも強制だったのか

【事例―大村領内におけるキリシタン改宗事業の実態】

大村純忠は一五六三年に受洗し、日本人初のキリシタン大名となった。同年の三ヶ月間には家臣団一二〇〇人も受洗しキリシタンとなった。さらに純忠は全領内のキリシタン化を命じ、一五七四年から七六年にかけて三年間に三万五〇〇〇人、一五七五年の七ヶ月間に一万七〇〇〇～八〇〇〇人がキリシタンに改宗した。純忠は仏僧にまで改宗を命じ、従う者には生活と将来を保証し、拒む者は領外追放とした。こうして領内から仏教は一掃され、すべての神社仏閣は破壊された。四〇～五〇寺の仏僧約二〇〇名[3]もキリシタンとなるにいたり、大村領内の全領民七万人がキリシタンとなった。一五八五年領内には八七の教会があった[4]。同様な集団改宗の事例は大村領のみならず、天草（天草久種）、豊後（大友宗麟）、高槻（高山右近）など、キリシタン大名が支配した領内ではしばしばみられる。

資料①　大村領の全領民はキリシタンに改宗したが、キリシタンについての知識は皆無

一五七八年大村に赴任、三六年間（一五七八―一六一四）信徒を司牧し、一六一四年の禁教令でマカオに追放されたイエズス会のポルトガル人宣教師ルセナ神父の回想録によれば、一五七八年時点で大村領内の全住民はキリシタンに改宗していた。しかし、彼らはキリシタンについて入門に必要な洗

礼についての知識以上のことは何も知らなかったと明言している。

「私が大村に来る二、三年前にこの殿（大村純忠）は全民衆にキリシタンになること、もしそれを希望しないならこの領内を出て行くことを通知し命令した。神によって聖なる洗礼に呼ばれなかった人々は大村領を出て異教徒の領主の土地へ行った。それだから私が大村に来たときにはすでに全領民がキリシタンであった。しかし彼らはキリシタンの諸事についてはただ洗礼を受けるのに必要なこと以外には何も知らなかった」(5)

資料②　キリシタン大名が強制的に領内を集団改宗させた目的とは

東インド巡察師として三回にわたって来日したイエズス会のＡ・ヴァリニャーノ神父は、臼杵・安土・長崎で協議会を開いた。その協議会の諮問に対するヴァリニャーノの裁決の集大成が「日本イエズス会第一回協議会報告書」である。その報告書は明瞭簡潔に日本人がキリシタンに改宗した経緯と目的について次のように述べている。

「日本人は領主たちの命令によって（改宗）をおこなったのである。そして領主たちは、ポルトガル船から期待される収益の為に、彼らに（改宗を）命じたのである」(6)

ヴァリニャーノは日本全国における当時のキリシタン布教の状況をつぶさに巡見した。その巡察師の報告書には、日本人は強制的に領主たちの命令によって改宗させられたこと、またその命令の目的は、南蛮貿易による収益にあったことが明記されている。日本におけるキリシタンへの集団改宗は、宗教の問題ではなく、絶対的な権力を有するキリシタン大名たちによって行われた政治的、経済的な活動であった。

キリシタンに改宗した（させられた）人々も、改宗以前には神仏や先祖に対する篤い信仰を持っていたであろうが、改宗後それらの信仰はいったいどうなったのであろうか。一般民衆が神仏や先祖への信心を疎かにする、ましてや否定することがどれほど困難なことであるかは想像に難くない。大受洗したのであるから形式的にはキリシタンとなったことは間違いないが、僧侶や神主も含めた大村の全領民が一神教としてのキリシタン信仰を受容したとは到底考えられない。数多くの日本人がキリシタンに改宗したというような文献に接する時、なぜか私たちはほとんど無意識的に、「敬虔なクリスチャン」が多数生まれたというようなイメージを頭に描いてしまう。明治以降、日本では「クリスチャンとは敬虔な信仰を持っている人」という固定観念が生まれたようである。その人の個人的なことはほとんど何も知らないのに、クリスチャンであるというだけで、「敬虔な○○さん」という形容詞がかぶせられることも稀ではない。

（二）キリシタン時代に一般民衆はどれほどキリシタンについて知っていたのか

日本におけるキリシタンとの出会いは異文化接触の問題である。文化は物質文化と精神文化に大別することもできよう。物質文化は端的に言えば、人間が生み出した目で見たり、手で触れたりすることができる、五感を通して認知できる物に関わるものである。一方、宗教、哲学、思想、文学などの精神文化は、五感では認識できない抽象的な概念である。

精神文化の中でも、宗教における信仰といった側面は、ことのほか目に見える具体的な形で示すのは困難である。それがいかなるものであるかを伝えるためには、言語という手段を用いるほかにはほとんど有効な手立てはない。精神的な側面に関わる異文化理解においては、相互に意思疎通が可能な言語を有しているかどうかが決定的な要件となる。

資料③　伝達する側の来日外国人宣教師の日本語能力はどの程度であったのか

ポルトガル人のイエズス会宣教師フランシスコ・カブラルは一五七〇年日本に派遣され、コスメ・デ・トーレスの後継者として日本到着後、ただちに日本布教区の責任者となった。日本文化に適応すべきか否かの問題で、巡察師ヴァリニャーノと対立し、一五八一年日本布教長を解任された。一五八三年マカオを退去し、後にインドのゴアに移りインド管区長を務めた。

「文法を学び、また学習することによってそれほど容易に（キリスト教を）教えられると思っているのは、日本語を知らないからである。なぜなら、才能ある者でも告解を聴けるようになるのは少なくとも六年はかかり、キリスト教徒に説教することができるには一五年以上を要する。異教徒に対する本来の説教などはまったく考えられないことである」[7]

カブラルは語学の才がある者でも、単純な告解を理解できるようになるまでに六年あまり、日本人信徒に説教できるには一五年以上、非信徒に対して説教するまでに日本語が上達することは考えられないと記している。

資料④　大村に赴任してきたルセナ神父もまたその前任者も日本語が話せなかった

資料①で登場したルセナ神父自身もまた日本語が話せなかったと告白している。大村赴任当初、領内七万の全住民はすでにキリシタンであったが、キリシタンについてほとんど何も知らなかった。そのような人々に対して、日本語も話せないルセナは一体どのような手段でコミュニケーションをとることができたのであろうか。告解は通訳を介して行ったというが、赴任した一五七八年当時、七万人の信徒に対処できるような、ポルトガル語がある程度まで話せる日本人通訳が何名かいたのであろうか。

「大村にいたパードレ（ルセナ神父の前任者）はその土地の言葉を知らなかったので、告解や聖体の秘跡を授けなかったし、その当時は洗礼を受けるのに必要な教理説教によって教育するのみで、救霊に必要なそれ以上のことは教えなかった。その頃告解した者は通訳を介して行ったのであって、私も大村における最初の一年は言葉を知らなかったから同じ方法で告解を聞いた(8)」

ルセナ神父は最初の一年はというが、二年目からはある程度まで日本語が話せるようになったのであろうか。資料③によれば、カブラルは語学の才がある者でも告解を聴けるようになるには少なくとも六年はかかるといっている。

資料⑤　日本語で教理について説明できた宣教師はごく少数で、実際は日本人同宿が行う

「彼ら（同宿）が心得ていたのはカテキズモだけで、それを暗唱し、オウムのように話すだけ」(9)

（ヴァリニャーノ一五八〇年書簡）

ヨーロッパ人宣教師が日本にいても、実際に日本人に対してキリスト教を説いたのは多くの場合日本人同宿であった。しかしその同宿もキリシタンの教えを十分に理解できてはおらず、教えられたカテキズモをただ暗記して繰り返すだけであった。同宿を教育する宣教師自身が日本語を十分に話せなかったのであるからむべなるかなである。

また受洗したキリシタンの数に対して、宣教師の数はきわめて少数であり、民衆キリシタンたちが実際に宣教師に直接接する機会はまれであったろう。たとえ接することができたとしても、日本語が十分に話せなかった宣教師を通して、どれほどキリシタンについて知ることができたであろうか。

仮に理解できたとしても、ありがたい日本の神仏信仰、先祖崇拝を捨ててまで、キリシタンとして生きる意味を見出すことができたのであろうか。どのように考えても、「夢とロマンの殉教史観」にあるような、敬虔なキリシタンとなり、迫害にも信仰を捨てることなく、表向き仏教徒を装い、心の中で秘かにキリシタンの信仰を守り通すというようなストーリーは成立しがたいと思われる。可能性があるとしたら、「実像の異文化受容史観」にいうような、神仏信仰・民俗信仰・先祖崇拝といった民衆信仰は何ら変わることなく持ち続け、その上にキリシタンというあらたな要素がさらに重ねられたといったものではなかろうか。

四、大浦天主堂でのプチジャンと浦上潜伏キリシタンの出会い

一八六五年三月一七日、長崎港口近く山手外国人居留地に献堂されたばかりの日本二十六聖人殉教者聖堂（大浦天主堂）内で、フランス人司祭プチジャンと浦上の潜伏キリシタンの一行が再会を果たした。「信徒発見」とも「キリシタンの復活」とも呼ばれる。禁教令下、迫害に耐え、信仰を守り通した潜伏キリシタンたちが、待ちわびた司祭との再会を果たし、信仰の復活を遂げた、キリシタン史上における記念碑的なできごとのひとつといわれる。

長崎、外海、五島の潜伏キリシタンたちの間には、伝説の日本人伝道師バスチャンの四つの予言が伝えられていた。そのひとつは「七代経つとコンヘソーロ（confessor 聴罪師＝司祭）が大きな黒船に乗ってやって来て、毎週でもコンヒサン（confissão 告解）を申すことができるようになる」というものであった。「夢とロマンの殉教史観」のストーリーに従えば、信徒たちはバスチャンの四つの予言を大切に胸に抱き、コンヘソーロが再びやって来る日を夢みながら、親から子へと七代二五〇年間に

わたり、秘かにその信仰を受け継いできたといわれる。

（二）浦上の潜伏キリシタンたちは司祭の再渡来を心のよりどころとして信仰を守り続けてきたのか

大浦天主堂内で浦上の潜伏キリシタンたちと出会ったプチジャン神父は、その感動的な出会いの場面を書き記した日記を横浜のジラール神父に送った。その中には次のような一節がある。

資料⑥　潜伏キリシタンたちは司祭が必要であるということをわかっていない

「（浦上には）六千から八千人の信者がいるのに、特別に勉強した人は一人もありません。ごく少数の人が簡単な『ヒラガナ』を読むことができます。……多くの人たちは、自分たちにとって私たち司祭が必要であるということをまだわかっておりません。洗礼と祈りと痛悔があれば、彼らは終生それで宗教に関する事柄について十分であると信じています[10]」

浦上の潜伏キリシタンたちと直接話をしたプチジャン神父の日記にはっきりと、浦上の潜伏キリシタンたちは、宗教に関しては洗礼（bautismo バウチズモ）と、祈り（oratio オラショ）と、痛悔（contrição コンチリサン）があればそれで十分で、司祭が必要な存在であるとは考えてはいなかったと述べている。「夢とロマンの殉教史観」がいうところの「バスチャンの予言の存在が信仰を守り通す原動力となっていた」という説明は、実態とはおおきな隔たりがあったといわざるをえない。

(二) コンチリサンの念を抱き続けたことが信仰継承の力となったのか

キリシタン研究者片岡弥吉は、潜伏キリシタンが幕末まで信仰を守り伝えることができたのは、バスチャンの伝承のほかにも、コンチリサンのオラショ(罪の悔い改めの祈り)の存在が大きかったと指摘している。

江戸幕府が全国的に施行した寺請制度はすべての日本人に仏教を強制し、絵踏はキリシタンの神像を足で踏んで神を否定することを強要するものであった。ゆえに心からキリシタンに改宗した信徒にとっては、深い罪の意識を抱き、何としても悔い改めねばというコンチリサンの思いを抱かせたことはいうまでもないであろう。彼らが抱いたコンチリサンの念とはいかようなものだったのだろうか。

資料⑦　潜伏キリシタンは罪の悔い改めのためにコンチリサンを唱えていたという

「徳川時代の仏教強制政治の下に潜伏したキリシタンたちが、信仰伝承をなしとげ得たのは、寺参りや絵踏に罪意識を持ち、神の許しを求める心があったからであり、その心は、キリシタンの神への信仰と愛の表現であったと考えてよい。その心の表現として、コンチリサンのオラショを唱えつづけた。―中略―『こんちりさんのりやく』は、信仰弾圧の二五〇年間、潜伏していたキリシタンたちの宗教的良心のよりどころとなってきたこと、政治的・社会的悪条件と、一人の神父もいないという宗教的異常さの中で、可能な限りにおいて、正しい信仰を伝承する力のひとつとなり、現代教会に信仰再生をなしとげた、という点にその思想史的意義が認められるであろう[11]」

資料⑥で紹介したプチジャン神父の書簡集の中に次の一節がある。

資料⑧　浦上の潜伏キリシタンはコンチリサンの意味をまったく知らずに唱えている

「大多数のキリシタンたちが痛悔についてのこの本（『こんちりさんのりやく』）を、始めから終わりまで殆ど知っていて、平気で暗唱できるのです。然し彼らは、それらの意味を全然理解することなく誦えています。例えば〃パーテル　ノ　ナキ　コンビソン〃や〃コンイェソーロ〃の言葉の意味を知らないのです[12]」

浦上の潜伏キリシタンたちは確かにコンチリサンのオラショを暗唱できるが、コンチリサンという肝心な言葉の意味をまったく知らずに唱えているとプチジャンは証言している。平仮名すらほとんど読めなかった彼らが、ポルトガル語がわからなかったのも無理もない。

「パーテル ノ ナキ コンビソン（confissão 告解）」と「コンイェソーロ（confessor 聴罪師）」とは、告解を聴く司祭が一人もいない時には、どうしたらよいかということである。悔い改めの祈りのキー概念であるコンチリサンの意味自体ががわかっていなかったとしたら、たとえ一心に暗記して唱え続けてきたとしても、心から罪を悔い改め、信仰を伝承する力となっていたとはいいがたいであろう。

コンチリサンのオラショを唱えるという「行為」はしっかり残っていても、その言葉の持つ「意味」はまったく理解できていなかったという実情を正面から受け止めねばならない。「行為」が残存・伝承されていれば、「意味」もまた伝承されてきたはずと、安易に結びつけてしまうことのないように気を付けねばならない。

筆者がカクレキリシタンの調査研究を通して最も強く驚嘆させられたことは、オラショやキリシタン諸行事といった「行為」が、よくぞ今日までこれほどしっかりと伝承されてきたということとともに、一方で、その「意味内容」はほとんど忘れ去られ、日本的なものに置き換えられてしまっていることである。もっとも民衆層においては、置き換えられたのではなく、キリシタン時代の初期段階からしてその意味はほとんど理解されていなかったというのがその実態である。

五、実像の潜伏キリシタンの信仰とはいかなるものであったのか

キリシタン時代には改宗者の数に比して来日した宣教師の数も少なく、またその宣教師たちの多くは日本語を十分に話せなかった。一例として挙げた資料①の大村領内における全領民のキリシタン改

宗からも知られるように、民衆の多くは宣教師との出会いを通してキリシタン信仰に目覚めて受洗したのではなかった。キリシタン大名のような為政者たちによって、政治的、経済的な利益のために、強制的に改宗させられたというのがその実態であって、集団改宗後に民衆層が十分な教理教育を受けたというわけでもなかった。

民衆キリシタンたちは、キリシタンについて、それがいかなるものかもほとんど知らない状態で禁教時代を迎え、一六四四年以降ひとりの指導者たる宣教師もいない潜伏時代に入っていった。彼らがその信仰を伝えてゆく唯一の確かな原動力は、「先祖代々申し伝えられてきたものを子孫として絶やすことなく命がけで守っていく」という一念であった。

明治以降より現代にいたるカクレキリシタンが、今日までこれほどの長きにわたってキリシタンを伝えてくることができたのも、この一点にかかっている。彼らにとって、先祖代々伝えられてきたガラサ（graça）や、クレド（credo）や、コンチリサンのオラショがどのような意味を持つ祈りなのかといったことはさしたる問題ではなかった。お授け（洗礼）や、ナタル（natal クリスマス）、上り様（復活祭）などといった行事が何のために行われてきたのかといったことにもあまり関心はない。関心がないというよりも、関心があったとしても知るすべがなかったというのが実情であった。

（二）日本人にとって行為の意味を知ることはさしたる関心事ではない

現代日本の一般民衆のなかで、般若心経を唱えることはできても、その意味を理解して唱えている人は意外に少ないのではなかろうか。オラショやお経なども、むしろ意味が分からない一種の呪文だからこそ有難味を感じるというのが民衆の心情であろう。もしお経を現代語に訳して唱えたとしたらどのような反応を示すであろうか。

潜伏キリシタンも日本の民衆が四五〇年の長い年月を経て伝承してきた民衆宗教のひとつである以上、この特性を免れることはできない。潜伏キリシタンもキリシタンの教えがいかなるものかということにはほとんど関心を示すことはなかった。

大切なのはそれが何かを知ることではない。先祖が大切にしてきたということだけで十分であり、先祖の思いを絶やすことなくしっかりと守り伝えていくことが、子孫としての最大の務めなのである。キリシタン時代から潜伏時代を経て今日のカクレキリシタンにいたるまで、オラショやキリシタンの諸々の行事や慣習を、その意味は知らずとも大切に守ってきたのは、日本人としてごく当たり前の行動であり、何ら奇異なことではない。

(二)日本仏教徒も日本キリシタンもやっていることは先祖供養

今の日本では、仏教について日本語でやさしく説明してくれる僧侶も身近におり、日本語で書かれた仏教解説書など何冊でもある。知ろうとすれば、いくらでも知ることができる環境にある。では一般の仏教徒に対して、「ブッダが説いた最も大切な教えとは?」、「浄土真宗と日蓮宗の大きな違いは?」、「お盆やお彼岸の本来の意味は、その違いは?」などといった基本的な質問をしてみたとしたらどうであろうか。時代差による環境の問題ではなく、知ろうとする関心の有無の問題であることは明らかである。

仏教徒が毎朝仏壇にご飯やお茶などお供えして手を合わせるのは、お釈迦様に対してではなく、先祖に対してである。仏教徒にとってお盆やお彼岸は年間の二大行事となっているが、やっていることは墓参りをしてお供え物をするだけで、お盆もお彼岸もさしたる違いはない。どちらも先祖を供養する行事であって、開祖たるブッダは全くと言ってよいほどそこには関係していない。それもそのはず本場のインド仏教にはお盆もお彼岸もない。死者は荼毘に付されて川に散骨されるだけで、墓もないので墓参りもない。したがって日本人が大事にする先祖の年忌供養もない。

こうみてくると、日本の仏教は仏教という名で呼ばれてはいるものの、やっているのは仏教とは基本的に無関係な「先祖崇拝」である。本来の仏教（原始仏教・根本仏教）からみれば、日本の仏教は仏教とは到底呼べないであろうが、日本式仏教と呼ぶことは可能であろう。より厳密にいうならば「日本仏教式先祖教」といったところであろう。

日本の仏教は仏教とは呼べないが、日本式仏教とは呼べるように、正統な一神教としてのキリスト教から見れば、キリシタンはキリスト教とは呼べない。なぜならキリシタンが拝んできたのはキリストではなく先祖だからである。ゆえにキリシタンはキリスト教とは呼べないが、日本式仏教のように日本式キリシタンと呼ぶことはできる。厳密には多神教としてのキリシタン、即ち「日本キリシタン式先祖教」とでも呼ぶのがもっとも実態にふさわしいということになる。

日本人がキリスト教というとき、頭の中にイメージしているのは「ヨーロッパ式キリスト教」であって、決して「日本式キリスト教」ではない。そこのちがいを理解してもらいたいがために、筆者はこれまでキリシタンやカクレキリシタンはキリスト教ではないと強調してきたのである。明治以降の日本のキリスト教は、現在にいたるまで「日本式キリスト教」をまがい物として否定してきた。「ヨーロッパ式キリスト教」のみを本物のキリスト教とし、日本人の宗教意識の根幹にある先祖崇拝を否定してきたがために、現代にいたるまで民衆層に浸透することができないでいる。この大前提を変えない限り、いかなる努力を重ねたとしても、カトリック、プロテスタントあわせても日本の総人口の一％に過ぎない現状の打破は困難であろう。

潜伏キリシタン・カクレキリシタンは、伝統的な神仏信仰、種々の多様な民衆信仰、先祖崇拝など変わることなく大切にし、さらにその上におおいに効き目のありそうな南蛮渡りの神をひとつ付け加えたのである。このような日本におけるキリシタン受容と土着化のモデルケースは、これからの日本におけるキリスト教の生き残りをかけた、歩むべきひとつの道を指し示す格好の事例というべきではなかろうか。

日本における仏教受容のケースもそうであったが、韓国・フィリピン・中南米諸国・アフリカ諸国など、キリスト教の土着化が成功した（少なくとも数の上では）事例は、すべてこの土着化モデルに従ったものである[13]。日本のようにヨーロッパ式キリスト教を何ら変えることなく、そのまま受容しようとして成功を収めた事例は寡聞にして知らない。

注

（1）拙著『潜伏キリシタンは何を信じていたのか』角川書店、二〇一八年。
（2）拙著『カクレキリシタンの実像 日本人のキリスト教理解と受容』吉川弘文館、二〇一四年、三九—四四頁。
（3）ルイス・フロイス著、松田毅一・川崎桃太訳『日本史』第九巻、一二一頁。
（4）同書フロイス『日本史』第一〇巻、二〇頁。
（5）ヨゼフ・シュッテ編、佐久間正・出崎澄夫訳『大村キリシタン史料　アフォンソ・デ・ルセナの回想録』キリシタン文化研究会、一九七五年、一〇五頁）
（6）A・ヴァリニャーノ著『日本巡察記』平凡社、一九七三年、三〇八—三〇九頁。
（7）カブラル、一五九五年一一月二三日付、ゴア発信書簡（五野井隆史『キリシタンの文化』吉川弘文館、二〇一二年）。
（8）前掲書『大村キリシタン史料　アフォンソ・デ・ルセナの回想録』、一〇五—一〇六頁
（9）A・ヴァリニャーノ一五八〇年一〇月二七日書簡（東馬場郁生『きりしたん史再考』、おやさと研究所、二〇〇六年、二六頁）。
（10）『プチジャン司教書簡集』純心女子短期大学長崎地方文化史研究所編、一九八六年、一一四頁。
（11）『キリシタン書・排耶書』（岩波書店、日本思想大系二五）所収、片岡弥吉解題「こんちりさんのりやく」六二七—六二八頁。
（12）同書、一〇八頁。
（13）拙稿「アジア諸国のキリスト教受容」（荒野泰典・石井正敏・村井章介編『アジアの中の日本史V　自意識と相互理解』東京大学出版会、一九九三年）参照。

第二章　ムラ・イエのキリシタン信仰

中園　成生

はじめに

二〇二二年（令和四）一二月三、四日に開催された二〇二二年度キリシタン文化研究大会の特別パネル「潜伏キリシタンの信仰」で筆者は「一般信徒のキリシタン信仰の捉え方」の題で、平戸地方における一六世紀後半〜一七世紀初頭のキリシタン信仰の姿を、同地方に現存するかくれキリシタン信仰（以下「かくれ信仰」）[1]のあり方をとおして紹介した。そのなかで同地のキリシタン信仰の内容や形態は、宣教師が日本人信者の生活や生業にフィットするように整えたものだとしたが、前提となるのはそれらは宣教師が報告している事実から、当時のカトリック教会が認めた信仰内容だということである。他の報告やディスカッションを通してキリシタン信仰には研究者によって様々な捉え方がある事を再認識したが、その根底には信仰・宗教を共同体との関係で捉えるか、個人との関係で捉えるかという視座の違いがあるように思われた。筆者はこれまで各地で行ってきた民俗調査を通して、地域に展開する信仰的要素はムラ（村落共同体）やイエ（家共同体）が持つ多様な側面の一つと捉えてきたが、それはキリシタン・かくれキリシタン信仰についても当てはまる。本稿ではその点に留意しながら、共同体の宗教としてのキリシタン信仰の様相について考えてみたい。

一、平戸地方のキリシタン信仰時代

（1）時代の概略

①港市平戸での個別布教

平戸地方では一五五〇年（天文一九）にキリシタンの布教が始まるが、当初はポルトガル船が入港する港市・平戸で、辻説法などの方法で個人（家族）への布教が行われている〔Gフェルナンデス一五六〇〕。平戸の信者は一五五五年（弘治元）頃には五〇〇人に達しているが、平戸の地域共同体（マチ）の宗教構造が全面的にキリシタン信仰に移行した訳では無かった。こうした状況は同時期の豊後府内、山口、博多などのマチにおけるキリシタン信仰の様相と共通する。

②一斉改宗の様相

その後一五五八年（永禄元）と一五六五年（永禄八）にキリシタン領主の籠手田安経・一部勘解由が

治める地域で一斉改宗が行われ、生月島、度島、平戸島中部西岸の住民がキリシタン信仰を受容している。

「(一五)五八年にこの領主(籠手田安経)は司祭(ガスパル・ヴィレラ)の勧めに従って、未だ帰依していない農民と家臣数名、および家族一同をキリシタンにした。キリシタンの人数は総勢千五百名内外である。彼は司祭に伴って村々を巡り、説教をして改宗を勧め、寺院から偶像を取り去って教会に変え、幾つかの場所に墓地を造って、死者のために大きな十字架を建てた。この事業がことごとくキリシタンのものとなるよう、大小の偶像を焼き払ったが、これは偶像の下僕らもまたキリシタンになったためである。」〔ガーゴ一五五九〕

この報告から同地域に存在したムラやそこに属するイエでは一斉改宗以前、寺院が関与する仏教が信仰されていた事が分かる。キリシタンの一斉改宗とはムラ・イエ共同体と仏教等の既存信仰・宗教との関係性を断ち切った上で、共同体とキリシタン信仰との関係を再構築する事に他ならなかった。

③禁教とかくれキリシタンへの移行

一六世紀後半の籠手田・一部領では、領主の庇護のもとキリシタン信仰が継続したが、一五九九年(慶長四)には松浦鎮信(法印公)の禁教圧力のため、籠手田安一、一部正治が長崎に退去する事態となる。これ以降旧籠手田・一部領では教会堂や十字架が破却され、寺院や神社が再興・新造される。

そのため同地域の住民は仏教や神道を受け入れ、かくれキリシタン化の一つの指標である信仰並存構造に移行する事を余儀なくされるが、同時期の生月島では教会等の施設に代わり、信者が設立した特定対象信心型の信心会（コンフラリア）が信仰継承の母体となっていく。

その後の旧籠手田・一部領では信仰指導者・西玄可の処刑（一六〇九年）や、カミロ・コスタンツォ神父の聖務を助けた信者と家族の処刑（一六二二、二四年）が起きるが、キリシタンの組織と信仰は維持される。しかし一六二〇年代後半には宣教師の巡回も途絶えたと思われ、もう一つの指標である専業宗教者層の欠落によって、最終的にかくれ信仰（信者）に移行している。

（2）キリシタンの組織

一斉改宗当初の籠手田・一部領ではムラ単位で信仰の組が設けられている。

①慈悲の組

「かつて平戸では、私が同所から追放された時、七名の執事に従って、七名の人たちに対し、毎週日曜日、司祭に代わってキリシタンを教会に集め、死者を埋葬することに努めるよう命じた。彼らを慈悲役者と名付けたが、これは慈悲の兄弟という意味である。この習慣はキリシタンのいるすべての地に導入され、毎年（任命されるのは）七名である。これら七名の熱意を見ると、毎月二名が役に就き、毎年交代する。現在の主な務めは、祝日と日曜日ごとに教会を掃き清めて木の枝で飾り、全キリシタンに教会へ来るよう勧め、悪しき行ないをした者を教会で叱責し、各人をそれぞれの場に配置することである。また、死者がある時には司祭に急ぎ知らせ、墓を造り、死者を埋葬しに行き、争う者があれば我らに代わって和解させ、騒動において道理のない者を叱り、不熱心な者を奮起させるよう努める。出来事を司祭に報告し、司祭が何処かの村を訪ねて行った時には教会を守り、司祭が食事のため携えるものに少しも不足が出ぬよう配慮する。貧者は数知れないが、彼らがいる時には司祭に報告して能う限り彼らに施し、その他多くの事を行なう。毎年、職務に就く者は、役職者であれば何故キリシタンらに命じることをまず自ら実行して見せないのかと言われぬよう己れの行状を正す。彼らの大半はその地の名誉ある善きキリシタンなるが故、司祭から大事にされている。」〔ヴィレラ一五七一〕

この報告では慈悲役（者）という役職の役割を紹介しているが、同役は教会毎に複数人数が存在し、籠手田・一部領ではムラ毎に教会が設けられている事から、慈悲役はムラ単位で置かれた事が想定される。こうした慈悲役を擁した教会を持つムラ単位の組（慈悲の組）の起源はヨーロッパに存在したコンフラリア（信心会）の一形態である小教区的な機能を持つ組のあり方に求められる。[2] 先の報告の七名の慈悲役のあり方を彷彿とさせるのが平戸島西岸の根獅子集落に平成初頭まで存在したかくれ信仰の組織で、七名の「水の役」が年中行事やお名付け（洗礼）を行っていた。また生月島山田のかくれ信仰の集落単位の組はお授けを行う御爺役を役職とし、実施する行事は「三触寄り」と呼ばれたが、触とは集落内の地区の事で、慈悲の組のムラ共同体的性格が感じられる。このように一五五〇―六〇年代の籠手田・一部領の慈悲の組の実態は、ムラ共同体のキリシタン化した宗教的側面に他ならなかった（同組の役割については行事の項で取り上げる）。

②小組

一五七〇年代以前の籠手田・一部領では、日曜日に信者の集会が行われている。

「当地（平戸地方）には彼らの大なる助けとなっている習慣がある。すなわち、日曜日に大半のキリシタンが一人のキリシタンの家に集まり、聴いた説教について話し合うことであり、修道士がいる時は彼がそこに赴いて人々の呈する質問に答える。彼らはほとんどの場合日曜日に、そのつど（いずれかの）キリシタンの家でこれを行なう。（ただし）これは男（が行なうことであり）、婦人はそのような話合いに加わらず、もし疑問がある時には夫に質問を呈するのである。」〔ヴィレラ一五七一〕

生月島と平戸島中部西岸のかくれ信仰地域の各集落には、概ね数軒規模の「小組（コンパンヤ・慈悲仲間）」が存在した。小組では十五玄義に対応する一五枚と親札からなる「お札」という木札のセットを祀り、所属するイエの者が定期的に集まってお札を引く行事を行う。根獅子の慈悲仲間は集落単位の組（慈悲の組）の下部組織で、生月島の小組・コンパンヤは「垣内（津元）」という数十——十数軒単位の組（信心会）の下部組織となっているが、もともと小組は慈悲の組の下部組織で、先の報告は小組の集会を紹介したものと思われる。注目すべきはこの集会に男性のみが参加している事だが、成人男性が信仰の担い手である状況は生月島・平戸島中部西岸のかくれ信仰では普遍的で、集落単位の組や垣内（津元）の行事には主に男性（家の戸主かその代理）が参加し、オラショも男性のみが唱えている。こうした状況は籠手田・一部領で成立したキリシタン信仰がイエを単位に組織され、イエの戸主が信仰の担い手となっていた事の証拠となる。

③信心会

一六〇九年（慶長一四）に山田・黒瀬ノ辻で処刑された西玄可についての報告には、次のような記述がある。

「彼（西玄可）は山田の村にできていた聖母の信心会（コンフラリア）の頭であったので、キリシタンたちは我らの聖なる教えのことがらについて彼の助言を求めていたから」「ガスパルもまた呼ばれたが、（中略）サン・フランシスコのコロドン（帯）をしめ、それから或る聖画の前にひれ伏して、自分を我らの主に委ねた。」〔一六〇九年度殉教報告〕

信心会は日本では一五八〇年代以降、信者主体の任意加入の組として盛んに組織されるようになる。この報告から生月島では一六〇九年からそれ程遡らない時期に「聖母の信心会」という組が設立され、組頭の西の家には聖画が飾られていた事が分かる。これらの情報から山田に設立された信心会は聖画を媒介とした信仰に特化した組で、一五九九年以降、破却された教会に代わってキリシタン信仰の継承母胎となるべく整備された事が考えられる。

生月島のかくれ信仰の継承母胎となっている組織は、お掛け絵（掛け軸型の聖画）やブラケットなどを御神体（御前様）として祀る十数―数十軒からなる「垣内（津元）」で、生月島の農村四集落（壱部、堺目、元触、山田）には各三―一二組が存在したが、これは前述したキリシタン信仰の信心会に起源を持つ組である。垣内（津元）では「上がり様」（復活祭）や「御誕生」（降誕祭）など信仰由来の行事の他に、「田祈禱」「麦祈禱」などの作物の成長を祈願したり「野祓い」という牛の安全を祈願する行事などの生業関係の行事や、「屋祓い」という家の祓いの行事などを行っている事から、生月島では後述する慈悲の組とともに信心会も、ムラやイエの生業・生活に関する信仰を担っていたと考えられる。なおこんにち小組は垣内の下部組織となっているが、もともと慈悲の組の下部組織だった小組を複数結合して信心会を設立したと思われる。かくれ信仰の小組内のイエの子供は男女問わず一五歳を迎えると小組に加入し、お札を引く行事には女性も参加したが、こうした状況は一五七〇年代以降の変化と思われる。

なお壱部、堺目、山田集落では集落単位の組の枠組みを残したため御爺役は信心会（垣内）の組親（親父役）より上に位置付けられたが、元触集落では集落単位の組の枠組みを解消したため、御爺役は信心会（垣内）の役職に移行し、親父役より下に位置付けられたと考えられる。

（3）行事

①ムラの農耕儀礼

日本のムラは昭和四〇年代以前は生業（特に農業）的側面を強く持ち、特に稲作では水利の調整や管理作業を必要としたが、耕作・運搬の労力や堆肥の供給源でもあった牛馬の牧野の整備などでも共同作業を必要とした。また近代に科学的知見に基づく対応が行われるようになる前は、豊作祈願、雨乞いや水害・虫害・牛の災い除けなど生業に関係した信仰儀礼の執行もムラ（の信仰的側面）の重要な役割だった。ムラがキリシタン信仰を受容したという事は、他の宗教・信仰で行われてきた農耕儀礼をキリシタン信仰で行う事に他ならず、そうした状況は次の天草の事例を紹介した報告からも窺える。

「この土地（天草二江村）の農夫たちは、梅雨時に水を貯水池に入れておき、それを乾期に田畑に灌漑できるようにしておく習慣がある。しかし或る時、貯水池は満水になっているのに、すべての障害を除いた後にさえ少しも水は流れなかった。修験者を呼んでその悪魔的な儀式や迷信的な祈願によって水が流れるようにしてもらうということが長年にわたって続いていた。本年農夫たちは、聖母信心会に入会し、過去の生活の罪と過ちを心から痛悔して告白した。彼らは取水することが必要になった時期が来た時、以前と同様に水が流れぬのを認めたが、もはや妖術師たちのもとにではなく、教会へ赴いて、すべてのことを長老に報告し、彼に何度も何度もこう懇願した。（老人）自身が貯水池の所で、何らかの祈禱をしてほしい。自分たちはすでに迷信的な修験者たちからの使者は返してしまった、と。（中略）ついに彼は彼らの願いを満足させるべきだと決心し、その地の大勢のキリシタンと連れだってその場所へ赴き、まず脆いて諸聖人の連禱を、次いで使徒信経を唱えたところ、やがて水はなんらの支障なしに水路を通って流れた。」〔フロイス一五九六年度年報〕

この報告から、二江村では従来修験者が行った池祭を、キリシタンの長老がオラショを唱える形の行事として行うようになった事が分かる。

生月島山田のかくれ信仰の集落単位の組では、年間を通して御爺役と垣内の代表者である親父役が集まって行う行事（三触寄り）が四つ存在した。それは四月一二日に行う「ハッタイ様の御命日」、六月頃に行う「風止めの願立て」、夏の土用に行う「土用中寄り」、一一月頃に行う「風止めの願成就」だが、土用中寄りを除く三行事には稲作との関係が明確に認められる。風止めの願立て・願成就は「サンジュワン様」と呼ばれる聖地・中江ノ島に渡ってお水取りを行う行事だが、風を司る聖人・洗礼者ヨハネに、稲に災いをなす強風を避ける祈願や願成就を行った行事だと思われる。

ハッタイ様の御命日では午前中、生月島南部を流れる神ノ川河口にあるハッタイ様の祠の場所で、御爺役と親父役とともに山田区長、農協支所長が参加し、山田の氏神である比売神社の神主が神事を行った（神主の神事は明治以降の要素と思われる）。午後には、かくれの役職者だけが宿に集まってオラショを唱えながら、供物にお水を打って清め、行事が終わると水に関する場所などに供物を入れたツトを納めた。

ハッタイ様に関する伝説では、ハツというキリシタンの娘が神ノ川中流で田植え頃増水した川に流され、河口に死体を祀ったとされ、祭日にはよく雨が降るとされる。これと良く似た伝説が有明海の沖ノ島にあり、お島という娘が干ばつに際して雨を降らすため海に身を投げたところ雨が降り、お島の遺体が流れ着いた沖ノ島でお島を祀ったとされる。ハッタイ様の伝説もお島の伝説と同じく本来は女性の犠牲を伴う乞雨の話で、中世には他の宗教者が関与する形で稲作に伴う乞雨儀礼が行われたと考えられるが、一斉改宗後、ハツは自殺でなく事故で死んだという筋に変え、キリシタン信仰の行事として継続した事が考えられる〔中園二〇一〇、四〇―四九頁〕。

前述したように山田の集落単位の組は慈悲の組が起源と思われるが、ムラの信仰的側面を担う慈悲の組が、農耕儀礼をキリシタン信仰のスタイルで行った事が考えられる。

②イエの死後儀礼

キリシタン信仰では死後の儀礼として「死者の月」の期間や命日などに行事を行った。死者の月について『日本史』には次の記述がある。

「ところで日本人は葬儀を非常に重視するので、司祭は彼らが来世のことをさらに尊重するようにと、毎年一一月中を通じて死者のためにミサを捧げるのが常であった。祈禱のためにいつも教会の中央に棺（台）が（置かれ）、その側には四本の大きい蠟燭が立てられたが、これは人々を大いに満足させた。そしてこの時期には四終（死、審判、天国、地獄）について説教がなされた」（『日本史』第一部一四章）。

生月島壱部集落のかくれ信仰では、「御誕生（クリスマス）」の八週前の日曜日を津元の「御弔い（オトブライ）」という主な行事の日とし、その前日は「パッサリ言わせん日」と呼ばれ、その日は死者が天のパライゾに行けるよう帳面にアニマの名前を付ける日とされ、大きな音を立てる仕事などが忌避された。これらは諸聖人の記念日や死者の日由来の行事が継承されたものと考えられるが、壱部では津元の「御弔い」と、その八週前の日曜日の「ジビリア様」との間の期間に、各イエで御弔いの行事を行い、先祖（死者）のためにオラショを唱えた。メキシコのカトリック信者は「死者の日」に家の祭壇や墓に食べ物などを供え、イエの死者を迎えて賑やかに過ごすが、壱部のイエの御弔いも「ボブラ振舞い(3)」といって、御馳走を用意して親戚を呼んで宴会を行なった。

命日については、イエズス会が作成した「服務規程」に次のような記述がある。

「死者の命日は、でき得れば歌ミサできわめて盛大に行なうこと。特に主要な修院ではそうである。小住院では通常ミサで行ない、ある種の棺台を作ること。（略）ミサ終了後、墓地へ行列を行ない、パードレはミゼレレあるいはデ・プロフンディスを誦えること。パードレは墓地に着くと、定式書記載の祈りを誦え、死者の墓に水を注いで香を撒き、最後に死者の霊魂のために主

禱文を三度、天使祝詞を三度、大声で全会衆に誦えさせること。」〔『キリシタンの文化』参照〕

壱部集落のかくれ信者のイエでは、葬式当日の僧侶の法要後「三日参り」というオラショを唱える行事を行い、その後も「壇上げ（初七日）」「三五日」「百カ日」でオラショを唱え、初命日にあたる「一周忌」以後「三回忌」「七回忌」「一三回忌」「一七回忌」「二五回忌」「三三回忌」も同様に行い、四九年の「テオサメ」で終わりとなる。この仏教の年忌（法事）に似た死後儀礼は生月島以外でも、平戸島、外海、五島、下天草などでかくれ信仰行事としてオラショを唱える形で行われている事から、キリシタン信仰当時から普遍的に行われていたと思われる。

死者の月や命日の行事がキリシタン信仰で行われた背景には、イエにおいては死者を祀る行事が従来から重視されてきたため、キリシタンでも死後儀礼を重視し、キリシタン信仰の作法で継続した事が考えられる。

（4）オラショ

オラショはキリシタン信仰で唱えられた祈りを指す名称で、かくれ信仰でも同じ名称で呼ばれた。オラショにはラテン語のまま唱えられるもの、ラテン語文句を日本語に訳したもの、（キリシタン時代に）日本語文で新たに作られたものなどがある。一斉改宗直後の生月島北部の状況を紹介した次の記録には、信者がオラショを習得し唱える様子が紹介されている。

「我らが滞在した六日間で彼らは祈禱をすべて習得したが、これほど早かったのは、彼らが司祭にコンタツを求めて来た際、司祭が祈禱を習得している者にしか与えないと言ったからであり、彼らはコンタツをもらう前に祈禱を唱えた。」〔Ｊフェルナンデス一五六五〕

この報告から信者がコンタツ（数珠）を貰うためごく短期間でオラショを覚えた事が分かるが、習得が短期間である事から、オラショは意味を理解する形で覚えるのではなく暗記されていたと思われる。これで問題無かったのは、当時のオラショは教義の意味を伝えるものではなく、信者が神と「繋がる」ためのものだからで、それは一五九一年（天正一九）に刊行された『どちりいな・きりしたん』の次の記述から確認できる。

「弟　おらしよとは何事ぞ
師　おらしよはわれら（我等）がねん（念）をてん（天）に通じ、御あるじＤ（でうす）に申上るのぞみをかなへ玉ふみち（道）はし（橋）なり。」

この理解を念頭に、次の度島の子供達が祈りを唱える様子を紹介した報告を見てみたい。

「また、彼らはキリシタンのドチリナをすべて覚えるだけでは満足せず、これを解説して唱える。ペル・シグヌン・クルシスを唱えると、早速その解説を述べ始め、エ・デ・イニミシス・ノストリスも同様であり、かくしてパーテル・ノステルやそのほかのドチリナをことごとく述べていき、一節ごとに解説を加える。したがって、ドチリナを学び終えた時、彼らは説教者である。」〔アルメイダ一五六二〕

この報告ではラテン語の祈りとともにその解説を行ったとあり、アルメイダ修道士は解説をラテン語の祈りを理解した証拠と捉えているが、実際には日本語訳の祈りを唱えている様子だと思われる。例えば生月島のかくれ信仰のオラショ「一通り」にも、ラテン語の祈りとその日本語訳の祈りが両方存在する。言葉を発する事即ち意味を伝える事だという現代人の発想から離れてオラショを捉え直す必要がある。

二、平戸地方のかくれキリシタン信仰時代

(1) 外海系かくれ信者の移住

長崎県下のかくれ信仰には既述の生月・平戸系以外に、外海地方と浦上を本来の居住地とする外海・浦上系がある。後者のかくれ信者は他宗教との関係が対峙的で、かくれ信仰自体には、(a)日繰帳の重視、(b)年間行事が少ないが家族で参加、(c)野外の行事が少ない、(d)オラショは無言で男女共唱える等の特徴がある。こうした特徴は同系統信仰の原形が禁教期に入る時期に形作られた、キリシタン

信仰では新しい時期の要素を多く持つ、禁教に対応した形態である事に依ると思われる。特に(c)の傾向は、生業関連の行事が少ない事にも影響しているが、それは外海の生業の、畑作を主体としつつ釣りや磯建網等の小規模漁や薪等の伐採で補完する、ムラ単位の共同作業をそれ程要しない形態とも合致している。他方イエに関係したかくれ信仰の法事などは行われている。

外海地方では一八世紀後期以降、人口増加に起因する大村藩の人口抑制策を原因とした移住や逃散が起きるが〔岩崎二〇一三、一四九―一七八頁〕(4)、平戸藩家老の『当職日記』一七九九年（寛政一一）三月六日の項には、大村領から平戸島中部の紐差、南部の古田（大佐志）に九五人が逃散してきた記録がある。

「一　下方筋え大村領之者数十人家内連ニ而相越候段、去ル二日申シ立候ニ付、原宇内早々罷越、相糺候様及指図置候処、則遂吟味罷帰、都合九拾五人程紐指・古田筋江参居候由、口書人数付井元熊太夫差出之」

その後も外海地方や外海から黒島に移住した外海系かくれ信者の移住は続き、平戸島中部東岸の宝亀、紐差周辺、上中野、山野、小主師、北部の大久保町、中の原、鏡川町、中の崎、古江半島などに定住している。

（2）再布教への対応

幕末の一八六五年（元治二）長崎の大浦天主堂で、パリ外国宣教会のプチジャン神父と浦上のかくれ信者の接触があり、その後各地でかくれ信者への再布教が進む。平戸地方でも再布教の結果、外海系かくれ信者がカトリックに合流した事が一八七二年（明治五）の「村民より申出候ケ条大略」から確認できるが、これに伴い宝亀・紐差村の外海系住民は、従来かくれ信仰と並存するムラ共同体の信仰として関係してきた仏教・神道への関与を止めている。具体的には(a)氏神を始め村内の神仏の費用を出していたのを止める。(b)虫祈禱や神社の雨乞・雨祈禱にも関与しない。(c)家内の神棚、仏檀や位牌も焼き捨て、伊勢大麻も受けなくなる。(d)葬儀の際には僧侶・神主に依頼していたのを自葬するようになり、葬式組からも脱退している。他方、外海系かくれ信仰の内容は近代カトリックの形式に変更されるが、もともと外海系かくれ信者・信仰は他宗教に対峙的並存姿勢を取り、かくれ信仰の組織や信仰内容も生業に関する要素をほぼ持たず家内の行事に限られていた事が、カトリックへの移行を容易にした側面がある。

生月島と平戸島中部西岸のかくれ信者に対してもカトリックの再布教は行われているが、生月島の山田、壱部や平戸島西岸の獅子の一部信者を除く大部分の信者は、従来のかくれ信仰を継続している。その理由は仏壇や神棚の廃棄に抵抗があったからとされるが〔松本一九三一、一七―二五頁〕、生月島のかくれ信仰では信者の生業・生活とリンクする形でかくれ信仰と仏教・神道が並存するムラ・イエ共同体が有効に機能していたため、カトリックに移行する意欲が高まらなかった事が考えられる。

生月島や平戸島西岸のキリシタン信仰の布教は当初、ムラ・イエ共同体の信仰構造を他宗教からキリシタン信仰に変換する形で進められたが、明治期のカトリックの再布教では、唯一神教の原則に則り既存のムラの信仰的側面を否定し、ムラと別個の信仰共同体の新設が志向されている（なかには外海地方のように信者の生活・生業などの非信仰的側面にもコミットしたカトリック共同体の確立が構想された例もあるが、それはあくまで神父個人の考えに拠るものだった）。

おわりに

今回の特別パネルの発表やディスカッションでは、かくれ信仰がキリシタン信仰の一般信者に関する要素をよく継承している点について研究者の認識は概ね一致しているように思われた。その上で見解が分かれたのは「キリシタン信者は他の信仰を並存していたのか」「キリシタン信仰は果たしてキリスト教と言えるのか」という点だった。前の問いについて筆者は、全く並存がないという事は断言できないものの、少なくとも当時報告を残した宣教師達が、他宗教の像の破壊や、行事をキリシタン行事に移行した事を記録した事実が、並存が否定されていた証拠になると考える。

しかし後の問いについては「何を以てキリスト教と見なすか」という条件が問題となる。キリスト教の宗派に属する事が条件なら、例えばカトリックの場合、洗礼の受容・洗礼台帳への記録の有無で信者か否かが明確にできるので、キリシタン信者は当時のカトリックに属した事実でキリスト教徒と見做す事ができ、現在のかくれ信者は属していない事実でキリスト教徒ではないという事になる。だが教義の理解を条件とした場合、キリシタンを含む一六―一七世紀のカトリックでは教義は専業宗教者の所管するもので、一般信者は専ら祈り、行事に参加する事で信仰に関与する形だった点を踏まえておく必要がある。オラショの意味の無理解も、『どちりいな・きりしたん』には、オラショは唱える事によって神と繋がるためのものだとされており、教義理解の有無はキリスト教徒である事の根拠とはならない。

再布教カトリックを含む明治期以降の日本で布教されたキリスト教では、総じて個人の信仰心を重視し、信者（特に知識層）はキリスト教の教義に道徳的価値を求める傾向が強かった。当時の日本人に取って西洋は科学、経済、政治、軍事面で優越的とする意識が強く、キリスト教が体現する道徳に対する評価もそこに含まれていた。キリシタン・かくれキリシタン研究における教義への拘りの背景にも、こうした近代日本のキリスト教に対する認識が影響していると思われるが、一六―一七世紀の生月島・平戸島西岸ではムラ・イエ共同体の信仰的側面をキリシタン信仰に移管する形で布教が行われ、ムラの生活・生業やイエの先祖祭祀に必要な儀礼の執行に大きな関心が持たれていた。キリシタン・かくれキリシタン信仰の本質的理解のためには、そのような宗教とムラ・イエ共同体との関係性を歴史的状況として肯定しながら検証を行う必要があるのである。

参考資料

〔Gフェルナンデス一五六〇〕一五六〇年一二月一日付、ゴア発信、ゴンザロ・フェルナンデスのコインブラのイエズス会学院の某修道士宛書簡（松田毅一監訳一九九七『十六・七世紀イエズス会日本報告集』第Ⅲ期第一巻、同朋舎出版、以下一九九七『報告集』Ⅲ・一と略）

〔ガーゴ一五五九〕一五五九年一一月一日付、日本（豊後）発信、バルタザール・ガーゴのインドのイエズス会修道士ら宛書簡（同上所収）

〔ヴィレラ一五七一〕一五七一年一〇月二〇日付、ガスパル・ヴィレラ師がゴアより発した書簡（一九九八『報告集』Ⅲ・四）

〔一六〇九年度殉教報告〕一六〇九年度イエズス会年報の殉教報告（チースリク一九八一「殉教者一族・生月の西家」『キリシタン研究』二一輯、吉川弘文館、所収）

〔フロイス一五九六年度年報〕一五九六年一二月一三日付、長崎発信、ルイス・フロイスの一五九六年度、年報（一九八七『報告集』Ⅰ・二）

〔日本史一・一四〕『日本史』第一部第一四章（松田毅一・川崎桃太訳一九七八『日本史』六、中央公論社）。

〔Jフェルナンデス一五六五〕一五六五年九月二三日付、平戸発信、ジョアン・フェルナンデス修道士の、シナの（イエズス）会の修道士宛の書簡（一九九八『報告集』Ⅲ・三）

〔アルメイダ一五六一〕一五六一年一〇月一日付、日本（豊後）発信、ルイス・デ・アルメイダのインド管区長アントニオ・デ・クワドゥロス、その他イエズス会司祭・修道士ら宛書簡（一九九七『報告集』Ⅲ・一）

「村民より申出候ケ条大略」明治五年一〇月一七日（国立公文書館蔵）（二〇一三『長崎県内の多様な集落が

形成する文化的景観保存調査報告書』【資料編三】、長崎県世界遺産登録推進室）

参考文献

中園成生二〇一八『かくれキリシタンの起源』、弦書房
宮崎賢太郎二〇一八『潜伏キリシタンは何を信じていたのか』、角川書店
東馬場郁生二〇〇六『きりしたん史再考』、天理附属おやさと研究所
中園成生二〇〇九「平戸地方キリシタン概史」『島の館だより』一三、平戸市生月町博物館・島の館
川村信三二〇〇三『キリシタン信徒組織の誕生と変容』、教文館
中園成生二〇二〇「かくれキリシタンの信者と信仰――ハッタイ様の行事と伝説から見えてきたこと」『季刊民族学』一七四、一般財団法人千里文化財団
五野井隆史二〇一二『キリシタンの文化』、吉川弘文館
H・チースリク、土井忠正・大塚光信校注一九七〇「どちりいな－きりしたん」『キリシタン書　排邪書』、岩波書店
岩崎義則二〇一三「五島灘・角力灘海域を舞台とした一八～一九世紀における潜伏キリシタンの移住について」『長崎県内の多様な集落が形成する文化的景観保存調査報告書【論考編】』、長崎県世界遺産登録推進室
松本仁之作一九三一『生月のキリシタン』、カトリック書店

注

（1）かくれキリシタン信仰は、戦国～江戸時代初期に伝来したカトリックを日本人が受容して成立したキリシタン信仰の一般信者が関係する要素が、禁教時代以降、他の宗教・信仰を並存する構造の中で継承されたものである。
（2）川村信三は平戸地方の慈悲の組について「（ヴィレラ神父が）ヨーロッパで育まれたコンフラテルニタスのモデルを用いて、共に教えあい、いずれ司祭が帰還するときまで、共同体を継続させるシステムを残した」ものとしている（川村二〇〇三、一二四頁）。
（3）ボブラは南瓜の方言。
（4）但し生月島・平戸島西岸のかくれ信者のイエが、個人が実際に会った家族を越えた祖先までを包括した「歴史的イエ」の性格が強いのに対し、（移住者を含む）外海系かくれ・カトリック信者のイエは本来、一緒に生活した家族の範囲に認識が留まる「家族的イエ」の性格が強いように感じる。この特徴は直接的には、前者のイエが一地域に定住する形で営まれ、後者のイエは分家や移住を繰り返した事に因ると思われるが、このようなイエのあり方と各地域のキリシタン信仰の影響の検証も今後の課題である。

第三章

潜伏きりしたんの「信仰」の語り方[1]

――「教理」「実践」「マテリアリティー」

東馬場　郁生

はじめに

潜伏きりしたんの「信仰」について考えることは、記録に現れる彼らの信仰の姿をどう解釈し、意味づけるかということであろう。そしてそれは神学、民俗学、宗教学など、我々がとりうる理論的前提と分析・解釈の方法による。本稿では、近年の宗教研究でさかんに議論されている宗教のマテリアリティー（信仰具などの物質性。対象には種々のモノを用いた動作や発声、感覚など身体的なものも含む）に関する主張を紹介しつつ、潜伏きりしたんの信仰の意味について考えたい。

潜伏期のきりしたんは先祖から継承されたさまざまな信仰具（モノ）を用いていた。物質的で具象的なモノは、きりしたんの穿鑿記録には必ずといってよいほど出てくる。宣教師や知識層のきりしたん信徒にたいする糾明では教理的な問答もあるが、一般きりしたんの信仰は具体的なモノによってその証拠とされた。たとえば、姉崎正治の『切支丹宗門の迫害と潜伏』にある「宗門改記録」(「宗門穿鑿心持の事」)では、「宗門の者、……今程はなる程宗門をかくし候」という状況のもと、「デウスの踏絵」「生国」「久しく住居いたし候所」「ちゐさきイマゼウ」「伴天連の骨灰」などを手掛かりに、きりしたんを発見する方法を教えた[2]。すべて外的で物質的なモノやことがらを根拠に内的な信仰心の有無を判断しようとしたものだ。各地の信徒露見も信仰具が決め手になった。浦上のきりしたん信仰は、「サンクタ　マリア　ゴゾオ　ワ　ドゴ[3]」という聖母マリアの像を指す言葉によって確信された。

筆者は、これまで、きりしたん時代の信仰について、日本人信徒に与えられた教理のみならず、象徴、儀礼などの信仰具や実践の意味を考察してきた。本稿はそれらの成果も踏まえるが、とくに潜伏きりしたんについて、教理・思想よりも彼らの信仰に表れるマテリアリティーに着目して考察を進めたい。最初に、マテリアリティーに関する近年の理論を概観し、本稿の視点を明らかにする。次に、潜伏きりしたんに関する二つの事例をとりあげ、彼らの信仰の意味を具体的に検討する。最後に、これらの考察の結果を踏まえて、潜伏期のきりしたん信仰の「変容論」について、その背景にある視点に着目しながら再考したい。

一、潜伏きりしたんの信仰を読み解く手がかり——意味の所在をめぐって

(1)「宗教＝信仰／教理＝テキスト」の方法論的批判

近年おもに西洋の研究者の間で宗教のマテリアリティーが重視されている。この背景には、キリスト教を含む諸宗教を対象とした近代以降の宗教研究が、教理や思想を中心に展開されたことへの反発がある。

宗教研究はプロテスタント的宗教概念の影響を受けきたとされる。その概念とは、「宗教は人が信じるものであり、それはコスモスの起源、人間性の本質、神々の存在、ないしは人生の目的に関する命題に対する慎重で主体的な同意の経験からなる」というものだ[4]。研究者は宗教を「基本的に内的な精神的経験」としてとらえてきた[5]。このような「教えの集成としての『ビリーフ（belief）』」に焦点を当てて宗教を理解しようとする姿勢は、「キリスト教の信条の伝統からきており、プロテスタンティズムによって強化された」という[6]。

宗教を内面的なビリーフとそれを教える「教理」に基づき理解しようとする研究者の考えは、当然のことながら研究対象に投影された。その結果、「ある宗教の信者は、いかなる宗教であれ、ビリーフによって宗教に属していると理解している」と想定され、そして、「ある宗教を理解しようとするときには、その教えは何か、と尋ねる傾向」が生まれた[7]。このようなビリーフ中心、教理中心の宗教理解のアプローチでは、実践や信心具など信仰の物質的側面の探求は軽視された。「宗教とモノの間の関係は、長い間、対立的に考えられてきた。あたかもモノは宗教に対していかなる根本的な方法においても重要ではないかの如くであった」。その結果生まれたのが、「精神を物質より、信仰を儀礼より、内実を形式より、心を身体より、そして内的な思考を単なる外的な行為よりも優先する」態度である[8]。

後述するように、ビリーフ・教理中心の信仰理解は、潜伏きりしたんの研究にも影響を及ぼした。変容論がそれである。「潜伏期」には教えを説く人も手段もなかったので、「きりしたん時代」にはあったはずの本来信仰に不可欠のビリーフや精神性は人々の信仰から失われ、むしろ信仰具や儀礼など外面的なモノに支えられた（その意味で劣位の）信仰であったとみなされてきた。教えが流布し内面的な信仰が保たれたに違いないきりしたん時代の信仰と比較して、信仰が変容した、との考え方である。

しかし、西洋の宗教研究を長年支配したビリーフ・教理中心の信仰のとらえ方は近年疑問視され、強い批判にさらされている。この批判はこれまで影に置かれていた宗教の物質性を重視する主張を伴っている。物質とは、不可視の概念やビリーフに不可欠の媒体とみなされるようになった。「宗教の概念それ自体は、大半の場合、それが物質的な表現において具象化されない限り知ることは不可能である」といわれ(9)、また、「多くの種類の意味が、もっとも単純な事物のなかに込められているのである」ともいわれる(10)。

これらは、従来宗教研究で提唱されていた、本質的で内的な宗教体験が観察可能な外的形に表現される、との見解と比較すると、物質性の価値をかなり強調するものだ。まさに、人々の信仰を理解するには、内的なビリーフよりも、むしろ物質性の方が重要であるとの主張である。「宗教は常にビリーフを要求していないかもしれないが、物質的形式には常にかかわっている」とされ(11)、また、「超越的なる存在は、大抵の場合、人に対して、純粋な光や荘厳な感覚としてあらわれない」と、物質性こそが信仰の基盤にあると説かれる(12)。「様々な形のマテリアリティー――感覚、事物、空間、行為

——はビリーフが起こる母体である」とみなされ、ビリーフとは、触れる、見る、聞く、味わう、感じるといった「感覚として、そして感情として、また、意志や行為として、さらには想像や直観として起こる」と主張されるのだ[13]。

(2) マテリアリティー論のきりしたん研究への貢献

きりしたん研究にとっても、マテリアリティーの視点は有効ではないか。それらは、とくに、一般きりしたん信徒の研究に新たな批判的視座を提供し、これまでのアプローチを理論的に強化するのではないか。

筆者はきりしたんの受容に焦点を当て考察する中で、人々の内的な精神性や教理と同等の関心を、彼らの信仰具の使用や儀礼などマテリアルな部分に払ってきた。それは、ひとつには、宗教を「思想」「実践」「集団」の三領域に分割して理解する比較宗教のモデルに基づくものである。宗教のマテリアリティーを強調する近年の議論は、この枠組みではとくに「実践」の領域に関わるものとして理論的強化につながるものであろう。しかし、今回こうして宗教の物質的理解について改めて紹介する理由は、この比較宗教の方法論的関心以上に、日本で暮らす私自身の経験や観察によるところが大きい。教理中心の宗教理解はアブラハムの宗教以外には適応できないとの指摘がされて久しいが、日本においても人々のおもな宗教的関心は、形而上的な世界観や深遠な生命の意味の探求よりも、儀礼での形式化された動きや発声などから得る感覚や、信心具を用いた動作など、マテリアルなかかわりにあると思う。そして、それら行為を無事遂行できたときの達成感や安堵感が次の行為を促す。きりしたんは日本の宗教文化において存続してきた以上、宗教や信仰のマテリアリティーをめぐる議論は、きりしたん時代にも、潜伏時代のきりしたんにも、そして今日のきりしたんにも適応できるのではないだろうか。

なお、以下において潜伏きりしたんの事例を検討する前に、「マテリアル」（物質）や「マテリアリティー」（物質性）の意味の範囲について改めて確認しておきたい。宗教のマテリアルな形式やマテリアルな表現とは、信仰具、建築、絵画、衣服、装飾のような物質的対象の他にも、音楽、巡礼、祈り、踊り、発声など身体的感覚でとらえられることがらを含む。

きりしたんの研究において、この方面の重要さを説いた先行研究は、かつては岡田章雄や古野清人によるものがあるが、近年において視座・アプローチとしてより徹底されたのは、宮崎賢太郎と中園成生の研究に負うところが大きい。筆者は、この問題については、宗教学的アプローチからきりしたん時代の信仰を事例に取り組んできたが、今回、射程を潜伏時代の信仰へ延ばして考察してみたい。

二、潜伏きりしたんの「信仰」を読み解く

教理や思想的なものが見えなくなったのか、それとも失われたのか、あるいは、元より存在しなかったのか。いずれにせよ、潜伏きりしたんの信仰は、信仰具などのモノやオラショの唱えなどマテリアリティーによる信仰の色彩が強い。個別のモノの意味については、神学的にも、文化的にも、歴

史的にも考えられるが、そこに研究者が想像する意味を押し付けることは避け、できる限り当事者の目線に立ち、彼らが関与したマテリアリティーの意味を探らねばならない。

潜伏きりしたん信仰を理解する窓口となるマテリアルなものには、メダイ、ロザリオ、オテンペンシャなどの信心具や、受胎告知や聖家族などの「御前様」の絵画など、現在に伝わるものが多様にある(14)。ここではそれらを改めて見直すよりも、普段、あまりマテリアルなものと捉えられていない、むしろ教理、思想とみなされたものの物質性について考えたい。それらを見ることで、きりしたん信仰の実践性や物質性の〝底の深さ〟がみえるだろう。明快なモノに関するマテリアリティーというのではなく、思想的で非物質的と思えることさえ、マテリアル化されたことに注目したい。

（1）天草の潜伏きりしたん

良く知られている『天草古切支丹資料（一）（二）（三）』（一九五九―一九六一年）には、天草の潜伏きりしたんの信仰の様子が比較的詳細に記されている。そこには様々な信仰具や「経文」と呼ばれた「おらしよ」の言葉などが記されている。その中で、それらを用いることの目的についての供述部分は多くないが、概ねこの世での息災や作物の豊作、死後の安寧を願うものである。比較的詳細なものとしてしばしば引用されるのが、「文化二年一一月調べ（高浜村）」の、百姓傳平後家たつ、および他三名（とめ、ふく、さや）による以下の口述の記録である。

私共旦那寺宗門之外家々仕来を取行候儀ニ而マルヤと申佛を信仰仕候得共、悪事災難を除無病息才ニ而作物等宜、来世ハ親子兄弟一同宜所ニ生安楽之身と成候由承傳内密ニ信仰仕、佛を拝候節者アメン《（ママ）》ジンス之唱候迠ニ而、委細之訳者相辨不申候（中略）男子女子共出生仕候得者十字之判を当候と申、仏江水を備へ紙を右水ニ漬其子之額ニ當候由ニ候得共、私共委細之儀相弁不申候[15]

ここにおいて、「マルヤと申す仏を信仰する」目的は、この世での無病息災、作物の生育よろしく、また死後も良き所で安楽な生活を送ることができることという。これは、きりしたん時代にも説かれた、しかしきりしたん独自のものではない、「現世安穏　後生善処（所）」が示す内容と同じであり、そこにきりしたんのユニークさはない。また、この信仰は旦那寺へのつとめと合わせて、家の仕来り（しきたり）、つまり習慣や決まり事として行ってきたという。これらから見る限り、彼女たちのきりしたん信仰の目的の意味に関する概念的な部分（ビリーフ）に、きりしたんの独自性はみられない。ちなみにこれらの証言をした四名の記録された年齢はたつ以下六八、七一、六三、七〇歳であった。

では、彼女らの実際の行為はどうか。また、その行為のために用いたモノはどうか。家のしきたりとして、現世来世ともに幸福になるために「マルヤと申す仏を信心する」ことの具体的なことがらとしては、ア（ン）メンジンスと唱えることや、十字に切り取った紙を仏に供えた水につけ、新生児の頭に当てるということが証言されている。これらは、きりしたんに特有のことであるから、それらの行為の意味（目的）を手掛かりにして、きりしたん信仰の独自性を知ることができるだろう。

しかしその行為の意味はどこに見つけられるだろうか。当事者自身は、それら行為については「詳しいわけは存じません」と、あえて語っていない。それは処罰を恐れてあえて口をつぐんだのか、あるいは、本当に行為の意味を知らなかったのかは不明である。事実は後者に近いと思われるが、いずれにせよ、彼女らの認知した意味が不明であるならば、我々はその行為の意味を、信仰具の使い方など行為そのものに求めなくてはならない。そして、そこに彼女らの「信仰」の所在があることになる。ここにおいて、「実践とは単に概念の表現ではなく、しばしば概念のまさに元になるものである」との主張が説得力をもつ。「ビリーフはしばしば、実践の前だけではなく、実践の後にやってくる」ともいう。「宗教を行う、演じる行為が、当事者にリアリティーを生み出す[16]」。マテリアリティーがその行為の意味を生み出すのであれば、神学的な予見はいったん括弧にいれて、まずは、「十字に紙を切り取る」「水につける」」頭にあてる」などの行為自体への考察をいかに始めるかが我々の課題となるだろう。

（2）「天地始之事」

実践やモノなどのマテリアリティーに焦点をあてて潜伏きりしたんの信仰を考えるとき、難題となるのは、それらの対極におかれる教理的、思想的なものをどう理解するか、ということだ。具体的には、外海と五島で保持され、今日研究者が「潜伏きりしたんの秘密の聖書[17]」とみなす「天地始之事」をどう扱うかである。そこに物質性や行為性などのマテリアリティーがあるのかを訊ねたい[18]。

これまで、田北耕也をふくめ研究者は、「天地始之事」について、キリスト教に起源をもつ教理（書）としての観点から、「変容した」言葉やストーリーを「元の」キリスト教のものと対比させ説明している。これは、きりしたん版など、きりしたん時代の教理書の説明と同じである。その結果、田北は、「天地始之事」について「聖書、聖外典の記事と比較すると、甚しい混乱、錯綜が見られ、現地において、現在の潜伏キリシタンと親しく交る時に受ける感じを甚だよくあらわして居る」と語っている。「天地始之事」はキリスト教資料と比較すると「甚しい混乱、錯綜」であり、かつそれは、ただその書物（物語）だけの特徴ではなく、潜伏きりしたん全体から受ける印象と同じ、すなわちきりしたんの信仰の全体が混乱と錯綜によって変容していったのであり、「天地始之事」はその一例だとの見解である。そして、「カトリック教に明るい人は、彼等の無知と迷信に対し同情を禁じ得ないであろう」と、その変容を嘆く[19]。

田北は「天地」に関する最初の本格的な紹介と研究を行ったが、彼に続いた研究者も、キリスト教とその土地の宗教伝統が取り込まれている「書かれた教理書」として、「天地」を扱ってきた。とりわけ、キリスト教の普遍性と現地の地域性の融合は研究者の高い関心を呼んだ。たとえば、「天地」の全文を詳細な注釈とともに英語訳し出版したクリスタル・ウィーラン（Christal Whelan）は、その特徴について次のように語っている。

「天地」にはキリスト教の伝説、仏教とキリスト教の世界観と神学の融合、さらに、多くの日本の習慣の起源を Kakure Kirishitan がキリスト教の神の計画に照らして解釈し説明したとされる神話も含まれている。「天地」は、カトリシズムのような普遍的な宗教から、まったく日本的な精神をもつ現地の世界観とその土地の宗教を創り出している。[20]

「天地」の内容は、通常、キリスト教的要素と土着信仰的要素とに分けて考察されている。その際、ジュスベル→ルシフェル、コンジルサン→コンチリサン、サンカムリヨウ→聖ガブリエルなど、元より変化したとみなされる多くの言葉を、それぞれに対応する、（変容前の）キリスト教用語によって訂正しながら説明している。特定の時代や地域において書かれた「歴史的な」テキストを、普遍的キリスト教へと還元して説明することは、きりしたん版の通常の研究と同様である。同様に、その言葉の起源が仏教語であれば元の仏教語にもどして説明がなされる。

しかし、その手法によって、「天地」がその時、その土地で生きた潜伏きりしたんの信仰に対して持ちえた意味――彼ら潜伏きりしたんにとっての意味――にどれだけ近づけるだろうか、との思いがある。ここで改めて強調したいのは、これまで研究者が必ず指摘してきたように、「天地」は元来、書かれたテキストではなく、潜伏きりしたんの集団において口頭で受け継がれていたことだ。田北は「語り物であったことは語調から察せられ、柳田国男先生は平家物語のように琵琶にのせて語ったものであろうと云われる」と述べている。[21]今日知られている「天地」の最も古い筆録されたテキストは一八二七年のものであり、少なくとも資料による限り、「天地」は潜伏時代の大半において口頭によってのみ受け継がれていた。しかも、それ以降にあっても書かれたテキストは文字の読める指導者だけが扱えたことを考えると、潜伏時代の一般きりしたんにとって、「天地」とは普段あまり接点のない「教え」だったのではないだろうか。

さらに、変容した教えは研究者の関心を引くものであっても、きりしたん本人にはそれは問題とはなり得なかったであろう。変容とはオリジナルと比較して初めて分かるからである。口頭であれ書かれたものであれ、彼らが「天地」に含まれる言葉の元の意味を知るすべは潜伏期においてなかった。また知る必要もなかった。彼らにとっては、変容ではなく、最初からそうだったのであり、それが彼らにとっての「教理」そのものであった。いかなる世代においてもその時に与えられたものが彼らには「オリジナル」であり、先祖よりまさに命がけで護られてきた大切な信仰の糧であった。キリスト教神学が定義する「教理書」と同じ意味で彼らが「天地始之事」に関わっていたことはあり得ず、それは研究者が「天地」を「変容したもの」と捉えた時点で決定されていることでもある。

「天地始之事」は、現在では、文字化、テキスト化されているものが存在している。しかし、だからといって、それは教理書であった、またそれが教理書であったから「信仰の書」であったとの一般的な解釈は成立しないだろう。むしろ、「天地始之事」は、きりしたんの間で口述というマテリアルで身体的なものとして表現されていた。それはあえていえば「マテリアルな教理」であって、これもまた、広い意味での実践、マテリアリティーを基盤とした「信仰」のありようである。

「天地始之事」が口承で継承されたことの理由としては、信仰の発覚を恐れたきりしたんが文章に残さなかったからだと、当時の歴史的条件から説明できる。しかし聖典や他の書かれたテキストは伝統的に口述的な性格を持っていたのであり、「書かれた書物は、声を出して読まれて初めて理解できるようになるものだと考えられていた[22]」。そうであれば、「天地始之事」が、口述的なものとして人々の間に保持されことは、信仰の形としてはむしろ本来的姿であり、それを禁教下の潜伏信仰に特有の形として描く必要はないのかもしれない。「天地」に限らず当時の「テキスト」は口述化されることが一般的であり、そうなることで「マテリアルなもの」になっていたのである。

最後に、田北の「天地始まりの事」についての解説文には、他にもおらしよの文字通りの（最狭義での）物質化ともいえる事例が含まれている。それは、五島列島の奈留島で、おらしよ（「ろそんのおらしよ」）が巻物として筆写され、緋の絹布にしるした「緋の巻物」として秘蔵物化したケースである。田北は、その所有者のこのような「オラショを尊重するキリシタンの態度」について、「文字を読む力はなく、何が書いてあるのかも知らぬのであるが、有難いもの、勿体ないものという意識だけは先祖代々伝って居」ると述べている(23)。

三、潜伏きりしたん信仰の変容論について

潜伏きりしたんの信仰については、「変容」が頻繁に議論されてきた。近年の興味深い考察のひとつに中園成生によるものがある。中園は『かくれキリシタンの起源』において、潜伏時代の変容不可能説を説く。それによれば、宣教師がいないから変容したのではなく、いないからこそ変えられなかった、という。なぜなら、教理を理解して、教理や儀礼を変えることができる権限を持っているのは神父だからである。したがって、「宣教師の不在は、もとの形をそのまま継承する状況を生じさせこそすれ、変容を助長する理由にはならないのである(24)」。

この着想は筆者には目からうろこであった。実際、きりしたん時代には多くの「適応」がなされている。それはヴァリニャーノや日本の管区長など、信仰の形を変更できる権限を与えられた人がいたからに違いない。その時には、精神的な純粋性・普遍性を担保できるとの前提で、外面的な適応や妥協がなされていた。しかし、彼らがいなくなると、誰もそのような判断ができなくなり、形を変えることはできなくなった。結果として、外面的で物質的なモノや行事などの形が変わってはならない「普遍」なものとなった。その一方で、それらマテリアルの内的意味は、かつてのように教理によって支えられなくなり、その結果として信仰が変わってきたということだろうか。

歴史家がきりしたんの信仰を「適応」や「変容」と表現する場合、それを語る歴史家自身の立ち位置が重要な役割を果たしている。変化があった場合、宣教師が意図的に行えば現地への「適応」とされるが、現地の人々が自らの都合で変えた場合には「変容」とされる（この意味での「変容」はきりしたん時代からすでにあった）。しかしいずれの場合でも、歴史家の立ち位置は宣教師のそれに近い。「適応」にせよ「変容」にせよ、それらの言葉の前提には、変化しない「普遍（不変）のもの」が含意されているからである。具体的には、宣教師側（彼らが所属した修道会やローマカトリック教会）の宗教・信仰である。

宣教師個人の思想と行動という多少の「変数」はあっても、全体として伝道の送り手側には普遍・不変のものがある、との前提は今日の研究にもある。[25] 宣教師が体現した「普遍」や「不変」の基はヨーロッパのキリスト教（カトリック信仰）であり、それは文化的にはヨーロッパ主義と重なる。したがって、文化適応とはヨーロッパ主義との正面対決であり、その先駆的役割を果たしたのがイエズス会であるとの見解がなされる[26]。

しかし、これを逆方法からみるとどうだろうか。これまでの考察から日本人の宗教性や宗教的世界観もまた、普遍、不変であったといえないだろうか。ならば、一方の普遍性を前提とした「適応」や「変容」というよりも、「相互に作用したもの」と考えるべきではないか。〝ヨーロッパこそが普遍であり、それ以外での出来事は、普遍なるものが適応ないし変化したものにすぎない〟のではなく、互いに異なる持続的な世界観が出会い、組み合い、融合していく様、相互作用によって、互いに変化していく様としてとらえることはできないだろうか。

きりしたん史においては、宣教師の思想と行動を記述するだけでは不十分である。同様に、彼らの視点に合わせて適応と変容と語るだけでは不十分であろう。なぜなら、「きりしたん」信仰とは、宣教師の信仰ではなく、彼らから新しい信仰を受け取り自らの信仰として発展させ継承した当時の日本に暮らした人々の信仰、つまり、伝道の受容者の信仰だからである。歴史家は宣教師を「きりしたん」とは呼ばない。にもかかわらず、「きりしたん史」という看板のもと宣教師を主役としてその歴史を書いてきた。

おわりに

古野は、『隠れキリシタン』の中で「キリシタンの約半数以上は依然として父祖伝来の古キリシタンとしてとどまった。改宗したカトリックは、彼らを『離れ』と呼んでいるが、むしろ自分たちこそ正統派であると信じて、改宗に応じない伝統主義者である」と述べている。[27] 最後に、今一度、彼らの目線に立ってみよう。きりしたん時代から潜伏期を経て「信仰」を継承した者からすれば、そして、また、外面的なマテリアリティーからすれば、たしかに彼らが主張した通り、彼らが受け継いだスタイルこそが、ザビエルの時代から途切れなく受け継がれた、受容された日本のキリスト教の伝統なのではないだろうか。それはただ改宗を拒否した〝頑迷な潜伏きりしたんのこだわり〟ではないように思える。そうであれば、もはや研究レベルにおいても、「潜伏」や「隠れ／かくれ／カクレ」という表現の有効性さえ問われないだろうか。そもそも「潜伏」も「隠れ」も自称ではなく、彼らが生きた社会背景（歴史条件）に基づく外部による呼称に過ぎない。

これまで、「潜伏」や「隠れ」が「きりしたん」の前に置かれることで、あたかも彼らの「信仰」の特徴を言い表すかの如く印象を与えてきた。しかし、それが内的にも外的にも、信仰そのものに根拠づけられた表現ではないのであれば、彼らの信仰を忠実に語るためには「きりしたん」としか言いようがないように思う。それはキリスト教を、時代を通じてキリスト教と呼ぶのと同じことではないだろうか。

きりしたんの信仰に忠実に語るのであれば、「潜伏きりしたん」ではなく、「きりしたんの潜伏期」である。「かくれきりしたん」ではなく、ただ「きりしたん」と呼ぶことができるだろう。きりしたんを信仰した人々の目線に立つならば、そう言えると思う。

注

（1）本稿では「信仰」をただ内面的で精神的なことのみならず、儀礼や信仰具・モノを用いた外面的な行為も含む意味で使用する。したがって「信仰」は、第三者の立場からの記述的な用語である「宗教」と同じ領域を指すが、「宗教」よりも、より対象に寄り添った視座を意識して「信仰」を用いる。

（2）姉崎正治『切支丹宗門の迫害と潜伏』（同文館、一九二五年年）、八六頁。

（3）長崎純心大学長崎学研究所編『1865年プティジャン書簡―原文・翻刻・翻訳―「エリア写本」より―「信徒発見150周年」記念』（長崎純心大学博物館、二〇一五年）、一一四頁。

（4）David Morgan, "Introduction" in David Morgan, ed., *Religion and Material Culture: The Matter of Belief* (Routledge, 2010), 1. 東馬場訳。以下原著英文の引用については同様。

（5）Birgit Meyer and Dick Hotman, "Introduction" in Dick Houtman and Birgit Meyer, eds., *Things: Religion and the Question of Materiality* (Fordham University Press, 2012), 1.

（6）Morgan, "Introduction," 1.

（7）Ibid.

（8）Meyer and Hotman, "Introduction," 1.

（9）Elisabeth Arweck and William Keenan, eds., *Materializing Religion: Expression, Performance and Ritual*（Ashgate Publishing, 2006), 2-3.

（10）E. Frances King, *Material Religion and Popular Culture* (Routledge, 2010), xi.

（11）Webb Keane, "The Evidence of the senses and the Materiality of Religion," Journal of the Ro Anthropological Institute 14 (2008), 124. Quoted by David Mogan, 8.

（12）Morgan, "Introduction," 8.

（13）Ibid.

（14）潜伏きりしたん時代の信仰具を含む資料について最も包括的な情報は、五野井隆史監修、伊藤玄二郎編『潜伏キリシタン図譜』（かまくら春秋社、二〇二一年）を参照のこと。

（15）九州史料刊行会編『天草古切支丹資料（三）』（九州資料刊行会、一九六一年）、一八二頁。宮崎賢太郎『カクレキリシタンの実像』（吉川弘文館、二〇一四年）、四九頁に前半部分の読み下し文がある。以下の現代語訳は古野清人『隠れキリシタン』（至文堂、一九五九年）八五頁より引用。「私ども旦那寺の宗門のほか家々の仕来りを行なっていますわけで、マルヤと申す仏を信仰仕りますれば悪事災難を除き無病息災にて作物など宜しく、来世は親子・兄弟一同よろしき所に生まれ安楽の身となります由を承り伝え内密に信仰し仏を拝むときはアンメンジンスと唱えますまで詳しいわけはわきまえません。（中略）男子女子とも出生すれば十字の判を当てると申し、仏へ水を供え紙をその水に漬け、その子の頭に当てるそうですが、私ども詳しいことは存じません」。

（16）David Morgan, *The Thing about Religion: An introduction to the Material Study of Religions*（The University of North Carolina Press, 2021）, 77.

（17）"It may be justifiably regarded as the secret Bible of the underground Christians of Japan." Stephen Turnbull, "Acculturation among the *Kaure Kirishitan*: Some Conclusions from the *Tenchi Hajimri no Koto*," in John Breen and Mark Williams, eds., *Japan and Christianity: Impact and Responses* (Macmillan, 1996), 63.

（18）「天地始之事」の注釈付全文翻刻は田北耕也『昭和時代の潜伏キリシタン』（日本学術振興会、一九五四年）のほか、田北耕也校注「天地始之事」（『キリシタン書　排耶書』（岩波書店、一九七〇年）、また別の片岡弥吉翻刻解題補注「天地始之事」『日本庶民生活史料集成18　民間宗教』（三一書房、一九七二年）など、すでに複数の原本をもとになされている。なお、ここではテキストとしての「天地始之事」のマテリアリティー（テキストの姿形、素材など）を言うのではないことに注意いただきたい。

（19）田北耕也『昭和時代の潜伏キリシタン』、七八頁。

（20）Christal Whelan, trans., *The Beginning of Heaven and Earth: The Sacred Book of Japan's Hidden Christians*（University of Hawai'i Press, 1996）, 27-28.

（21）田北『昭和時代の潜伏キリシタン』、七七頁。

（22）William A. Graham, *Beyond the Written Word: Oral Aspects of Scripture in the History of Religion*（Cambridge University Pres, 1988）, 32.

（23）田北『昭和時代の潜伏キリシタン』、一一二頁。

（24）中園成生『潜伏キリシタンの起源――信仰と信者の実相』（弦書房、二〇一八年）、四八―五〇、四四〇―四四一頁。

（25）比較的最近の例に、齋藤晃編著『宣教と適応――グローバルミッションの近世』（名古屋大学出版会、二〇二〇年）がある。そのアプローチは帯にある「異文化と出合った〈普遍〉の使者たち」との言葉に集約されている。

(26) 齋藤『宣教と適応』、三三二頁。

(27) 古野『隠れキリシタン』、四一頁。

第四部　天下人の自己神格化とキリスト教

まえがき

清水有子

第四部は、三人の天下人（織田信長・豊臣秀吉・徳川家康）の神格化問題と、キリスト教との関わりを取り上げた三本の論文で構成される。

川村信三論文は、日本側に史料が残らないため、研究史上評価が二分している織田信長の自己神格化問題に取り組んだ。最大の論点となっているフロイス文書については、虚言説を否定し、信長が神格化する背景に本願寺派との関係を見る。安土城の構造からも、自己神格化はキリスト教を参考にした晩年の信長が打ち立てた、新奇な支配イデオロギー策の一環であったとする。朝尾直弘の学説を再評価するだけではなく、独自の観点で深掘りした内容となっている。

タイモン・スクリーチ論文は、一件関連性がないように見える豊臣秀吉の神格化とザビエルの列聖を比較し、その類似性と相関性を指摘した、きわめてユニークな論考である。人間をさらに高い次元に祀り上げるキリスト教の列聖は、故人に神号を授ける吉田神道と共鳴する部分があり、列聖と神格化は「お互いの意図が絡まり合って相互に影響し合った」と主張する。そうした状況証拠として、ザビエルの奇跡譚が仏教の説話の影響を受けていたこと、秀吉の神格化に関わった吉田家には細川ガラシャや清原家出身のマリアなどのキリシタンがおり、秀吉の妻である北政所も列聖について知っていたことなどが紹介されている。

野村玄論文は、徳川家康の神格化がなぜ希求され、没後どのように実現されたかを追究した。野村は「神格化の歴史的意義は本人の意図と遺された者たちの意思とそれらの差異を正確にふまえなければ判明しない」と鋭く指摘し、これまで注目されてこなかった史料を駆使して、家康の神格化の経緯を生前の政治的・宗教的課題を踏まえ、詳しく考察している。その結果として、キリスト教の問題だけではなく、大坂城の秀頼の動向と、秀頼による大仏造立・仏殿造営の問題が相互に影響していたことが明らかにされる。

第一章　信長「自己神格化」問題の再考

川村信三

はじめに

日本史上、為政者の神格化問題を取り上げる際、最初に想起されるのは織田信長の事例であろう。信長は一五八二年本能寺の最期にいたる数年、すなわち統治第三期に、畿内一円をほぼ手中におさめ、積年の対浄土真宗本願寺抗争を、正親町天皇の勅命講和という条件付きではあったものの、収束させていた。このとき名実ともに「天下一統」の覇者としての地盤を畿内で固めながら、安土城の築城と並行して顕在化させたものが自己の絶対的支配者としての主張であった。それは一般に信長の「自己神格化」問題と絡めて論じられてきた。

ただし、信長が本当に自らすすんで「神」として崇拝されようと意図していたかどうか議論の余地がある。なぜなら、信長の「自己神格化」は、外国人宣教師ルイス・フロイスのみにみられる証言であり、日本側史料にその傍証記録がないからである[1]。フロイス証言の信憑性、および外国人の記録のみに残る記述を日本史の史実として取り込むことに抵抗感をもつ研究者がすくなからず存在する。

信長の「自己神格化」を検証するには、当時の日本側の第一次史料があまりにも乏しい。また、フロイスが外国人として、また宣教師として残した日本事情の証言には疑問の余地があるという見解も理解できる。しかし、本稿の目的は、信長自身が本当に「神格化」を意図したかどうか、その史実が存在するかどうかを検証することではなく、また、外国人ルイス・フロイスの証言の信憑性について、その是非を問うことでもない。むしろ、フロイスがそうした証言を残しているという事実に注目したい。それは、信長治世についての一つの無視することのできない「解釈」である。フロイス証言は外国人としての観察ではあるものの、日本人には持つことのできなかった視点があるように思える。信長の周辺に存在した日本人は、信長の「新しい世」創造の試みの中に巻き込まれてはいても、それを客観的に表現するためのアナロジーや比較対象を持ち合わせていなかった。一方、フロイスはヨーロッパ人の視点から、信長の「新しい世」の試みを表現するアナロジーや手段（外国史の事例、神学的解釈による宗教・政治の関係性など）を持ち合わせていた。フロイスの叙述には誇張や誤解が認められるにせよ、信長の「新しい世」の初めての「解釈者」であった事実は動かせない。そのためにも、今一度、フロイス証言に立ち戻って、信長という破天荒な人物の一面を考察してみたい。

一、フロイスの記述の信憑性についての議論

信長の「自己神格化」を日本人史学者として初めて論じたのは、二〇二二年七月に逝去された朝尾直弘元京都大学教授である。(2)朝尾氏は『将軍権力の創出』のなかで、フロイスの記述に全面的に信頼をおき、後に詳しくあつかうように、「朝尾テーゼ」とでも呼ぶべきユニークな主張を展開した。その際、外国人宣教師の証言も日本の史資料を補う重要なものであり、信長の自己神格化の根拠として採用できるとしたのである。

これに対して、日本側史料に傍証がないとの理由から、史実構築利用への危険性を指摘する研究者もある。三鬼清一郎氏は、宣教師の記録類は、本国へ布教の成果を報告する目的で作成されたもので、生の報告書ではなく、修道会の長上の許に届けられたものを年次別に編集したものであるから、この間に事実の取捨選択や評価について歪みがある。ゆえにそのような史料的性格を顧慮することなく、手放しに評価することはできないと暗に朝尾氏の史料的根拠を批判した。むしろ、本能寺の変による非業の死を、信長に下された神罰とするために、フロイスが事実を誇張してつくりあげたという推定も可能とし、信長の治世を正しくとらえるには、「戦国大名＝同輩者中の第一人者、統一政権＝絶対的超越者という図式によらず、それぞれをささえている権力組織の具体的な構成を、封建的進化の過程のなかで明らかにしていくことが必要」であるとした。(3)さらに、全国の武将を主従関係で抑えつつ、国家統治権にかかわりをもつようになった場合の構想を、思想上のレベルで表現したものと理解すべ

きであるとした上で、キリシタンを媒介に、自己絶対化＝神格化をはかったという信長像とは、かなり隔たりがあるように思われると断じた(4)。

三鬼氏の批判に対し、朝尾氏は、フロイスの記述の性格というよりは、「史料論」の立場から、「日本側史料に見出せないとして否定する見解は史料批判を欠如した素朴な『古文書』信仰に由来するもの」であり、「キリシタン史料も古文書・古記録も、すべて同一次元上において批判するのが現代歴史学の基本姿勢である。筆者のフロイス解釈はそれを実践したつもりである(5)」と応じている。キリシタン史料を巡る「史料論」に関わる重要な見解であろう。

さらに、城郭研究の第一人者で安土城造営について詳細に考察している千田嘉博氏からもフロイスの「信長自己神格化」の記述について疑問が示されている。千田氏は、安土城とともに移築され、「信長神格化」の最大の証拠としてフロイスが掲げた摠見寺の「高札」について、それが信長発給のものではなく、なにかが混同され解釈された結果だとみる。その根拠として、現存する三重の塔は一四五四年（享徳三）の創建、仁王門は一五七一年（元亀二）の創建であり、既存の寺院建築を移築し、信長がすばやく摠見寺をつくりあげた史実を示しつつ、フロイスの『日本史』では、摠見寺が信長自身を神として拝礼させるためにつくられたとされるが、その記述は本能寺の変での信長の最期の説明にあるもので日本側の記録に見当たらないため信憑性は低いとするのが妥当としている。

千田氏は続けて、摠見寺境内の発掘調査で判明した境内跡の、寺院として整備される前の下層遺構について、それが一五六七年（天正四）に丹羽長秀が最初に整備した信長の御座所であった可能性から、そこに摠見寺が移築されたため、信長を祀った寺という言説が生まれ、フロイスが混同したのではないかと説明する。(6) これらの指摘は、宣教師文書の取り扱いについては注意を促すものの、千田氏自身、確実な史料的証拠をもって反論したものではなく、「言説」が生みだされたのではないかと推測にとどまっていることから、さらなる調査結果と議論を待つしかない。

一方で、東京大学史料編纂所で画像による歴史分析を推進してきた黒田日出男氏の指摘のように、フロイスの記述を肯定する見解も見出せる。黒田氏は天下人の神格化をテーマとする際、キリシタン研究の泰斗である松田毅一氏のフロイス文書における史料的批判（長所と短所）をふまえて、「総見《ママ》寺に掲げられた高札（？）の訳文であるが、このような文章をカリオンやフロイスが短時日のうちにでっち上げた（創作した）とすることは、松田の見解を踏まえれば不可能に近い。フロイスの年報追伸の記述は信憑性の高いものである、と判断できるのではあるまいか(7)」として、フロイスの記述が、情報（伝聞）によるものであるとしても、実際にそうした高札があったことを否定することはできないと示唆している。ここで触れられている松田氏の見解とは、『南蛮史料の研究』で展開されたフロイス研究における史料論に依拠したものである(8)。

さらに、豊臣秀吉および徳川家康の「神格化」問題に深く切り込んだ野村玄氏も宣教師史料の有意性を主張する。海外史料の評価は日本史研究者の間で近年肯定的に変わってきたと指摘する野村氏は、宣教師文書の意義として、国内史料で見出すことのできない歴史的事件や事象あるいは見解が、海外史料の随所に見出せるとした上で、日本史学として海外史料を殊更に斥けることが、学問的姿勢として一見誠実そうにみえてそうではないとした。野村氏は史料論的観点からも、なぜ海外史料がそのような叙述をおこなっているのか、そしてなぜその叙述に相当する国内史料が存在しないのかを考えることも重要な分析の一つであるとし、イエズス会宣教師らは、驚くべき観察眼で当時の状況を具体的に描いていると評価する(9)。

もしも、三鬼氏や千田氏がいうように、外国人フロイスの観察が、日本史側の史料で傍証されていないため、虚偽ないしは誤謬・誤解である可能性を有しているとの理由から無視していいものだと片付けられていいのなら、本稿はここで筆を置かねばならない。しかし、黒田氏や野村氏らの指摘するように、宣教師文書にみられる客観的観察記録について多くの信頼がよせられ、フロイスが日本史料として認められる傾向にあるのも事実である。実際、考古学の発見とフロイスの観察が一致する例もすくなからず提出されている。例えば、岐阜城の構造などフロイスの観察記録から、従来、稲葉山の山頂にのみ信長の居城があったと考えられていたものが、フロイスの記述によって、「宮殿は非常に高い山の麓にあり、その山頂に彼（信長）の主城があります。驚くべき大きさの裁断されない石の壁がそれを取り囲んでいます。第一の中庭には、劇とか公の祝祭を催すためのすばらしい材木でできた劇場風の建物があり、その両側には、二本の大木影を投ずる果樹があります」と記されていたことに端を発する考古学的発見があった(10)。

フロイスの記述に信頼を置くものがふえてきた今、再び信長の「自己神格化」の記述の意義を問いなおすことは意味あることに思える。ただし、宗教家であるフロイスの主観を問題視する態度は根強く残り、実際、こと宗教状況や人びとの信仰などの内面を扱う際に、フロイスはキリスト教的フィルターを通して断じる傾向があることも事実である。黒田氏や野村氏の指摘する、「史料批判」の精神を失うことなく、フロイスがあえてそのように記述しなければならなかった理由を再考したい。

信長の「自己神格化」についてのフロイスの言及は、日本人以外の目をとおしてみることによって、日本人が理解することも認識することもできなかった事実、すなわち「信長統治の新奇さ」を誰よりも鋭く洞察し、言い当てることができたと考えることもできるだろう。日本史側に傍証史料がない、同じ言及がないということは、言い換えれば、信長の発想があまりに破天荒で新奇なものであったため、日本側の観察者には理解も洞察もできなかった事情だったという可能性をも考慮したい。

二、フロイス文書の再検討

フロイスによる信長の「自己神格化」は、一五九二年度の『年報』の「追加」にみられる記述である。フロイスは、すでに八二年の『年報』を、一〇月三一日（天正一〇年一〇月一五日）の日付で作成しているが、信長の最期についてはその中で扱わず、重大事として別枠を設け、一五八二年一一月五日（天正一〇年一〇月二〇日）口ノ津発、イエズス会総長宛て書簡を『年報』の「追加」という形にした。先にもふれたとおり、ここでフロイスが故意に信長を批判するため、事実ともおもわれない虚言をあえて加えたとはどうしても考えにくい。筆致の強弱はあるものの、フロイスの作文は常に、自己の観察による記述を主体とし成立している。信長の「最期」の情報に含まれる「自己神格化」の問題だけが、虚言を弄した疑わしいものとするのはどうであろうか。

そこで、信長の「自己神格化」についてのフロイスの使用している言葉に注目してみたい。フロイスは、終始、信長の最大の過ちが「傲慢」であるとの見解を提示する。

彼（信長）は戦争においてはやや成功し（中略）万物の創造主の力強き御手より受けたるおおいなる恩恵を感謝して謙遜することなく、かへって益々傲慢となり、（中略）ネブカドネザルの驕慢に倣ひ、死すべき人間にあらず、神にして不滅のものなるが如く、尊敬せられんことを希望した。

フロイスは旧約聖書のネブガドネザル（バビロン捕囚の実行者）の例を引き合いに出して、神になりかわろうとする人間の傲慢がキリスト教の神概念からしてどれほどの冒瀆とみなされたかを示す。ここに、宣教師としてのフロイスの一つの本音があらわれている。おそらく、ヨーロッパ人宣教師としても、一人の君主がこの世全体を統治する事態には何ら異議を抱かない。しかし、この世の支配者がどれほど権勢や栄華を誇るにしても、あくまで「神の代理者」として民を統治するにすぎないことを前提としている。フロイスを初めイエズス会宣教師らは、信長に、「神の代理人」としての力を期待しはしたが、「神そのもの」になろうとする行為は想定外である。神と称して世を支配する人間への嫌悪感は計り知れない。その象徴が旧約のユダヤ王国を壊滅させ、その民の「捕囚」を現実のものとしたバビロニア王ネブガドネザルであった。

おそらく、フロイスは信長がキリスト教を受け入れ、信仰者として統治する日が来ることを夢見ていたにちがいない。ローマ帝国のコンスタンティヌス大帝やフランク王クローヴィス、あるいはベーダが書きのこすノーサンブリアのエドウィン王の如く、神の支配の地上における実現者としてふるまうことを期待し、その許でキリシタン民衆が繁栄を謳歌することを夢見た。しかし、その「神の代理者」として期待する人物が突如、自分を神として「崇拝」対象とし、そのような統治形態を示した。単に期待を裏切ったという落胆のみでは説明のつかないコンテキストである。その記述には「自己神格化」する生身の人間を現実に目撃していたことへの嫌悪と驚愕が示されているとみるべきであろう。

フロイスの記述が、単に彼のキリスト教的観念から見た感想であるのか、それとも、実際、何らかの事実に基づく観察記録なのかという問いは、現実の物証が存在しないため永遠に解くことはできないだろう。しかし、寺の参拝に対する利益《りやく》に関する記述については、フロイス自身が「わが国語に翻訳すれば」とわざわざことわりを入れていることから、実際の発給文書（ないし高札）があったことを示唆する。実際なかったものに対しわざわざ言及する必要があるだろうか。すくなくとも、フロイスをして筆を執らせる何らかの原因が現実に存在していたと考えるのが自然である。

傲慢となり、自分を神と称するようになった信長が、具体的に自己を礼拝の対象とし、全国からその御利益をうけに参拝するよう促したとするのが、有名な「摠見寺」のくだりである。安土築城に際して建立された「摠見寺」の「御神体」そのものを信長自身とし、商売繁盛、子孫繁栄、家内安全などの現世利益とともに、来世における救済にも言及する信長は、自分を崇拝させることに大真面目に取り組んでいる。

　　而してこの嫌忌すべき希望を達成せんため、その宮殿に隣接し、城を離れたる山の上に寺院を建
　　設することを命じ、この寺院に次の如く記してその名誉心の浴するところを現した。

遠方より望む者に喜悦と満足を与ふる安土山城の山に、全日本の領主信長はこの寺院を建立し、総見寺（ママ　摠見寺）と名付けた。[11]これを大いに尊崇する者の受くべき功徳と利益は次の如し。

第一に、富者ここに来りて崇敬（adorar）すれば、益々富を集め、下賤にして慣なる貧者ここに来たりて崇敬すれば、この寺院に来りたる功徳によって富者となるべく、子女及び後継者なき者家系を続くるために来れば、直に子孫を得、寿を長じ、平安楽を得べし。

第二に、生命は延びて八十歳に至り、疾病は直に癒え、希望、健康及び平安を得べし。毎月予が誕生の日を聖日（todos os meses por o dia em que eu nacisera dia solene）とし、この寺院に来るべし。これを信じるものは必ず彼に約束するところのものを得べく、これを信ぜざる邪悪の人は、現世においても来世においても亡ぶるに至るべし。故に諸人皆完全に崇敬する（venerar）を要す。

邦訳版では区別されていないが、フロイスは、「崇拝」（adoração）と「崇敬」（veneração）を厳密に使い分けている。寺に参って「御神体」を崇拝（adorar）することと、「諸人完全に」崇敬する（venerar）対象となる信長は別である。「崇敬」はある意味で、人間（聖人や賢者）にむけられることはあっても、「崇拝」は神以外にあってはならないというキリスト教神学の厳密な区別が看て取れる。「御神体」は神そのものであり「崇拝」の対象となり、「信長」へ向かってなされることがあるとすればそれは、媒介として崇敬されるだけの話であるとフロイスは無意識のうちに書きわけたようである。信長は「崇拝」されるべき「御神体」そのものを自分と一体化させている事実をフロイスは問題とした。

さらに、自分の誕生の日を崇拝日とも定めた。誕生日を祝わせることは日本においてほとんど目立だった例がなく、これは西洋の影響であるとした研究者があるが[12]、古来、西洋においても重要なのは「亡くなった日」すなわち「命日」であり、誕生日ではなかったことを考えると、とりわけ「誕生日」に言及した信長の意図を推し計るべきだろう。信長がまだ生きている間に、自分が「崇拝」の対象とされるべきと考え、それを「命日」とすれば意味をなさなくなる。信長が強調したいのは彼の在世中の『自己神格化』である。生きているうちに実現したい何かが信長側に想定されていることがわかる。この箇所で、西洋の影響のゆえに誕生日が強調されたとする議論は無意味であろう。重要なのは、生きている本人がみずからを現地点での「崇拝」の対象であるとしている点であり、それが、信長在命中でなければならない。だからこそ「誕生日」が祝われる理由があったということなのである。

「他者」ではなく「自己」による「神格化」という前代未聞の発想

信長の「神格化」が、同時代または後世の他者によるものではなく、信長本人の「自己」の神格化の目論みであったという点にフロイスの描写の特徴がある。信長は「自己」を神格としようとした前代未聞の支配者ということに焦点はしぼられる。

「神格化」の問題は日本史上でも類例が存在し、古来、人間を神格化した例は枚挙にいとまがない。

その辺りは、高野信治氏が丁寧に説明している[13]。しかし、信長にとって重要な事実は、彼が生前、自らを神としてたてようとした行為そのものにある。日本史上の人間の神格化の伝統の中、信長の自己神格化は従来の範型に準じるものではなかった。他者からの神格化ではなく、自ら、生前にそうする必要がどこにあったのであろうか。

高野信治氏の研究に基づく定義によれば、古来、日本において、「ヒトガミ」は、擬人系、人神系、来訪系に大きく区分され、そのうち人神系はさらに祖神と人格神に分かれ、その上、人格神には、御霊神、顕彰神、慰霊神、生き神の分類がある。

「擬人系」とは動物、植物など生命も含めた自然の擬人化であり、日本においては古来頻繁に持たれた観念である。また「来訪系」とは、異界からくるマレビト、カミが人に憑依するものとされ、カミと人を媒介する巫女的存在が必要となる概念である。なかでも重要なのは「人神系」であり、そこには「祖神」と「人格神」の系統が区別される。前者は祖霊がさらに神格を得た氏神の特性に鑑み、その血縁性を重視し、守護神的は神力を備える神格と措定されるという。問題は「人格神」であり、そのなかには「怨霊神」（恨みをもった死霊）、「顕彰神」（何らかの功績をのこした人物に対する祭祀の実行）、「慰霊神」（戦没者の慰霊という観念からの派生）、「生き神」（人神信仰にみえる人霊が現実世界で神になる観念、ないしは生きた人の神かという現象観念の醸成したもの）などに分類される[14]。

日本史上の偉人、政治家の「神格化」は以上の分類によれば、「人格神」のうちの、「顕彰神」のカテゴリーが通常である。信長の事例についてもこの範疇がもっとも近似している（為政者祭祀）。しかし、それだけのことならフロイスはとりたてて信長の神格化問題を叙述しなかったであろう。これらの「神格化」はすべて他者（本人の死後が普通）によるものであり、「自己」の神格化の例はまったくみあたらないものである。信長の「自己神格化」は、したがって、従来の範疇とはまったく相いれない特別な意味を付与している。「信長が自らそう望んだ」というフロイスの言葉に、日本史上の常識を超える信長の意図があるようにみえる。

自分自身を神であると公言する例は、日本史上類例の多い「為政者祭祀」ないしは「顕彰神」という枠組みからあきらかに逸脱している。外国人であるフロイスの観察が特別の意味をもつとすれば、信長自身の行動にたいし、既存の思考枠ではとらえきれない、新たな解釈の方法によって、その特異性を浮き彫りにすることができたということである。フロイスのロジックは、キリスト教的な神概念および「一神教的」礼拝様式からの省察という点で従来の日本史上の「神格化」ではとらえきれない何か別ものを指し示すことができた。それほど信長自身が意図した「自己神格化」は特異な意味をもっているといえ、その真意は例外的な枠組みからのみ判断ができる。信長がキリスト教の一神教的な枠組みを利用しようと意図したのかどうかは定かではないが、フロイスは確かにその意味を独自の観点から理解した。その解釈をたどることと、当時の政治・宗教的コンテキストを総合することによって、信長の究極的意図を探りだすことは可能である。

信長がかくの如く驕慢となり、世界の創造主また贖主であるデウスのみに帰すべきものを奪わんとしたため、デウスはかくのごとく大衆の集るのを見て得たる歓喜を長く享楽させ給わず、安土山においてこの祭りを行なった後十九日を経て、その体は塵となり灰となって地に帰し、その霊魂は地獄に葬られた[15]。

信長が、自らを神として崇拝の対象として世に喧伝した事実があったのかどうか。それは本能寺の火炎により永遠の謎となってしまった。だだ、信長には「神として」何よりも、だれよりもあがめられるべき要求があったことは否定できない。その発想には、日本史上、それまでだれも主張することのなかった、まったく新しい統治のイデオロギーを、おそらくキリシタンの神礼拝の発想から借りたものとして理解された。そこに信長の「自己神格化」の最大の意義を認めることができる。そこで、信長はなぜそのような神礼拝の枠組みを自分に応用としなければならなかったのか。その歴史的な必要性を問うことが重要となる。

三、朝尾テーゼ（信長が自己神格化を必要としたコンテキスト）

信長の「自己神格化」をテーマとした朝尾氏は『将軍権力の創出』のなかで「朝尾テーゼ」とでも呼ぶべきユニークな主張を展開し、「信長はなぜ自己神格化を必要としたか」という問いに答えようとした[16]。その必要性をあきらかにすることは、信長の直面した為政者としての課題解明につながるだろう。その答えとは、信長が本願寺の宗教的イデオロギーに対抗する、あらたな宗教イデオロギーによる支配構想の樹立を必要としていたというものである。

「朝尾テーゼ」の最大の意義は、信長の「自己神格化」が、従来の範型にはおさまりきれない新勢力に対抗するために不可欠であったことを指摘した点にある。これまでのいかなる為政者神格化にも当てはまらないダイナミズムは、その新しい挑戦から必要となった。つまり、権門体制における「権門勢家」とは別に、無視することができなくなった「百姓」身分を最強のものとする宗教勢力（本願寺派）に対し、イデオロギー的対抗をいかになしうるのか。そのためには、本願寺派に似て非なる宗教イデオロギーをアナロジカルに持ち出す必要があった。しかし、そのような思想は既存の日本宗教には見当たらず、結局、キリシタンのもつ「神のイメージ」の援用のみが有効であった。「全能の神の統治」のアナロジーこそ、あらゆる宗教イデオロギーを凌駕するものであることに着目し、それを自身の統治イデオロギーに取り入れたのが、信長の「自己神格化」（フロイスにとっては許しがたいことであったが）だったのではないか。そうした背景を考慮しつつ、信長の「自己神格化」は次のように必然とされた。

第三期の信長が直面した権力構想上の課題は、まず基本的には、本願寺と一向衆のイデオロギーの克服をいかに具体化するかという点にあった。軍事的な勝利にとどまるかぎり政治はない。一向一揆を殲滅したあと、それに代わるイデオロギー、理念が提起されないでは、新しい国家は樹立され得ないであろう。（中略）一向宗は死後の救済を本義とした。信長の主張がこれを意識し、これに対抗する意味をもっていたことは疑いない。[17]

摠見寺の「高札」に不信者（信長を神として崇拝しない）は現世・来世ともに亡ぶとされていること

を、朝尾氏があえて重要視していることに注目したい。個人の今生と後生を支配する宗教的イデオロギーがいまや世俗の政治権力成立の大きな支柱としてとりくまれようとしていた。

戦国期に生じた大きな社会変革として、特に注目すべきなのは、「百姓」と呼称される民衆勢力の台頭である。「権門体制論」の視点から、崩壊した中世国家の再編の過程で、宗教的権威の必要性が認識された[18]。一九七〇年代に黒田俊雄氏によって提唱され、今では中世理解の定説の地位を占めている「権門体制論」は、中世国家のあり方を「武家」支配のみで説明するのではなく、天皇を含めた「公家」「武家」「寺社（寺家）」のいわゆる「権門勢家」の支配であったと説明した。その前提にたって、戦国時代の混乱はその「権威」と「権力」のバランスの崩壊により加速したとする。なかでも、その衰退期に新しい勢力として台頭した「百姓」をいかに支配下に組みこむかがあらたに天下に号令する為政者の課題となった。

そうした「百姓」の力を、無視できなくさせるほど強力にした要因、それが「宗教的絆」である。とくに浄土真宗本願寺派等の民衆信仰による結束が重要となる。宗教勢力は天下人として諸階層を包括的に支配下に組みこもうとする信長にとって、最大の難敵となるまでに成長していた。その本願寺派の強さとは、かれらが、今生のみならず、後生においてもその連帯を維持させる側面にあった。すなわち「死を賭しても信に従う」という力を獲得している点にある。そうした勢力をいかに現世的政治支配下におくかが、信長のような世俗支配者の喫緊の課題となった。実際、信長はこの勢力を「力」でねじ伏せることができず、天皇による勅命講和という不本意なかたちでしか勝利を獲得することができなかった。

本願寺派のように今生・後生をつなぐ連帯を示す勢力を統治支配するためには、天下人そのものが「超越的統一者」として君臨するほか方法がない。現世ばかりでなく、死後「あの世」にいたるまでの権威を主張することなくして現世での政治の成功はありえない（宗教なくして政治なしの原則）と悟られていた。中世国家の崩壊を収束させると同時に、一向一揆（本願寺法王国）への対抗をなしうる統一者として、絶対的な権力者としての君臨（すくなくともその主張）が信長には必要となり、単なる既存の政治的権威・権力のみでは足りないことがあらためて確認された。

本願寺派の主張するように、現世と来世両方で心の結束を固めるイデオロギーに対して、唯一対抗できるものは、「魂の不滅」を基盤に「この世」と「あの世」の連携をもちつつ心における内的結束を固めることができたキリシタンの教義だけである。信長が本願寺派への対抗上、有望なものとしてキリシタンの枠組みを、自分の都合のいいように改変しつつ、その本質を利用したということなのではなかろうか。

本願寺派とキリシタンの類似

本願寺派とキリシタンの類似を見抜き批判した最初の為政者は豊臣秀吉であるといわれる(19)。しかし、信長にしてすでに本願寺派とキリシタンの類似は洞察され認識していた兆候が随所に見いだせる。本願寺法王国思想に対抗する「自己神格化」を達成するにあたって、本願寺派の宗教的結束に匹敵するのはキリシタンが各地で築きあげようとしていたものに酷似していることを、おそらく信長は洞察していたにちがいない。信長のキリシタン贔屓については、ただ西洋の新奇で物珍しさが原因したというだけでは説得力に乏しい。信長はキリシタンの本質的部分を見抜いていたのではないか。

これまで信長の親キリシタン的態度については少なからず議論がなされてきた。本願寺派への対抗を含んだ自己肯定を貫く方策としては、キリシタンの持つイデオロギー的側面によるインスピレーションとその応用があったと考えられる。そう考えると信長の過度のキリシタン贔屓の説明がつく。本願寺派とキリシタンは教義の面でも、組織や共同体作りでも、さらに共同体間をつなぐネットワーク的要素でも類似した側面（「道場」と「民間祭壇」。「講」と「コンフラリア」。「民間指導者」と「看坊」・「毛坊主」を通じた民衆教化など）を有している。それは、一言でいえば、民衆に浸透する宗教（民衆宗教）の「かたち」といえるものである。起源も教義もまったく異なる二つの宗教が、「かたち」として類似する。それは、それら宗教が立脚する土壌、すなわち歴史的コンテキストのゆえにほかならない。

さらに、信長が大坂本願寺との対決を目前にし、主戦場としていた地域は淀川左岸の河内一帯であり、そこは従来、真宗寺内を中心に一向一揆が多数成立する地域でもあった。しかし、寺内の一向一揆は一枚岩ではなく、信長に敵対を表明するものと同時に、信長と同盟しようとする勢力も存在し、やがて河内地域はキリシタン地域に塗り替わる。そこでは、キリシタン共同体を成立させる地域共同体的な絆がすでに存在していたということであり、その多くの部分を真宗共同体が担っていた。両派が同じ地域で交差している事実は重要である[20]。

仏教諸派は、辻善之助などの仏教専門研究者によって、戦国期には衰退していたと断じられてきた。これはおそらく、南都北嶺や臨済宗を中心とした、中央政権や経済と密接なかかわりを持った仏教諸派のことをさすのであろう。事実、一五、一六世紀に逆に勢力を伸ばし、門徒を大幅に増やした宗教集団が確かに存在した。浄土真宗本願寺派と法華宗（町衆の間）はその顕著な例であり、民衆布教のネットワーク構築に成功したグループであった。そこに民衆掌握をより効果的に促進したキリシタンが加わった。「八百万の神」を尊重する日本的宗教風土に適合した「複合的多神崇拝」ではなく、一つの神仏信仰に崇拝対象を集中させる「主神崇拝」が大方の民に支持されたことは、戦国時代の宗教事情の重大な特徴といえる(21)。

信長は、民衆に浸透する理念　民衆教導をふまえた理念とそれらの超克の手段としての「自己神格化」の発想を一神教的救済のモデルからくみとったのではなかろうか。その上で、民衆のすべてを包摂する規模において天下統一を構想した。それは、現世のみではなく、来世においても未来永劫を視野にいれたイデオロギーの構築を必要とするものであった。その点で、キリシタンの示した救済の思想は、既存の日本宗教のイデオロギーに有効な対抗手段となると信長に印象づけたようである。

四、安土築城との関連

信長のもつ、自己をあらゆる宗教的尊崇の頂点に君臨させようとする意志の確認は、フロイス文書のような文書史料以外のところでも進んでいる。信長の居城となった安土城の発掘調査がその一例である。一五七六年着工し、七九年に完成したとされる、安土山山頂の「天主」とそれを取り巻く一大城下町「平安楽土」が考古学調査の対象となったのは一九九〇年のことである。三〇年ちかくに及ぶ発掘の結果、その造営には信長の天下支配にたいする並々ならぬ意欲と、新たな発想が込められているると理解された。一九九〇年から開始された安土城郭発掘調査の結果、信長の天下統治にたいするユニークなヴィジョンが具体的に示されていたことが明らかにされつつある（内藤昌説[22]）。本丸と天主（天守ではなく史料では天主）を区別し、本丸はその礎石配置などから、京都の御所に似せて造営されたとする仮説や、「天守」に「天主」の字をあてようとしているなどの点が指摘されている[23]。七重構造の「天主」最上部二層には、仏教、儒教などを象徴するような意匠が施されていることなど、信長の理想的天下像が示されているとされる[24]。

信長は安土を中心に城下町を造営し、そこに家臣団を住まわせ、かつ交易面で重要な拠点にしようとした。この城下町構想は、天下布武を実際に目に見えるかたちにしようとした信長最大のパフォーマンスである。城下町によるあらゆる力関係を集約とすることは信長のオリジナリティーであり、ここに、豊臣、徳川が発展完成させる天下のモデルケースが実現した。

信長が独特の天下国家論を展開し、そのイデオロギーとしての「自己神格化」を提示し、さらにそれを安土城において目に見える形にしてみせた。あらゆる宗教的、思想的要素を想起させる安土城の内装は、信長が従来考えられていたような宗教破壊者ではなくその統合者として君臨する意志のあらわれとみてまちがいない。統合者にはこれまでにない破格の「神格」が必要となる。その意味では、「自己神格化」と安土築城は天下統一目前の並行現象であったと考えられる。フロイスの記述は、単なる外国人の観察ではなく、天下人の理念の構築の深層を明らかに伝えているものとして貴重な証言とみるべきである。

千田嘉博氏は『信長の城』の安土城の解説の項で、安土城天主構想のユニークさを高く評価する。本稿の冒頭で、「自己神格化」のフロイス証言には信憑性に疑問を呈した千田氏であると紹介したが、安土城の構造に関しては、信長独自の支配イデオロギーの現れとして、日本史上稀有なモデルであるとみとめている。

信長は儒教を筆頭に仏教などの思想に基づく理想世界を障壁画によって示し、「天主」を自らの御殿としてもった。それを急進的な構造に設計し、石垣と瓦と礎石建物を用いて隔絶させた安土城本丸のさらに上位に詰丸を置くことで、安土の城と町の最高所にあって、いくえにも守られた至高の空間に建ち、信長の目指す国のあり方を象徴した特別な建物として天主をうみだしたというのが千田氏の安土城に対する評価である。そして、その城のかたちこそ信長のめざした世界観の目に見えるしるしであった。[25]

信長の城を受け継いだ近世城下町では、城が唯一の都市核となって、寺社を従えて圧倒しました。ヨーロッパの都市において城と教会が並び立って複合的な都市核を構成したのとは、大きな違いです。日本の近世城下町は、信長の求心的な権力志向を基礎にして、唯一絶対の存在として城を位置づけたのでした。[26]

多くの面で破天荒な行動と思想面での新奇性を示した信長。城下町の設営にあたっても、従来とは全くちがった意味をつけくわえていた。すでに何らかの原型が前時代から存在していたようなものであれ、そこに新たな視点を加えた信長である。「あの世」とつながる寺社権威をこえる「この世」の支配者として君臨すること。これこそが信長の構想した「新しい権力構造」であったにちがいない。民衆の台頭により、その民衆を心から掌握することが必要であったからこそ、信長は日本では全く想像すらされなかった「自己の神格化」という課題を、その成否はとりあえずおくとして、きわめて短い期間ではあったが顕在化させたのである。

おわりに

本稿は、信長の「自己神格化」が信長の意志として実際にもたれていたかという問いを出発点として、従来、様々に検討されている問題をあらためて、「天下人の神格化」という枠組みにおいて問い直そうとした。その結果、フロイスの記述内容は史実としては議論の余地を残すものの、それ自体は、外国人の無責任な想像、あるいは歪曲による観察報告ではなく、あくまで、信長の統治に関するある一面の真理をあらわすものと考えるにいたった。信長の意図は、本能寺の焼失とともに消え去ってしまったわけであり、それを確証するすべは残っていない。しかし、仮に、信長がこれまでに我が国に存在しなかった思考を、別のところ（ここではキリスト教の発想）に依拠し、みずからの支配イデオロギーを表現すること、その必要性を感じていたということは、本願寺派との関係や安土城の構造上の集約性などから垣間見えることを指摘した。つまり、信長は、日本にこれまで存在しなかった思考の枠組みで「自己神格化」を提示しようとしたということである。そして、それはほかならぬ、この地上で、何によっても、誰によっても支配されることのない、独自の支配者像および「新しい世」の形の提示に他ならない。

宗教なくして政治なし。それは新たに台頭した勢力の宗教的背景を無視できなくなっていた天下人の、あらためて見つめなおした真理であった。信長は、そうした発想に独自の公儀論、天道思想を加えて世に示そうとしていた。それはひとえに信長自身の個性よるところが大きい。信長によって統治システムとして提唱された「新しい将軍権力」、そしてその理念をうらづける「絶対的・超越的支配者」としての君臨の意志は、後に秀吉、家康にも引き継がれる基本要素をすでに内包させていた。

注

（1）ルイス＝フロイス、一五八二年『日本年報』「追加」（一五八二年一一月五日付、口之津発、イエズス会総長宛）ARSI (Archivum Romanum Societatis Iesu) Jap.Sin. 9-I, ff. 96-105v.

（2）朝尾直弘、「将軍権力の創出」『朝尾直弘著作集』第三巻（将軍権力の創出）岩波書店、二〇〇四年、（以下、朝尾『将軍権力』と略記する）一―六七頁。

（3）三鬼清一郎、『織豊期の国家と秩序』（青史出版、二〇一一年）一八―一九頁。

（4）三鬼清一郎、「織田政権の権力構造」藤野保編『論集幕藩体制史』（第一期　支配体制と外交・貿易）第一巻織豊政権の成立（雄山閣、一九九四年）九三頁。

（5）朝尾直弘、『将軍権力の創出』岩波書店、一九九四年、二二七頁。

（6）千田嘉博、『信長の城』（岩波書店、二〇一二年）二四八―二五二頁。

（7）黒田日出男、『豊国祭礼図を読む』（角川書店、二〇一三年）三五―四六頁。
（8）松田毅一、『近世初期日本関係南蛮史料の研究』（風間書房、一九六七年）三八九―五二〇頁。松田は「フロイス文書は詳細、且つ一般的に言って的確であり、日本史料を補うところ多く、極めて価値高いものである」反面、イエズス会やキリシタンのことについては、その機密性や、教会側に有利な個人的見解や、トピックの取捨選択などについて欠点も有するとのべている（同書、五二〇―五三〇頁）。
（9）野村玄、『豊国大明神の誕生――変えられた秀吉の遺言』（平凡社、二〇一八年）一五頁。
（10）松田毅一・川崎桃太訳『フロイス日本史』第四巻（中央公論社、一九七八年）二一五―二一六頁。
（11）フロイス文書　一五八二年日本年報追加　一五八二年一一月五日付　イエズス会総長宛　口之津。村上直次郎訳、柳谷武夫編輯『イエズス会日本年報』上（雄松堂出版、二〇〇二年第七刷）二〇七頁。Jap.Sin. 9-I ff. 96-105v.
（12）朝尾、『将軍権力』、三一頁。
（13）高野信治、『武士神格化の研究』（研究篇）吉川弘文館、二〇一八年。
（14）高野信治、同書、二六八頁。
（15）（村上直次郎、柳谷武夫編輯『イエズス会日本年報』上、一九六九年、雄松堂書店、二〇七―二〇八頁）。Cartas II, 62-62v.
（16）朝尾、『将軍権力』、一―六七頁。
（17）朝尾、『将軍権力』、二九頁。
（18）黒田俊雄、「中世の国家と天皇」『黒田俊雄著作集』第一巻（権門体制論）法蔵館、一九九四年、三―五三頁。
（19）伊勢神宮文庫所蔵「天正十五年六月十八日付『覚』」。テキスト・原文訳は以下を参照。山本博文、『天下人の一級史料――秀吉文書の真実』柏書房、二〇〇九年、一六八―一八六頁。秀吉はこの文書で明確に「一向宗」とキリシタンの共同体とそのネットワークのあり方の類比的理解を示している。
（20）仁木宏・中井均・中西裕樹・NPO法人摂河泉地域文化研究所編『飯盛山城と三好長慶』第三章３「摂河地域キリシタンと戦国宗教史」（拙稿）二三六―二五三頁。
（21）拙著、『戦国宗教＝社会史』、知泉書館、二〇一一年。同、『キリシタン信徒組織の誕生と変容』、教文館、二〇〇三年。「主神崇拝」と「複合的多神崇拝」は有元正雄氏の用語である。有元正雄、『近世日本の宗教社会史』、吉川弘文館、二〇〇二年を参照。
（22）内藤昌、「安土城の研究」（上）（下）『国華』九八七、九八八（一九七六）。同、『復元安土城』（講談社学術文庫、二〇〇

六年）。内藤昌氏とは別に、安土城天主復元について宮上茂隆氏が全く違った構造を提唱している。宮上茂隆、「安土城天守復元とその史料に就いて――内藤昌氏『安土城の研究』に対する疑問」（上）（下）『国華』九九八、九九九（一九七七）。ここでは自己神格化論からみれば内藤昌氏の説に一部賛同すべき点（まったく受け入れがたい点もある）があることに留意する。

(23) 滋賀県教育委員会『特別史跡安土城跡発掘調査報告』一―一三（一九九一―二〇〇三年）。同『特別史跡安土城跡発掘調査報告』Ⅰ―Ⅸ（一九九四―二〇〇四年）。滋賀県安土城郭調査研究所編『安土城・信長の夢――安土城発掘調査の成果』（二〇〇四年）。

(24) 太田牛一、『信長公記』巻九。

(25) 千田嘉博、『信長の城』、二五九頁。

(26) 千田、同書、二六四頁。

第二章　フランシスコ・ザビエルの列聖と豊臣秀吉の神格化

――一五五二―一六二二年

タイモン・スクリーチ

一六〇〇年前後に起こった二つの出来事には類似する点もあればそうでない点もある。(1) これまで並列に比較されたことはないが、これこそが本論の目的である。一方は偉大な武士、太閤豊臣秀吉。一五九八年に没し翌年に「カミ」として祀られる。他方はフランシスコ・ザビエルの列聖である。彼は一五五二年に没し一六一九年に列福、一六二二年に列聖が決定されている。つまり、秀吉の最晩年は、ザビエルの死後の列福、列聖への祀り上げの動きが勢いづいていた時期でもあった。日本にも確かに人間の神格化の前例はあった。以前には人間が「カミ」として祀られたこともあったが、この習慣は本論が取り扱う時代にはほぼ完全に忘れ去られていた。まず注目したいのは、秀吉周辺の人々は、ザビエルを聖人の地位に祀り上げるというイエズス会の希望や、ザビエルの日本における伝道活動が彼の列聖に極めて重要であったことに気づいていた、ということである。

本論はザビエルの列聖と秀吉の神格化という二つの出来事について、どちらかが他方を誘発したと結論づけるものではない。お互いの意図が絡まり合って相互に影響し合ったであろうという推測である。この可能性はこれまで考えられたことがないと思われる。日本における初期の布教活動の研究は、教会側の視点によって行われたものが多かったからである。キリシタン以外の人々はほとんど無視されてきた。しかし、宣教師達は約三〇万人の日本人を改宗したとしている。もしこれが本当であれば、その大多数はどうなったのであろうか。実際には、彼らは洗礼を受けた後、心はそのことから離れてしまったのであろう。そうした人々こそが、本論の研究対象である。

日本では学問や宗教の実践において、様々な通過儀礼が必要に応じて習慣的に行われていた。日本人にとってはキリスト教の洗礼もそのようなものの一つでしかなかったのだろう。倫理や死生観について疑問に思うことがあり、その答えを得るために何らかの儀礼を伴うのであれば、それをすれば良いのである。だからと言って、その儀礼の一つが人生を変えるようなコミットメントを意味するわけではないし、ましてや他の思想体系から離脱する約束であるなどとは思ってもいない。こうした人々はその後様々な道へ進み、既にキリシタンを辞めてしまったかもしれない。それでもなお、洗礼を受けたという経験は、彼らの中に何らかの変化をもたらしていたであろう。その一つが、人間をさらに高い次元に祀り上げるという概念の習得である。

宣教師たちが特に教え込んだのは、キリスト教の「デウス」が創造されたものではないという概念であった。これは「カミ」や「ホトケ」が創造されたものであることと対照的だった。一点の奇妙な絵画がある（【図9】）。典型的な南蛮図屏風であるが、祭壇を伴う教会内部の様子を描いている。サルヴァトール・ムンディ（世界救世主：十字をのせた地球を手にした復活したキリスト）にも似ているが、地球は無い。サルバトール・ムンディは日本で最もよく使われた「デウス」のイメージだった。この部分図を見た者もそのことには気付いていたであろう。ではなぜ、十字が乗った地球は消えたのだろうか。

正面にいるのはヨーロッパ人の僧侶だが、そのうち二人は手を上げて論議している。その間には、祭服を着た一人の日本人がいる。頭は剃っていないから、同宿であろう。もしこの屏風が折った状態で立ててあれば、この日本人はもう一つのテーブルに置かれた聖体顕示台を指さしているように見えるだろう。それには八幡を象徴する「三つ巴」が付いている。生前の「八幡」は応神天皇（在位二七〇―三一〇）であり、後に「大菩薩」すなわちカミとして認識されるようになる。八幡の儀式に使われる神酒の容器はこの聖体顕示台に非常に類似している。(2) この同宿が説明しているのはそのことなのか。天皇の祖先である八幡大菩薩というカミは今、デウスを支持しているということだろうか。あるいは、八幡とデウスが一体であるということだろうか。

そんな「一緒くた」な解釈はキリスト教の神父たちには到底受け入れられるものではなかったであろうが、日本人にとっては何の矛盾でもなかった。宣教師たちは、何とかデウスを日本の神性に浸透させないようにしようとするが、無駄である。デウス自体は当初「大日如来」とも呼ばれていた。コスメ・デ・トーレスは、日本人の殆どがいかにデウスを自分達の宗教世界に取り込んでいったかについても語っている。

真言宗の信者は、我々の教えが彼等が崇拝する大日如来の教えと同じだと言う。禅の達人達はそれがもう一つの方便に過ぎないとし、蓮華派は妙に準えて説明する。浄土信者は阿弥陀であるという(3)。

この屛風では、一人のヨーロッパ人の宣教師がいぶかしげな眼差しで画面の外にいるこの絵の鑑賞者を見つめているが、これは日本の絵画では極めて珍しい。創造されたものでないデウスと、元々は人間であったカミやホトケは違うという考え方は、宣教師達自身による教えによっても蝕まれてゆくことになる。それは、聖人の崇拝である。もちろん聖人は「崇敬」されるものであり、神のみが「崇拝」されるべきとされている。しかしこれらは現代の解釈であり、当時の言説には現れていない。洗礼を受けた者は永遠の神デウスについても知識を得るが、奇跡を起こして祈りにも答え、元々は人間であったという一群の聖人達がいるということについても学ぶことになる。この概念を日本語で説明するのは不可能であるから、宣教師たちは聖人をそのまま「サントス」と音訳していた。だから、この音を聞く者達はそれを自由に解釈したはずだ。

琵琶法師は日本の話である平家物語やカミについて語っていた。そこで宣教師たちも彼らを使って教会の話を語らせた。少年琵琶法師が「デウスのこと」について、特に「聖人の生涯」について語るように訓練を受けていることに注目していたのはルイス・フロイスであった(4)。聖人の話は多くの日本人が聞いていたはずである。そして、洗礼を受けた者は聖人の名を取らなくてはならなかったし、自分に洗礼の儀式を行った神父の名を取ることもあった（フランシスコやコスメが多いのはこのため）、あるいはその人の地位や職業に相応しい聖人の名前が選ばれることもあった。名前は決して恣意的に付けられたものではなかったのである。例えば、日本初のキリシタン大名となった大村純忠がバルトロメオという名を与えられたのは、聖バルトロメオが、王をキリスト教に改宗させた最初の人物だったからである。宣教師たちは大名を国王と同等なものであると考えていたため、純忠バルトロメオに同じ役割を担って欲しいと考えていたのである。大友宗麟はフランシスコの名を与えられ、その息子義統はコンスタンテチノ、つまり「この印（十字）をもって勝利すべし」をモットーとした初のキリスト教徒のローマ皇帝の名を取っている。洗礼を受けることによって享受できる様々な特典の中でも、義統コンスタンテチノが思い描いていたのは、より確実な勝利だった。教会は特定の聖人に捧げられるものであったし、長崎にはトードス・オス・サントス（諸聖人）教会堂もあった。洗礼を受けるということは、永遠なるデウスの世界と同様に、元々は人間であったとされる聖人の世界に入ってゆくことでもあったのだ。

フランシスコ・ザビエルは一五五一年に日本を離れ、中国沖の上川島で没する。イエズス会は一斉に彼の列聖へと動き始める。こうしてこの時期の日本では、人間が聖人になり得るというキリシタン向けの話が語られただけでなく、いかにして新たな聖人が生み出されてゆくのかというメカニズム自体が、日本人に馴染み深い人物を具体例として目の前で繰り広げられていったのである。

プロテスタントによる反対への考慮もあり、教皇クレメンス七世は一五二三年、更なる列聖の一時的な停止措置を取る。[5] しかしイエズス会はこれを無視する。彼等は協調してこの停止措置を覆すよう努力し、イグナチオ・デ・ロヨラとザビエルに限っては例外とするよう働きかけている。ザビエルに関してのこのような努力は、彼の死後三〇周年となった一五八二年に開始されている。大友宗麟フランシスコは教皇グレゴリウス一四世に書簡を送り、この過程を急ぐように促している。宗麟によれば、キリシタンが「彼（ザビエル）のための教会と祭壇を作り、一連の画像を用意して彼のためのミサを行い、毎日祈りを捧げることを切望する」[6] と書いている。肥前日野江城主有馬晴信プロタジオはさらに踏み込んでいる。自らの息子をフランシスコと命名し、それは（アッシジの）聖フランチェスコではなく、「我々の神父フランシスコ・ザビエル」に因んだものとしたのである。これは極めて不適切な言動であった。[7]

多方面から様々な懇願を受けて、教皇シクストゥス五世は一五八八年に一時停止措置を解除する。ロヨラは一六〇九年に列福された。この知らせが日本に届くと、大きな歓喜が沸き起こる。[8] しかし、一六一一年は随分遅い時期であり、ザビエルの列福は一六一九年になってからであった。イエズス会はこれらの決定に先んじて事を進めていた。ザビエルの肖像は早い時期から作られていた。神父として描かれているだけであれば反対意見は無かったであろうが、イエズス会はそれらを祭壇に設置し、その前に蠟燭を灯していた。これは許されていなかった。[9] ゴアにあるザビエルの遺体は、教会の指示に反して新たな信仰の中心となっていった。一五八三年、死後三〇周年の催しの一環として、新しい肖像画が注文された。全く腐敗していないと言われていたザビエルの遺体を画家が観察したのである。興味深いのは、この絵を注文したのが日本から戻ったばかりのアレッサンドロ・ヴァリニャーノであったということだ。彼は同じ絵二点を注文している。一点はゴアに残し、もう一点はイエズス会の本部であったローマのジェズ教会のためのものであった。二点とも紛失しているが、ジェズ教会の絵画は複製が制作されている。そこには光輪を伴うザビエルが描かれている。つまり、列聖の一時的な中止期間中であったにもかかわらず、ザビエルを聖人として描いているのである。日本にある有名なザビエルの肖像画についても同様のことが言える。列聖以前に描かれたのはほぼ確かだが、そこには「ＳＰ（聖人化された神父）」と書かれている。[10]

一六二二年になってようやくロヨラとザビエルの列聖が決まると、大規模な式典が執り行われた。ジェズ教会のファサードは彼等の生涯を描いた絵画で覆われ、室内の漆喰による彫刻群は邪教や異端（プロテスタント等）を打ち砕くロヨラや狂信的崇拝（アジアの宗教）を踏み潰すザビエルを表していた。[11]日本を象徴する演技者が「ザビエルから十字とデウスの知識、そしてそれらに対する崇敬を初めて得た」と宣言している。のちに「神格化（apotheosis）」という芝居も宣伝されていたが、列聖自体は「apotheosis（神格化）」という意味ではない。[12]

聖人になるには奇跡を起こさなくてはならない。ザビエルの生前、彼が奇跡を起こしたという話はなかった。しかしバチカンはザビエルが起こした一〇件の奇跡を認定している。その一つが非常に興味深い。アジアの島々を航海している時、嵐を鎮めようとして祈っていたザビエルの手から、大切にしていた十字架が海へ落ちてしまう。後に嵐が静まりザビエルが浜を歩いていると、そこに蟹が現れてザビエルの十字架を返してくれたというのである。これが、彼に関する最もよく知られた奇跡として語られるようになるが、キリスト教には人間以外の生き物が人間を助けるという話の前例はない。

しかし仏教には非常に似た話がある。高僧、円仁が八四七年に唐から戻る際、大切にしていた薬師如来像を嵐で失ってしまうが、後に蛸がこの像を円仁に返したというのである。(13)これも、この時期にキリスト教と仏教の教えが影響し合った明らかな例であると言える。

日本における、人間がカミに変容する話に戻る。戦国期、カミの管轄は都の禰宜であった吉田家に移された。吉田兼倶が吉田家を興すと一五一一年に没するまで、数十年にわたって神道とカミに関するあらゆる事項について支配的な地位を築いてゆく。幕府との関係も良好であり、足利家の八幡宮での儀式をも司っていた。(14)兼倶はいわゆる吉田神社を建立し、戦によって境内が荒らされて行き場のないカミガミを集めた。足利家が八幡宮を再建した際には、兼倶がその諸儀式を司り、その返礼として一四八四年に将軍の正室で非常に有力な日野富子からの寄進を受け、吉田神社が豪華に再建された。こうして吉田家は誰もが認めるカミの統轄者としての一大権威にのし上がっていったのである。

二年後、伊勢神宮が消失する。その後は一世紀に渡って内宮も外宮も再建されていない。伊勢消失の一年後には、杵築社（現出雲大社）が消失する。兼倶は、それぞれのカミは吉田神社に避難しており、さらには、それらのカミガミにはその地に残る意向があるとまで発表する。驚いたことに、これには朝廷も幕府も反対しない。吉田家に非常に都合の良いこの主張が受け入れられたのである。

当時足利幕府の権力は既に衰えていた。そして大内氏は足利氏に勝る権力を誇っていた。大内は短い期間ではあるが都を占拠し、その破壊行為が吉田神社を荒らしたこともあった。とはいえ、都に関心は薄く、ほぼ山口の本拠地に残っていた。伊勢が焼け落ちた際、大内正弘は新たなる内宮と外宮を山口の自領内に建てているが、これは吉田家が吉田神社で行ったことに対抗して行ったことである[15]。

大内正弘の宗教的関心は広く、神社をもう一社計画していた。彼の父、故大内教弘を祀るためのものであった。過去には吉田神社を焼き払い吉田家の競合となる内宮と外宮を山口に建てたこともあったが、認可を必要としていた大内正弘は、この時は吉田という権威からの助力を求めていた。吉田兼倶も過去のことは大目に見ると決めたのか、山口を訪れ大内教弘に大明神の神号を与えている。公式に故人に神号を授けるというこの行為は何百年も行われていなかったことだった[16]。この時もやはり、朝廷は沈黙していた。

一四九九年兼倶は吉田神社に神龍寺という寺を追加する。おそらくは既にあった寺院を再建したのであろう。これは彼の後継者であった兼致の死が原因であった。長男の死によって通常なら次男が後継者となるところだが、彼は既に代々朝廷で儒官を担当していた家に養子として迎えられており、後を継ぐことができなかった。この兼倶の次男は現在では清原宣賢として知られている。そこで、三男の兼満が吉田家の次期当主となった。兼満には娘しかいなかったため、清原宣賢の息子を養子として迎え入れた。彼は姓を戻し吉田兼右と名乗った。カミの教えは常に儒教の影響を受けていたが、兼右が一五二五年に三代目の吉田家当主に就くことによって、この二つの流れはさらに接近してゆく。同年、吉田神社は焼失してしまうが、これはむしろ好都合であった。あるいは故意に火が放たれたのかもしれない。この歴史的資料の焼失事件によって、一五二五年以前に起こったとされることには、常に疑いの余地が残ることになったのである。この火事により、兼右が前例があると言えば、それに反論することが不可能になったのである。現在では、吉田家の隆盛史全体にも疑念が残るが、大内教弘の神格化については他の歴史的証拠もあるので証明されているといえる。

兼右は証明不可能な発言を多く残しているが、その中に、祖父の兼倶自身が二代目当主の兼満によってカミとして祀られ、神龍大明神の名を授けられた、というものがある。兼右の物語はまだ続く。兼満自身もその後カミとして祀られたという。であるから、これが吉田家の家伝であり、兼右も同じように神として祀られるであろうというのである。記録から分かる限り、大内教弘の神号授与から兼右の時代に至る五〇年間で吉田家は約二〇件の明神や大明神の称号を授けている。しかしながら、こうした大明神の称号の授与はどれも、人間に対して行われたものではない。全ては既にカミであった存在に対し、さらに上位の称号を与えるものであった[17]。従って、日本全国のカミを正式に司る吉田家の下では、人間からカミに直接に変容を遂げた例は、都から遠く離れた大内教弘の例以外には一例もないのである。

兼右には二人の息子がいた。長男の兼和は第四代吉田家当主として兼右を継ぐことになる。次男の梵舜は神龍寺の住職であった。一五七三年に兼右が没すると、兼右自身による葬式の指示の中にもカミの地位への要求が含まれていた。大内教弘以来初の人間からカミへの直接変容の例であり、暗黙の指示があった。つまり、彼は息子に自分を土葬するように指示していたのである。通常、遺体は火葬にされる。土に遺体を埋めることは「神葬」と呼ばれていたが、何世紀にも渡ってこれは行われていなかった。人間がカミになる前例があったとしても、それは死亡の時点で予測されてはいないため一旦火葬されていた。兼右の場合は、死亡時で土葬されることになっており、その上に神社が建てられることになっていた。

ここでキリスト教の列聖と神号の授与の関わりについてみてゆく必要がある。これは戦で引き裂かれた都ではなく、大内家で起こっている。兼右への恩返しとして、正弘は協力を申し出る。大内家による援助は正弘の息子、孫へと引き継がれてゆく。また、兼右もしばしば山口を訪れていた。一五五一年、兼右の孫であった大内義隆は珍しい人物を山口へ招いている。フランシスコ・ザビエルと同行してきたコスメ・デ・トーレスであった。義隆の意見では、ザビエルとトーレスはインド人であり、新しい宗派の仏教を教えていたという。言語の問題もあり、何が話されたのかは定かではない。何が理解されたかはさらに分からない。しかし、二つの思想間の根本的な差異として、キリスト教における永遠の神性（デウス）と聖人の信仰が強調されたことは確かであろう。

山口で与えられた教えがどんなものであったかを推測するのに、最も博学であったとされるキリシタンが後に書き残した資料を使ってみたい。それは一五八六年に洗礼を受けた禅僧、不干斎巴鼻庵《ふかんさいはびあん》の『妙貞問答』である。そこには、カミとは「単に、語り継がれる古えの賢者や朝廷の人物であり」、「彼らは単なる人間であるから、彼らに対して祈りを捧げても返事があるわけはない」と説明されている。

「そうした有名な人間が死亡すると、吉田家の当主がどのカミになるのかを宣言する。そして彼らを神として祀り上げる儀式を執り行う。そうして人々は、それが本当であると騙されてしまうのだ(18)」。

カミ創造に関する巴鼻庵のこの意見はある程度は正しい。同時に、吉田家が行っていたことは、キリスト教が人間を列聖するプロセスと全く同じでもある。両者とも、偉人が死後に強力な権威によって祀り上げられたものであり、これによって彼等は祈りの対象となり、奇跡を起こすことができるというものである。

列聖と神号の授与における類似性は、イギリス商館長であったリチャード・コックスも観察していた。彼はこれら二つをほとんど同じであるとした。コックスは「カミは聖人、いやむしろ、聖人以上のものである。カミは偉大なる敬意によって崇められているのだから」と言及している。[19] プロテスタントのコックスは聖人をそれほど尊敬していないが、イエズス会やキリシタンは聖人を崇敬していた。もう一つの例がある。著名なドイツの牧師ヨハネス・ブレンツが著書『聖人についての教え（*Sermon von den Heiligen*）』の中で、聖人を神として崇め、信仰の手助けをする仲介者だとする「教皇絶対主義者」を非難している。ブレンツは聖人の信仰は「偶像崇拝」であり、偽の神を信仰することであると定義しているが、これはキリスト教の宣教師が日本のカミについて述べた説明と全く同じである。[20]

キリスト教の宣教師たちが洗礼を行った日本人は、秀吉に神号を授けた人々と驚くほどに接近していた。それは吉田家にまで及んでいる。兼和は一五七三年に兼右の跡を継ぐ。その一〇年後、息子で後継者の兼治が細川伊也、つまり細川幽斎（藤孝）の娘と婚約する。両家は既に姻戚関係にあったが、重要なのは細川家が日本での傑出したキリシタンの家系であったということだ。[21] 娘を兼治と結婚させただけでなく、幽斎は息子の三斎（忠興）を明智光秀の娘と結婚させている。この女性が玉であり、一五八七年にガラシャとして洗礼を受け、キリシタンの中でも極めて有名な人物となるのである。その知名度は、ガラシャの生涯が芝居となってヨーロッパで上演されるほどであったことからも分かる[22]。幽斎は洗礼を受けなかったが、妻であり伊也と三斎の母であった麝香はマリアとして洗礼を受けている。一五八八年には兼治と伊也の間に第四代吉田家当主となるべき息子が生まれる。こうしてカミを司る最高権威と著名なキリシタンの家柄が融合したのである。こうした話はさらに続く。玉には清原家出身のイト（字不明）という女官がいたが、これは清原宣賢の孫娘であった。イトは自らマリアとして洗礼を受け、玉にガラシャという名で洗礼を受けさせた人物であった。イトの父、清原枝賢は一五六三年に既に洗礼を受け、正親町院に仕えた学者となっている[23]。

複雑に入り組んではいるものの、上記の人間関係が示すのは確かに細川家と吉田家が結び付けられていたということだ。そして姻戚関係によって清原家と内裏をも繋げている。この関係は、師弟関係でもあるから決して軽いものではない。

一五九八年から一五九九年にかけて、人からカミへの変容の新たな、そして華々しい例が発生する、豊臣秀吉である。兼右が山口へ出向いた際に、既にこの計画は発案されていたかもしれない。これは推測の域を出ないが、様々な出来事を総合的に画策したのが息子の兼和（後に兼見として知られる）、梵舜、そして兼和の息子の兼治（その姻戚者の多くがキリシタン）であったということは事実である。もう一人の重要人物が秀吉の未亡人であった北政所である。

一五九五年、北政所は大坂城に親しい人物を招いていた。その中には高山マリアがいた。この人物はおそらく日本のキリシタンとして最も著名な高山右近（洗礼名ジュスト）の母である。また、前田利家の妻の前田まつもいた。彼女は前田豪の生みの親であり、豪は秀吉と北政所に養女として迎えられ、後に洗礼を受けている。そしてジョアンナという名のもう一人の日本人女性が同席していた。北政所は「カミとホトケはデウスとは違う、なぜならそれらは元々人間だったからだ」と強調する。これは事実としては間違いであり、そこにいた皆が分かっていたはずだ（カミやホトケのほとんどが人間であったわけではない）。しかしジョアンナは次のように言う。「カミは日本が勝手に創りあげた理不尽なものである。カミの神号や神体は人間が与えたものなのであるから」と。まつはこれに合意している。[24] ここでは、秀吉に非常に近い人々が人間からカミへの変容という問題について論じ、これを否定しながら、聖人の崇拝についてはよく理解していたことが窺える。

秀吉が没したのは一五九八年の夏である。生前に何が取り決められていたのか、また何が他人によって後から秀吉の遺言であるとされたのかは推測しづらい。だが死後間もなくして彼がカミと呼ばれることが決まる。人間から変容したカミの神社はほとんどの場合、その子孫だけが訪れる場所となってきた。しかし秀吉の場合は公共の場所となった。それは秀吉自身が都に築いた広大な方広寺の境内であった。イエズス会のフランシスコ・パシオの説明では、秀吉は「神として崇敬されることを望んでいた」という。そして「遠い過去の偉人であるとされた人物を祀ったものが、このカミなのである」と。しかし、秀吉の場合は当時の人にとっては同時代の人物であった。パシオは「彼の遺体が火葬にされるべきではないという議論が、日本の習慣に反していたこと」にも注目している。[25] 土葬は神葬とされているからである。しかし吉田家が望んでいた秀吉の大明神への変容という長い時間をかけるプロセスは無視されてしまう。秀吉の場合は全く新しいやり方、それまでにはなかった存在が創り上げられた。つまり、相当に大袈裟というべき「新・八幡」という新たなカミの呼称が計画されていたのである。これに対しては後陽成院が懸念を表明する。八幡とは彼自身の祖先だからである。おそらくこのことが理由で、行き詰った天皇は退位を望むと発表するに至る。この論争は解決困難となってゆくが、ようやく翌年の春に「豊国大明神」という妥協点が見いだされる。[26]

秀吉の遺体（この頃までには骨のみ）は葬列となって方広寺の裏山へ運ばれ埋葬された。山の麓には壮麗な社が方広寺の本堂近くに建てられ、吉田兼見により管理されることになった。

スペイン領フィリピン総督ロドリゴ・デ・ビベロは一六〇九年に豊国社を訪れている。彼は「これまで見たどんなものよりも完璧に仕上げられている」と記す。神社を案内された彼は、「鉄の格子を入ると」僧侶たちが「五枚から六枚の幕を引いてゆき、その奥にさらに銀製の垂幕が何枚か、そして最後に金製だといわれる幕があった」という。ビベロは秀吉の遺灰が入った容器を見たと信じているようだが、何か疎ましことが起こっていない限りこれは間違いである。その容器はご神体であったはずだ。ビベロは素晴らしく、極めて曖昧な賛辞を述べている。「私はこの国のためなら喜んで自国を捨てるであろう、もし、日本がキリスト教の国であり、スペイン王国の支配下にあればの話だが」と。[27]

秀吉の信仰、あるいは豊国信仰は広まってゆく。そして豊国社は他の先祖を祀る神社とは違い広く公共の場として使用されてゆく。秀吉とは血縁もない何千という人々が、そのご利益に与ろうと重要な年忌法要のためにこの寺を訪れた。これはそれまでには無かった新しい種類の崇敬である。とはいえ、これも長くは続かない。新しい幕府が権力を握り、一六一五年に秀吉の歴史遺産の抹消を開始するからである。

注

(1) 著者はフレデリック・クレインス、川村信三、児嶋由枝、野村玄、アントン・シュヴァイツァー、パトリック・シュウェマーに深い感謝を申し上げたい。
(2) 一四七三年制作の実例については https://www.city.sakai.lg.jp/kanko/hakubutsukan/collection/jubun.html 参照。
(3) 一五六〇年六月二日の書簡。結城了悟『ロレンソ了斎——平戸の琵琶法師』(長崎文献社、二〇〇五)、六一頁。
(4) 一五八七年一〇月二日の書簡 ARSI Jap. Sin. 51, 33v-34。シュエマー・パトリック「キリシタン聖人伝の日欧原点1」『キリシタン文化』一五九 (二〇二二)、一—二四頁、七頁、または、Juan Ruiz-de-Medina, 'The Role of Blind Biwa Hōshi Troubadours in the History of the Christian Mission in Japan,' *Bulletin of Portuguese-Japanese Studies* 6 (2003), pp. 107-145.
(5) Simon Ditchfield, 'Tridentine Worship and the Cult of Saints', R. Po-chia Hsia (ed.), *Cambridge History of Christianity* (Cambridge: Cambridge University Press, 2008) vol.6, pp. 201-224, 205.
(6) Maria Cristina Osswald, 'Iconography and Cult of Francis Xavier, 1552-1640', *Archivum historicum societatis iesu* 71 (2002), pp. 259-277, 260.
(7) Grace A. H. Vlam, 'The Portrait of S Francis Xavier in Kobe', *Zeitschrift für Kunstgeschichte* 42 (1979), pp. 48-60, 57. 一六〇四年誕生。ミグエルとマティアスという兄弟がいた。
(8) Carla Tronu, 'The Rivalry between the Society of Jesus and the Mendicant Orders in Early Modern Nagasaki', *Agora: Journal of International Centre for Regional Studies* 12 (2015), pp. 25-39, 35.

（9）Rachel Miller, *Patron Saint of a World in Crisis: Early Modern Portraits of St Francis Xavier in Europe and Asia*, 博士論文, University of Pittsburgh, 2016, pp. 72-86.
（10）福永重樹「『聖フランシスコザビエル像』についての考察」『キリシタン研究』一四（一九七六）、二五七—八〇頁。Grace A. H. Vlam, 'The Portrait of S Francis Xavier in Kobe', *Zeitschrift für Kunstgeschichte* 42 (1979), pp. 48-60.
（11）Annick Delfosse, 'From Rome to the Southern Netherlands: Spectacular Sceneries to Celebrate the Canonization of Ignatius of Loyola and Francis Xavier', Jennifer Mara DeSilva (ed.), *The Sacralization of Space and Behavior in the Early Modern World: Studies and Sources* (Ashgate, 2015), pp. 141-159, 154.
（12）福永重樹「『聖フランシスコザビエル像』についての考察」『キリシタン研究』一四（一九七六）、二五七—八〇頁。Grace A. H. Vlam, 'The Portrait of S Francis Xavier in Kobe', *Zeitschrift für Kunstgeschichte* 42 (1979), pp. 48-60.
（13）Georg Schurhammer, 'Das Krebswunder Xaviers-Eine buddhische Legende?', *Gesammelte Studien* IV, pp. 537-551. Osswald, 'Iconography and Cult of Francis Xavier', p. 269. この話は「ヨーロッパの伝統では唯一の例」であると記している。
（14）Thomas D. Conlan, 'When Men Become Gods: Apotheosis and Sacred Space, and Political Authority in Japan, 1486-1599, *Quaestiones medii aevi novae* 巻号無し (2016), pp. 89-106.
（15）同上、一〇〇—一〇一頁。
（16）同上、八九—一〇六頁。
（17）萩原竜夫『中世祭祀の研究』（吉川弘文館、一九七五）六七三—七七頁。
（18）Fabian Fukan (James Baskind & Richard Bowring, 訳・編), *The Myōtei Mondo: A Japanese Christian Critique of Native Traditions* (Leiden: Brill, 2016), 160 からの邦訳。
（19）Richard Cocks, 一六一八年一月二七日の書簡。Anthony Farrington (ed.), *The English Factory in Japan* (London: British Library, 2000), 二巻、五八頁参照。
（20）Carol Piper Heming, *Protestants and the Cult of the Saints in German-Speaking Europe, 1517-1531* (Missouri: Truman State University Press, 2003).
（21）ヨハネス・ラウレス「細川家のキリシタン」『キリシタン研究』四（一九五六）、一九—五四頁。
（22）Takao, Makoto Harris. "'In what Storms of Blood from Christ's Flock is Japan Swimming?'": Gratia Hosokawa and the Performative Representation of Japanese Martyrdom in *Mulier Fortis* (1698),' Raphaële Garrod and Yasmin Haskell

（ed.）, *Changing Hearts: Performing Jesuit Emotions between Europe, Asia, and the Americas*（Leiden: Brill, 2019）pp. 87-120.

（23）日向志保「ガラシャ改宗後の清原マリアについて」『織豊期研究』一三（二〇一一）五三—六六頁。

（24）Tomoko Kitagawa, 'The Conversion of Hideyoshi's Daughter Gō', *Japanese Journal of Religious Studies* 35（2007）pp. 19-20.

（25）Georg Schurhammer, *Shin-Tō: The Way of the Gods in Japan, According to the Printed and Unprinted Reports of the Japanese Jesuit Missions in the 16th and 17th Centuries*（Bonn & Leipzig: Kurt Schroder, 1923）pp. 89-90.

（26）野村玄『豊国大明神の誕生』（平凡社、二〇一八）一〇六—七頁。

（27）Roderigo de Vivero（Caroline Stone, 英訳）, *An Account of Japan, 1609*（Edinburgh: Hardinge Simpole, 2015）86 と pp. 87-89.

第三章　徳川家康の神格化の歴史的前提

野村　玄

はじめに

徳川家康の神格化については、従来から日本史上の特筆すべき事象として注目されてきたところであり、とくに織田信長と豊臣秀吉のそれぞれの神格化とあわせ、それらの歴史的評価は、例えば朝尾直弘氏による次の説明が簡にして要を得たものとして知られよう[1]。

三人に共通するのは、三人とも神になってしまったということです。日本の歴史のなかで人が神として敬われる人神の例として、菅原道真が天神になったという怨霊思想（この世に恨みをもって亡くなった人がその恨みを晴らすのを、鎮めようとして神に祀られる）から出てくる人神はありますが、たんなる政治家やふつうの人が神様になった例は、この三人以外はありません。徳川家康は東照大権現になりましたし、豊臣秀吉は豊国大明神です。織田信長は、建勲神社が明治になってできましたが、宣教師の書いた記録のなかに「彼は神になった」という記述があります。これらについてもいろいろな議論がありますが、三人が日本歴史において非常に特殊な位置にあることをご理解いただければと思います。

すなわち、これまでにも日本史上は政争や戦乱等による故人を人神として祀って崇敬する思想があったが、朝尾氏の説明に補足すれば、存命中に自身が神となる意向を示し、没後ある程度それを実現させたと見られる例は前述の三名の天下人に限られるということである。これは、近年注目されている近世中後期の様々な祖先祭祀・顕彰に伴う大名・武士などの神格化とは一線を画すものであり(2)、やはり特異な現象といわねばならない。

本稿は、とくに家康の神格化について、なぜそのようなことが本人によって希求され、また没後に実現したのかを考察しようとするものである。しかし、研究史を繙けば、家康の神格化の理由はそれなりに説明されてきたようにも思う。前述の朝尾氏は、別の論稿で次のように述べている(3)。

かわって神となったのが家康である。家康は死の十数日前、本多正純・南光坊天海・金地院崇伝の側近三人をよび、自分が死んだときは遺骸を久能山（静岡県）におさめ、葬儀は江戸の増上寺で行ない、位牌は三河大樹寺に立て、一周忌も過ぎた後に日光山（栃木県）に小さな堂を建てて祀るように、そうすれば八州の鎮守となろう、と遺言した。「八州」には日本列島の島々をさす「やしま」「おおやしま」の意と、関東八ヵ国の意味がある。日光山と関東との源頼朝いらいの歴史的な結びつきからみれば、後者に重点があり、場合によっては日本全体に広げることもできるという、日本語特有のあいまいないいまわしであったかもしれない。

いずれにしても、朝廷の手により東照大権現の神号が下され、家康は思いどおり神となった。くわえて、稀代の政僧天海によって遺言は改編され、いったん久能山に葬られた家康は日光山に改葬され、さらに三代将軍家光のとき社殿の大造替があり、東照社は東照宮となった。

後述する以心崇伝の日記『本光国師日記』に記された有名な遺言をふまえ、家康が自らを「八州の鎮守」と位置づけ、しかもその守護の対象は日本国とも関東八ヶ国とも解釈し得る曖昧さを残しながらも、基本的には本人の「思いどおり」に神格化は果たされたと説明している。ここでいわれている鎮守については、横田冬彦氏が、姫路城で池田輝政がもともと秀吉によって他所へ移されていた刑部明神を地主神の鎮魂のために勧請した際の事例や、戦国大名の居城・屋敷の地鎮と鎮守社勧請に関わった吉田兼見の例をふまえ、信長・秀吉・家康もそのような思想の延長線上に位置づいていたことを指摘しているから(4)、その限りにおいては家康の発想が全く新規のものであったとはいえないのかもしれない。

だが、筆者の研究によれば、秀吉や家康の神格化は、必ずしも朝尾氏のいうような「思いどおり」のものとは到底いえない結論となっており、実行された神格化は遺された関係者によって本人の遺志とは異なる形になっていたことがわかっている。(5) 彼らが生前に自己神格化を遺言したことは確かであるものの、徹頭徹尾の自己神格化としては評価できず、神格化の歴史的意義は本人の意図と遺された者たちの意思とそれらの差異を正確にふまえなければ判明しないのである。

また、三名の天下人の神格化を一括りにしたうえ、従来の日本の神仏とも混同することは、たださえ究明の難しい本人の意図をさらに不明確としてしまう。この点については、すでに曽根原理氏が次のような重要な指摘を行っている。(6)

> 秀吉の試みは、家康に大きな教訓を残した。強力な守護神となれず、孤立して滅びていく神の姿を、家康は間近に見た。徳川の神は、では、どうすれば子孫を守りきれるだろうか。
> 新たに神になる場合、すでに日本社会に根をおろした神々の体系と、どのように向き合うかが問われるだろう。古代の神話に淵源を持つ神々の秩序は、曲がりなりにも京都の朝廷が支配していた。神の子孫とされた天皇は、神号や神階をコントロールする。（中略）だが、天皇家の神もその他の神々も、秀吉神を助けなかった。新たな神は、従来の神々を超えた力が必要であることを、家康は意識せざるを得なかっただろう。

家康にとって、秀吉の神格化は拠るべき先例であったが、同時に自身と子孫の永続という点で失敗例でもあったということである。家康がいつ頃から自己神格化を企図したのかは不明だが、失敗例としての秀吉の神格化と同じ理念・方法を採ることはできなかったであろう。さらに、前述のように存命中の自己神格化の企図は日本史上も異例であることはさることながら、既存の日本の神仏から見れば、そのように神格化を遂げた神は新参でしかない。

曽根原氏のいうように従来の神を超越することも必要かもしれないが、自己神格化を企図するなら、自らが神仏として思想的に位置づく確証が欲しいであろうし、その先には、そこまでして自らが神仏として何を為すのかという問題も生じよう。

すなわち、なぜ天下人は既存の神仏の不足を認識したのか、またその既存の神仏の能力不足を天下人に認識させる事態とはいかなるものであったのか、これらは既存の内外の宗教への批判ということにもなるであろうが、そのような事態を天下人が認識したとして、なぜ天下人自らが神仏として名乗りを上げねばならないと考えたのかということである。

これらの点について、曽根原理氏は最晩年の家康の思索の様子を跡づけ、興味深い指摘を行っている。それは、天海から「天台宗の血脈・法門を相承した[7]」家康が「慶長十八年から十九年を最盛期として、先の血脈伝授と平行して、徳川家康が仏教諸宗派の論義を招請するという出来事[8]」への注目の結果なのであるが、「慶長末年の論義興行は従来の説では、現前の政治状況への対応（密議の場）及び広い意味での宗教統制（役としての学問奨励、教団秩序再編成）さらにはその政策を利用した天海の勢力伸長策、と全て政治的な側面から考察されてきた[9]」のだという。しかし、曽根原氏はその論義が「慶長十九年六月をピークとして大坂陣前後に集中している[10]」ことを見出し、「論義は恒常的に継続されたのではなく、大坂陣の前後、特に直前に集中して行われた[11]」ものであり、「大坂陣直前になって天台の占める割合が高まっている[12]」との重要な指摘を行った。

曽根原氏は、その特定の時期に集中する「天台論義は家康自身の立場と内面から捉え直す必要が感じられる」[13]とし、論義は「単なる儀礼以上に家康自身も積極的に加わる教学受容の場として機能していた」[14]ことから、「論題にも家康の希望が反映している可能性が強い」[15]との想定に基づいて論題と宗派・参加者を整理・検討したところ、家康にとっての論義は「自己がいかに罪悪を消滅させ開悟・成仏に到るかを家康自身が考える場でもあった」[16]と見られ、「慶長末年に集中した論議が目指していたのは、はるか後代（寛永年間）の天海による関東天台掌握などではなく、元和二年の家康の死、その後の神格化の意義づけであったと思われる」[17]と結論づけた。

家康が元和二年の死を予定していたとは思えないが、余命を気にしたことは事実であろう。この曽根原氏の結論は、後年の同氏の著作においても継承されており、さらに簡潔な表現で次のようにまとめられている。[18]

万事多端の時期、あえて論義を行った家康の意図は、そう考えた時はじめて無理なく理解されるように思われる。いわば天海の演出に助けられ家康がカリスマの役を演じることで、家康自身は死の恐怖から解放され（成仏ないし神格化）、政権も求心力を得る（徳川の平和到来を寿ぐ）という構造が考えられるのである。家康の意識の中で、神格化の選択肢が大きな部分を占めてきたことを示す事件だったといえよう。

最晩年の家康が天海とともに取り組んだ仏教的な論義について、曽根原氏はそれを近世初期の政治的流れの中に位置づけて解釈しようとするよりは、家康の思想の問題、主観的な問題として捉え、家康が自身の死と後生、また自らのいない幕府を見据えたがゆえの行動であったとし、その先に神格化の問題も展望しているといえよう。

しかし、曽根原氏による研究をふまえてもなお、家康が仏教に帰依するのみでは不足と考え、また家康が成仏のみではない没後のあり方を求めた理由は依然判然としないように思われる。曽根原氏は家康の内面に従来よりも肉迫したが、家康が秀吉とは異なる形での自己神格化を遺言するまでに到った理由・背景は、家康自身の直面した政治的・宗教的課題からもなお説明を尽くす必要があるのではなかろうか。

一、徳川家康の遺言と宗教

自己神格化をめぐる家康の遺言としてまず想起される有名なものは、以心崇伝の日記『本光国師日記』に留められている、次の「元和二年四月四日付板倉勝重宛以心崇伝書状案」の一節である(19)。

一一両日以前。本上州(本多正純)。南光坊(天海)。拙老(以心崇伝)御前へ被為召。被仰置候ハ。臨終候ハ、御躰をハ久能へ納。御葬礼をハ増上寺ニて申付。御位牌をハ三川(河)之大樹寺ニ立。一周忌も過候て以後。日光山に小キ堂をたて。勧請し候へ。八州之鎮守に可被為成との御意候。皆々涙をなかし申候。

この遺言がなされた日は「一両日以前」としか記されていないが、出羽国久保田の佐竹氏に仕えた梅津政景の日記『梅津政景日記』の元和二年四月二日条には「昨日ハ僧正《（天海）》・てんちやうろう《（金地院崇伝）》・上野殿《（本多正純）》を以、将軍様《（徳川秀忠）》へ色々御ゆいけん《（遺言）》の由、又上野殿へも僧正・てんちやうろう聞てニあられ、色々忝御状之由、南僧正様御物語なされ候」とあり、(20)政景は天海から家康の遺言が四月一日にあったと直接聞いている。また、仙台市史編さん委員会が元和二年四月三日付の茂庭綱元宛と推定する(21)「年月日未詳伊達政宗書状」には「御果被成候者御死骸ヲ爰元クノト《（久能）》申候所ニ置候而、日光ニ御寺ヲ被立、彼御寺出来次第ニ移候へト昨日被仰出候、御葬礼者増上寺ニ而可被成候由、御意候由候、無是非次第候」とあるから、(22)四月一日か四月二日に前述の遺言がなされたことは確実であり、それは以心崇伝の書状案とも矛盾しない。梅津政景の証言のほうが事実関係は明確であるから、今のところは『本光国師日記』のいう「一両日以前」とは四月一日を指すと考えてよかろう。この時点では、久能に遺体を埋納することは相違ないが、日光には勧請するのか移すのか、またその時期の情報に差があり、しかも日光には堂舎・寺院が建立されることになっている。

この遺言は、家康の没後二三年を経た寛永一六年（一六三九）九月中旬には完成していたとされる(23)『東照社縁起』仮名本第三においては次のように変化する。(24)遺言を聴いた者は天海のみとされ、家康の遺体も久能山から日光山へ移されて神が降臨し、その神は国家と子孫を守護するとある。

源君《（徳川家康）》の御違例、日をへてよはらせおはしませは、自今以後いよ〱君を守護し、国を治給はむ事のみ大将軍秀忠公《（徳川）》にいとこまやかに御遺言有けれは、秀忠公かなしひに堪給はす、哽咽し給ひけるとそ、さて天海(南光坊)をめして、法華止観の深義、山王神道の玄奥をつたへ、現地安穏、後生善処の御ほいを遂たまふそ有かたくおほえ侍る、かくて御はふりの事は、先当国久野(久能)寺にをさめ、一回の光景を送り、時々神号の事奏聞をへて授賜るへきにをいては、大織冠のためしをあふきて、日光山へ移し、しからは神を当嶺に降して、永く国家を擁護し、子孫を視そなはさん事、たかふましきよし、御誓約ありて、元和二年四月十七日、七十五歳にて安然として薨御し給ひぬ、

このことのみを見ても、家康の当初の意思がいかなるものであったのかは、神格化の結果からうかがうことができないことは明らかである。将軍家が神格化の過程に常に関与する以上、天海が全く家康の遺言を創作することは危険且つ困難であろうから、天海の意図はともかく、彼は実際の家康の遺言に近からずも遠からずの線で事を進めざるを得なかったであろう。

本稿では、天海よりも家康の本来の意図のほうが重要であるから、これら従来知られていた二つの遺言の差異を埋める新たな遺言が存在するのかどうかが焦点となる。そのような観点から筆者が今のところ発見できている遺言は次のようなものである。[25]

(元和二年)四月小

七日、僧正天海(南光坊)・以心(以心崇伝)長老承葬送之命、告於秀忠君(徳川)　二僧(天海・以心崇伝)伝公(徳川家康)之言曰、万歳之後、必当以神力擁護子孫、鎮撫邦家、準大織冠(藤原鎌足)子孫繁栄之例、殯斂(ママ、斂カ)已畢、先葬久能山、以榊原内記照久(清久)為神職、受頼将(徳川頼信、頼宣)之奉祭而、三年之後、当改移下野国日光山、其祭享之式、依両部習合神道并宜任天海之指麾也

十七日、薨　春秋七十五歳
仮葬于駿州久能山　吉田神龍院《梵舜》為導師

これは、尾張国の徳川義直が編んだ「御年譜」の草稿本に見出される、元和二年（一六一六）四月七日に家康の遺言を天海と以心崇伝が秀忠へ伝えた場面の記述である。ここでは、家康が自らの死後、必ず神力によって子孫を守り、国家を鎮めるであろうと述べたとされ、藤原鎌足の例に準じ、まず久能山に斂葬し、榊原清久（照久）を神職としながら徳川頼将（のちの頼宣）の祭祀をうけ、三年を経て日光山へ移せとも命じたとある。祭式は両部習合神道とされ、天海の指揮に任せよともある。なお、秀忠には天海と以心崇伝が伝えているから、この遺言は天海と以心崇伝が二人で聴いたようである。

この遺言は従来知られていた『本光国師日記』所収のものよりも六日後のものであり、家康は久能山に三年留まって榊原清久（照久）と息子の頼将（のちの頼宣）の祭祀をうけ、日光山では天海の指揮の下で両部習合神道によって改葬されることを望んでいた。

すなわち、結果的には『本光国師日記』所収の遺言通りの年数一年を経て日光山へ家康の遺体は動かされたから、これまで『本光国師日記』所収の遺言のみでも矛盾がないように見え、また問題視もされてこなかった。ところが、実際には家康によって三年の服喪が求められていたのである。なぜその三年が一年に短縮され、その短縮の政治的意味とはいかなるものなのかについては別稿を参照願いたいが[26]、ここでは三年という数字が儒教的観念によるものであろうとのみ推定しておこう。

そして、日光山での儀式について、天海の関与は命じられていたものの、仏式ではなく神式で、なおかつ天台宗ではなく真言宗系の両部習合神道によるとされていた。両部を広く仏教と神道と捉える見方もあるが、ここでは家康が密教系の神道を選択しつつも、敢えて天台宗の山王神道または山王一実神道と明言しなかったことに意味があろう。だから天海は、真言宗系の神道と解釈できる余地に気づいており、『東照社縁起』仮名本第三ではわざわざ山王神道と明記しなおしているのである。ここから、生前の家康による天台宗への帰依のあり方のみで、家康本人の神格化の構想の全てを読む解くことができるわけではないことも明らかとなろう。

それでは、このように家康が自らの神格化の方法として、仏教一辺倒ではなく、また秀吉の神格化に際して採用された唯一宗源神道でもなく、密教系の神仏習合神道で真言宗系のものを採用し、且つ儒教的観念も織り交ぜた意図をどのように解釈すべきであろうか。

この点に関連し、次の「カミッロ・コスタンツォのイエズス会総長宛、一六一八年度・日本年報」の一節は参考となる。(27)

> 昨年（一六一五年《（ママ）》）に書き記した通り、内府《（徳川家康）》は、息子の将軍《（徳川秀忠）》に対して数多くの助言と命令を残して、一六一六年に死去した。
>
> それらの命令の一つは、江戸の政庁から三日路の距離にある上野の国の日光山《ニッコウサン》と呼ばれる高い山の頂上に亡父《（徳川家康）》を葬るようにというものであった。なぜなら、この山には偶像の神《カミ》の一人である権現《ゴンゲン》を祭っている寺院があったので、彼《（徳川家康）》はしばしばこの土地を訪れていたからである。
>
> 将軍は、その父《（徳川家康）》に敬意を表するためにこの山にそびえ立つ壮大な寺院を建立し、昨年の五月に

完璧なまでに礼を尽くした式典を執り行なって、自分の父の遺骸をこの土地に移し、父の命令を果たした。この式典には、日本中から僧侶の中の重立った者が全員列席しただけでなく、普通は寺院の献堂式だけで、人の葬儀には出席しない慣例になっている公家と呼ばれる宮廷の重立った人々も列席したので、将軍はこの結果に大いに満足した。

しかし、（内府の好敵手であった）太閤《（豊臣秀吉）》は、すでに神《カミ》、すなわち、新しい軍神を意味する新八幡と呼ばれる偶像として荘厳に奉られていた。そのため、将軍は彼の父親も神に聖列させたいと望み、その起源が太陽にさかのぼる日本の神の一人である日本殿《ヒノモトドノ》（東照）大権現と命名した。

そうして、機知をはたらかせて、偶像の神には二種類あり、その一つは、以前は人間であり明神《ミヨウジン》、すなわち命名高き神と呼ばれるもの、他の一つは権現と呼ばれるのだ、と人々に教えこんだ。この両者は、正真正銘の悪魔であり、時折姿を現わして、ある時は古くからの神であるかのように偽り、またある時は死者の魂であるかのように装っては、人々の崇拝を受けている。内府は人間としては前者に加えられるべき存在であったが、内府を尊敬する人々は彼をより深く崇拝しようとして、権現の中に加えようとした。それも、彼が尊大かつ残虐であり、日本の新しく生まれた教会にとっては悪魔と比較するのがふさわしいほどの敵であったにもかかわらず、そのようにした。

当時のイエズス会関係者が家康の神格化をどのように観測していたかがわかる貴重な史料である。イエズス会の立場からは東照大権現は悪魔に匹敵する存在として認知されたようであるが、権現号そのものは生前の家康の選択によるものではなく、朝廷と遺された者たちによって決定されたものである。しかし、キリスト教と相容れない偶像としての神格化自体は、当時のイエズス会の観点からはキリスト教への敵対行為以外の何物でもなかったのであろう。問題は、このような家康の神格化をキリスト教への対抗を意図したものとしてのみ解釈することは妥当かということである。

東照大権現は日本の神仏の中で新参であったが、キリスト教の伝来以前の日本において、すでに神国思想は存在しており(28)、信長・秀吉・家康と異なる形の自己神格化自体も存在していた。例えば、「一五八九年二月二十四日付、日本副管区長ガスパル・コエリュのイエズス会総長宛、一五八八年度・日本年報」には次のような秀吉の発言が記される(29)。

> 関白殿（豊臣秀吉）は司祭たちに対して幾分和らいだ表情を示し、次のように言った。「彼（アレシャンドゥロ・ヴァリニャーノ）は常に我らの友であった。しかし貴殿ら（イエズス会）が弘めていた教法があまりにも日本の神々《カミス》に反するものであったので、予（豊臣秀吉）は貴殿らを追放した次第だ。貴殿らの教法はすなわち日本の諸侯の栄誉と存在を危うくするものだ。神々とはわが国では諸侯以外のなにものでもなく、彼らはその偉大さと勝利のゆえに神として崇められるようになった。今や日本の諸侯はかつて他の諸侯がそうしたように、できる限りの力を尽くして神になろうとしている。それゆえ伴天連たちの弘める教えが神に反するものである以上、それはすなわち日本の諸侯とも相容れぬものだといってよい。その教えはなるほど他のところでは結構なものであろうが、日本ではそうではない。予が伴天連たちを追放した所以《ゆえん》である」と。

ここでいわれている神になろうとする諸侯とは、例えば、今福匡氏が明らかにしたような上杉謙信などが該当しよう。(30)もちろん秀吉も家康もキリスト教は選択しなかったのだから、その意味で同教との対抗関係は成立するが、家康の場合、キリスト教ではなく、既存の神仏の体系に依拠しながらも、それへの全面的依存を避けている。且つ秀吉の神格と異なるあり方をも追求している。そのような家康の選択の歴史的意味を知るにはどのような方法があるであろうか。

二、慶長末期の政治的・宗教的課題と徳川家康

家康が天台宗に帰依して天海らとともに論義に取り組み始める慶長一八年（一六一三）の一二月二二日の夜、大御所家康から「伴天連追放之文」を作製するよう命じられた以心崇伝は、翌日起草文を家康に提出しており、これは崇伝の証言によれば、大鷹《（高）》檀紙に清書され、将軍徳川秀忠の朱印で発布された。(31)

いま海老沢有道氏の校注によって内容の一部を示せば、(32)「乾《けん》を父となし坤《こん》を母となし、人その中間に生じ、三才これに定まる。それ日本はもとこれ神国なり。」で始まり、「神と仏とその名異なりてその趣き一《いつ》なるは、あたかも符節《ふせつ》を合《がっ》するが如し。」と神仏の習合が謳われ、「日本は神国、仏国にして神を尊び仏を敬《うやま》ひ、仁義の道を専らにし、善悪の法を匡《ただ》す。過犯の輩《ともがら》あれば、その軽重《きょうじゅう》に随ひ、墨劓《ぼくぎ》剕宮大辟《ひきゅうたいへき》の五刑に行ふ。」と神仏の教えに基づいて善悪を判断するとする。その上で、キリスト教に

ついて「かの伴天連《ばてれん》の徒党、みな件《くだん》の制令に反し、神道を嫌疑し、正法《しょうぼう》を誹謗《ひぼう》し、義を残《そこ》なひ、善を損《そこ》なふ。刑人あるを見れば、すなはち欣び、すなはち奔《はし》り、自ら拝し自ら礼す。これを以て宗の本懐となす。邪法にあらずして何ぞや。実に神敵仏敵なり。」と断じ、「急ぎ禁ぜずんば後世必ず国家の患《うれ》ひあらん。ことに号令司《つかさど》る。これを制せずんば、かへって天譴《てんけん》を蒙らん。日本国のうち寸土尺地、手足《しゅそく》を措《お》くところなく、速《すみや》かにこれを掃攘《そうじょう》せん。強《し》ひて命に違《たが》ふ者あれば、これを刑罰すべし。」と宣言するのである。なぜこのように命ずることができるかといえば、天下人が「いま幸ひに天の詔命を受け、日域《じついき》に主《つかさど》り、国柄《こくへい》を秉《と》ること、ここに年あり。外《そと》五常の至徳を顕はし、内《うち》一大の蔵教に帰す。この故に国豊かに民安んず」るからであった。その天下人の拠って立つ思想たるや、「経に曰く、『現《げん》世《ぜ》安穏《あんおん》、後生善処《ごしょうぜんしょ》』。孔夫子また曰く、「身体髪膚《はっぷ》、父母に受く。あへて毀傷《きしょう》せざるは孝の始めなり」。その身を全うするは、すなはちこれ神を敬ふなり。」と説明され、キリスト教の排斥が「わが正法昌《さか》ん」にすると結んでいる。

確かにここで述べられる神儒仏総動員の思想は、家康による元和二年（一六一六）四月七日の遺言と通ずるものがある。家康の念頭にキリスト教が対置されていたことは間違いないであろう。しかし、自己神格化を企図した時、自身をキリスト教への対抗としてのみ位置づけるのならば、従来の神仏とそれに基づく成仏思想で事足りたはずである。しかも、以心崇伝が「元和二年五月二十一日付細川忠興宛以心崇伝書状案」において天台宗の神道を推そうとする天海を批判して「山王之神道とやらん二日本国が成可申か。かやうの珍敷義ハ前代未聞と存候。」と述べたように、[33]当時の人の眼には、家康の選択が「伴天連追放之文」のいう神国のありようと異なるものと映ってしまう余地もあったのである。

また、キリスト教との対抗関係の存在を想定するとしても、「伴天連追放之文」の趣旨の実行のため、慶長一九年（一六一四）正月三日に相模国小田原から上洛を命じられた大久保忠隣[34]は、「タイウス門徒悉御成敗《ハイ》」[35]の完遂にもかかわらず、同年正月二一日に改易される。なぜキリスト教の弾圧を命令通りに実行した秀忠の側近が政治生命を絶たれねばならなかったのか[37]。このことは、必ずしも当時、政治的・宗教的にキリスト教への対抗と弾圧が果たされればそれでよいと考えられていたわけではなかったことを示唆している。当時、何が問題となっていたのであろうか。忠隣の改易の事情を示す次の史料[38]から考察してみよう。

慶長十八年癸丑年極月六日、中原《(相模国)》ニテ、大久保石見守《(長安)》カ下役人馬場八右《(左)》衛門ト云者、一通ノ訴帖ヲ差上ル、是忠隣《(大久保)》陰謀ノ企有ノ事ヲ申上ルト云々（中略）

且元《(片桐)》カ懐中ノ折本一冊取落テ在リ、八右《(左)》衛門《(馬場)》ハ、片原ニ人ナキニ依テ、密ニ取テ見ルニ、且元カ自筆ニシテ、大仏殿普請ノ日記数ヶ条、尤金銀ノ員数ナト書シ、其末ニ大久保忠隣、里見安房守忠義、高山南方、右近大夫、福島正則、左衛門大夫、高力左近《(忠房)》ナト書テ、或ハ朱ノ丸星ヲ付テ、又三角ノ印ヲシ、小書ニ丸ハ耶蘇宗ト記シテ有リ、八右《(左)》衛門不審ニ思ヒ、能々見ルニ、大久保、里見、高山等ニハ、朱ノ丸星ヲ付タリ、八右《(左)》衛門元ヨリ邪智深キ者ナレハ、天我ヲ救ヘル期ノ来レリト押戴キ、懐中シテ走リ出シカ、急キ駿府へ下向シ、本多正信カ許ニ到テ、此一通ヲ出シ、我忠隣ノ元ニ有テ其様子ヲ伺フニ、忠隣、内々石見守《(大久保長安)》カ合力ヲ得テ、懇意成ニ依テ、兼々関東ノ御仕置ヲ恨ル處、果シテ大坂ヘ野心ヲ勧奉ル事疑ナシ、子細ハ某(マヽ)片桐(且元)カ自筆ノ書ヲ以テ、正信(本多)ヘ差出ス、且元ハ瀧本流ノ能書ニテ、紛レナケレハ、正信打返シ々々能々見テ、暫ク思案シ、是ハ我(本多正信)カ口上ヨリハ、直訴有テ然ルヘシト、依之、時節ヲ待ケル處ニ、慶長十八年十二月六日、関東ヘ御放鷹有テ、江戸ヲ御立有テ、御帰路ノ時、中原迄著御ノ折カラ、八幡宮ノ森ノ中ヨリ、彼ノ八右(左)衛門罷出テ、天下逆心ノ者有ル由ヲ注進シテ、目安一通ニ書認メテ、片桐カ自筆ノ折本ヲ添テ献ス、神君(徳川家康)ニモ片桐カ自筆紛ナキニ驚カセ玉ヒシカハ、正信モ、強テ此事有ルマシキ𪜈申上カタク、馬場(八左衛門)ハ則正信ヘ召預ケラレ、御糺シ有リケル處ニ、大阪(坂)逆心ハ無之様子ナカラ、関東ヲ恨ル面々ハ、兎角大坂ニ便リテ、此事ヲ申勧ル事ト相見ヘ候ト中達ス、(後略)

この史料は、『大日本史料』第十二編之十三の慶長一八年一二月六日条における引用史料の一つ『大久保家記別集』の一節であり、相模国中原において鷹狩り中の家康が馬場忠左衛門から忠隣に関する訴えを聴いた経緯が記されている。この史料は、『大日本史料』第十二編之十三において〔附録〕として引用されているが、そのためか先行研究は使用を避けている。しかし、記述は詳細であり、従来改易の理由としていわれてきた無届の婚姻や本多正信父子との確執のみでは[39]、なぜ慶長一九年(一六一四)正月という時期に改易されねばならなかったのかが説明できないことから、本稿では敢えて検討してみたい。

ここからは、大久保長安の下役人であった馬場が浪人して在京中、その利用価値を見定めようとした片桐且元が大仏の普請場へ馬場を呼び出し、数日話をしたところ、忠隣のことを恨んでいる様子であったので、普請役所へ誘い、話を聴こうとした。ところが、且元が席を外した際、懐から一冊の折本が落ち、それを落掌した馬場が内容を見たところ、大仏造立と大仏殿普請に関する留書だったようである。そこには、日記と金銀の員数などとともに記号の付された人名が記され、里見忠義や高山右近と並んで忠隣の名もあり、里見や高山と同じ記号が付されていたという。朱の丸印が付されていたとあるから、忠隣はキリスト教徒として扱われていたのであろう。馬場はそれを懐中して駿河国へ走って本多正信に見せたところ、間違いなく片桐の自筆だが、正信は自身の言上よりは馬場からの直訴のほうがよいとして馬場に直訴させたという次第である。折本を見た家康も驚いたといい、馬場は正信に預けられたとある。

すなわち、この史料は、全てが真実とはいえまいが、少なくとも秀忠の側近である忠隣が秀頼の大仏造立・大仏殿造営への合力のほか、キリスト教徒として高山右近らと名を連ねていることなどを問題視されて改易されたことを示唆しているということである。本稿の立場からは、この史料が慶長末期の政治的・宗教的課題について、（i）大坂城の豊臣家の問題、（ii）秀吉ゆかりで秀頼が造立・造営を継続していた大仏・大仏殿の問題、（iii）幕閣・大名とキリスト教との関係という三つの問題が併存・伏在しており、忠隣は（iii）では「伴天連追放之文」の実行を遂げて身の証を立てられたものの、（i）と（ii）をめぐる忠隣の立場の疑いが晴れず、家康によって改易されたことを示しているのではないかと推定しておきたい。

慶長末期に、キリスト教の問題のみならず、大坂城の秀頼の動向[40]、そして秀頼による大仏造立・大仏殿造営が相互に影響していたとすると、それらが家康の自己神格化の構想にどのように影響したのであろうか。そのことを考察し、本稿を終えたい。

おわりに

そもそも京都の大仏と大仏殿について、生前の秀吉にとっては大仏よりも大仏殿のほうが重要だったとの河内将芳氏による指摘があり、文禄五年（一五九六）閏七月一三日の地震では大仏殿は何とか建っていたが、大仏が大破してしまったことをうけ、秀吉は地震で壊れる仏像の無力を指摘し、善光寺如来を招来したという[41]。その如来も秀吉の死後に善光寺へ戻るが、その空の大仏殿に大仏を安置すべく、再び工事が始まる[42]。すなわち、新八幡社（のちの豊国社）の造営と大仏再造立であり、あたかも東大寺の大仏殿と手向山八幡宮との関係の如く、新八幡社（のちの豊国社）は大仏と大仏殿の鎮守としての機能も併せ持っていた[43]。河内氏によると、大仏再造立と豊国社の工事は慶長五年（一六〇〇）五月までは続けられていた模様だが、会津攻めと関ヶ原合戦の影響によって中断を余儀無くされ、関ヶ原合戦後は家康の関与の下で工事は進行したものの、慶長七年（一六〇二）の事故で造立中の大仏と大仏殿が焼失してしまった[44]。

本稿のいう大仏と大仏殿は、慶長一二年（一六〇七）一二月から造立・造営に向けた動きが確認されるものに当たるが、これも家康と秀頼の「いわば共同事業」とされる[45]。にもかかわらず、家康が最終的に開眼供養の延期を決断した理由はいかなるものであろうか。吉田洋子氏によれば、大仏開眼供養の準備に際しては、関白以下朝廷の主要な公卿の参列が計画されており、実現の一歩手前であったことがわかっており、開眼法要の導師の座次をめぐっても、天海が天台宗の優位を狙って暗躍するなど混乱し[46]、家康の上洛も予定されていたが、件の鐘銘文の問題が持ち上がり、開眼供養は延引となった[47]。

しかし、開眼こそならなかったものの、大仏・大仏殿とその鎮守としての豊国社は、京都の東山の麓に存在し続けていた[48]。大坂夏の陣後、大仏・大仏殿は残されたが、豊国社は封鎖されて「御改易」された[49]。そのようなことは日本史上、例を見ない措置であった。

最晩年の家康は、キリスト教の神と向き合うことのほかに、亡き秀吉・秀頼の発願した大仏・大仏殿、そして亡き秀吉の神格にも向き合わなければならず、すでに社は封鎖したとはいえ、秀吉が神格化されている以上、家康自身の神格化は没後の序列のうえでも必須と考えられたであろう。

それでは、家康はいかなる神格化を遂げるべきか。存命中に家康は豊国大明神の社を封鎖したのであるが、それについては天皇・朝廷の関与も史料的に確認できず[50]、家康の行為はもはや神の所業ともいえるものであった。豊国大明神とは別個で、且つ秀吉父子の関わった盧舎那仏よりも優位に立ち得る神格は、神仏が仏本神迹の形で習合して現れた神である必要があった。最晩年の家康は、キリスト教との決別を決断したうえで、さらに自らの霊魂を没後も視野に入れながら政治的に適切な形で位置づけ、機能させるための宗教的諸理論を学び、それらを取捨選択すべく、曽根原理氏の注目した天海らを交えての論義を活用したのであろう。

注

（1）朝尾直弘「天下人と京都」（朝尾直弘『朝尾直弘著作集　第四巻　豊臣・徳川の政治権力』岩波書店、二〇〇四年、初出二〇〇三年）三一一頁。
（2）例えば、近年の重要な研究としては、高野信治『武士神格化の研究』（吉川弘文館、二〇一八年）などがある。
（3）朝尾直弘「東アジアにおける幕藩体制」（朝尾直弘『朝尾直弘著作集　第八巻　近世とはなにか』岩波書店、二〇〇四年、初出一九九一年）二〇六―二〇七頁。
（4）横田冬彦「城郭と権威」（朝尾直弘・網野善彦・石井進・鹿野政直・早川庄八・安丸良夫編『岩波講座　日本通史』第十一巻・近世一、岩波書店、一九九三年）二七七―二七九頁。
（5）拙著『天下人の神格化と天皇』（思文閣出版、二〇一五年）、拙著『豊国大明神の誕生　変えられた秀吉の遺言』（平凡社、二〇一八年）、拙著『徳川家康の神格化　新たな遺言の発見』（平凡社、二〇一九年）。
（6）曽根原理『神君家康の誕生　東照宮と権現様』（吉川弘文館、二〇〇八年）二五―二六頁。
（7）曽根原理『徳川家康神格化への道』（吉川弘文館、一九九六年）二〇四頁。
（8）前掲注（7）曽根原『徳川家康神格化への道』二〇四頁。
（9）前掲注（7）曽根原『徳川家康神格化への道』二〇五頁。
（10）前掲注（7）曽根原『徳川家康神格化への道』二〇八頁。
（11）前掲注（7）曽根原『徳川家康神格化への道』二〇八―二〇九頁。
（12）前掲注（7）曽根原『徳川家康神格化への道』二〇九頁。
（13）前掲注（7）曽根原『徳川家康神格化への道』二二四頁。
（14）前掲注（7）曽根原『徳川家康神格化への道』二二二頁。
（15）前掲注（7）曽根原『徳川家康神格化への道』二二三頁。
（16）前掲注（7）曽根原『徳川家康神格化への道』二二三頁。
（17）前掲注（7）曽根原『徳川家康神格化への道』二二八頁。
（18）前掲注（6）曽根原『神君家康の誕生』五五頁。

(19) 副島種経校訂『新訂　本光国師日記』第三（続群書類従完成会、一九六八年）三八二頁。
(20) 東京大学史料編纂所編『大日本古記録　梅津政景日記』二（岩波書店、一九五四年）二五三頁。
(21) 仙台市史編さん委員会編『仙台市史　資料編十二　伊達政宗文書三』（仙台市、二〇〇五年）九―一〇頁。
(22) 「一八八九　茂庭石見守綱元宛カ書状」（仙台市史編さん委員会編『仙台市史　資料編十二　伊達政宗文書三』仙台市、二〇〇五年、九頁）。
(23) 神崎充晴「『東照社縁起』制作の背景」（小松茂美編『続々日本絵巻大成　伝記・縁起篇八　東照社縁起』中央公論社、一九九四年）一七三頁。
(24) 財団法人神道大系編纂会編／西垣晴次・小林一成校注『神道大系　神社編二十五　上野・下野国』（財団法人神道大系編纂会、一九九二年）一四七頁。
(25) 『東照神君年譜』十（国立公文書館所蔵謄写本）。国立公文書館デジタルアーカイブで閲覧可能。但し、国立公文書館では序を冊次としての一と数えているため、目録上の冊次は十一となる。
(26) 拙稿「徳川家康の神格化過程に関する追加的検討」（『大日光』第九〇号、二〇二一年九月）。
(27) 松田毅一監訳『十六・七世紀イエズス会日本報告集』第Ⅱ期第二巻（同朋舎出版、一九九六年）三三〇頁。鳥居正雄訳。
(28) 高木昭作『将軍権力と天皇　秀吉・家康の神国観』（青木書店、二〇〇三年）。
(29) 松田毅一監訳『十六・七世紀イエズス会日本報告集』第Ⅰ期第一巻（同朋舎出版、一九八七年）八二―八三頁。日埜博司訳。
(30) 今福匡『神になった戦国大名　上杉謙信の神格化と秘密祭祀』（洋泉社、二〇一三年）。なお、今福氏の同書二六、三二、三六―六五頁によれば、生前の謙信は剃髪して高野山で伝法灌頂を受けていたから僧侶であったうえ、謙信は倒れてから昏睡状態を経ての急死であり、謙信とその遺体を神聖視する傾向については上杉景勝らの意向が大きかったという。したがって、謙信の例は貴重な事例であるとは思うが、謙信の自己神格化とまではいえず、やはり信長・秀吉・家康とは同一視できない。
(31) 異国日記刊行会編『影印本異国日記――金地院崇伝外交文書集成――』（東京美術、一九八九年）三三―三四頁。
(32) 「排吉利支丹文」（海老沢有道校注）（海老沢有道他校注『日本思想体系　キリシタン書　排耶書』岩波書店、一九七〇年）四二〇―四二一頁。
(33) 副島種経校訂『新訂　本光国師日記』第四（続群書類従完成会、一九七〇年）一二二頁。なお、前掲注（5）拙著『徳川家康の神格化』一四一頁において同書状の「拙老（以心崇伝）とからかい候様ニ。世上ニもさた有之由候。」の「からかい」をそのまま訳出してしまったが、正しくは天海との口論の意であるとのご教示を読者から得た。お詫びして訂正したい。

（34）前掲注（31）異国日記刊行会編『影印本異国日記』三四頁。

（35）『言緒卿記』慶長一九年正月二〇日条（東京大学史料編纂所編『大日本古記録　言緒卿記』上、岩波書店、一九九五年、二三九頁）。

（36）『當代記』は慶長一九年正月二一日条、『駿府記』は同年正月一九日条においてそれぞれ忠隣の改易に言及するが（『史籍雑纂　當代記　駿府記』続群書類従完成会、一九九五年、一九五、二五一頁）、山科言緒は慶長一九年正月二〇日に忠隣へ挨拶をできているから（前掲注〈35〉『言緒卿記』二三九頁）、正月一九日に改易の方針は固まっていたとしても、発令は正月二一日で、それが本人に伝達された日はさらに後日ということであろう。

（37）藤井譲治氏は慶長一九年正月一九日を採り、山口重政と忠隣養女との無断婚姻を理由として挙げる（藤井譲治『徳川家康』吉川弘文館、二〇二〇年、三五一頁）。山本博文氏は同年正月二一日を採り、本多正信との確執に言及しつつも、正信に忠隣を却ける力はないとして、家康が改易の判断をしたと捉えている（山本博文『徳川秀忠』吉川弘文館、二〇二〇年、八一―八二頁）。

（38）『大久保家記別集』（東京大学史料編纂所「大日本史料総合データベース」登載『大日本史料』第十二編之十三、慶長一八年一二月六日条〔附録〕、一五五―一五七頁）。

（39）前掲注（37）藤井『徳川家康』三五一頁、前掲注（37）山本『徳川秀忠』八一頁。

（40）藤田達生『日本近世国家成立史の研究』（校倉書房、二〇〇一年）三八五―三八七頁は、忠隣の改易に藤堂高虎も関与していたと指摘しており、「キリシタン禁令は、幕閣との関係からのみ発布されたものではない。（中略）忠輝（松平、引用者註）グループを精神的に結びつけたのが、キリシタン信仰だった可能性も高く、これらがスペインなど海外のキリシタン勢力と連携することさえ予想できたのである。また豊臣氏を盟主とした反徳川勢力がキリシタン信仰で固まり、この一門大名―幕閣―外様大大名グループと接触する可能性すらあった。家康はそれを極度に警戒した」と見ている。

（41）河内将芳『秀吉の大仏造立』（法藏館、二〇〇八年）一二一―一三四、二〇八―二一六頁。

（42）前掲注（41）河内『秀吉の大仏造立』一五八―一六六頁。

（43）前掲注（41）河内『秀吉の大仏造立』一六六頁。

（44）河内将芳『秀吉没後の豊臣と徳川　京都・東山大仏の変遷からたどる』（淡交社、二〇二三年）九一―九二、一〇三―一〇六頁。

（45）前掲注（44）河内『秀吉没後の豊臣と徳川』一三六―一三八頁。

(46) 吉田洋子「豊臣秀頼と朝廷」(『ヒストリア』第一九六号、二〇〇五年九月)四三―四六頁。
(47) 前掲注(5)拙著『豊国大明神の誕生』二五三―二六〇頁。
(48) 前掲注(44)河内『秀吉没後の豊臣と徳川』一九九頁。
(49)「一〇八　金地院・板倉伊賀守連署折紙」(高野山史編纂所編『高野山文書』第七巻、高野山文書刊行会、一九三八年、八一頁)。「元和元年七月二十四日付文殊院宛板倉勝重・以心崇伝書状」。
(50) 前掲注(5)拙著『豊国大明神の誕生』三八―四三頁。

終章

清水有子

本書は、冒頭でも述べられた通り、一六二二年というキリシタン史上の節目を記念して編まれた論文集である。まずはその内容を、編者としてかかわった筆者の視点で、その意図もふまえながら、簡単に振りかえってみたい。

本書はテーマごとに四部で構成されている。

第一部は、長崎西坂で五五名の宣教師・信徒が処刑された、元和大殉教を扱っている。ジェズス教会の有名ではあるが研究の少ない殉教図の由来から考察がはじまり、続いて、なぜこの絵が描かれることになったのか、元和期の禁教の要因が追究される。これまであまり注目されてこなかった托鉢修道会や、日本人神父の動向に焦点をあて、名もない人々の肉声もまた分析されているのが、本書の特徴である。

第二部では、布教聖省の設立を象徴とする海外の宣教動向に注目する。ここでは元和期日本の殉教が、実は海外の新たな教会の動きと相互に深く関わり、影響を及ぼし合っていたことが明らかにされる。例えばザビエルの列聖はヨーロッパにおけるイエズス会の「戦略」であり、日本の殉教者の存在がそれを支えていた。布教聖省の方針は日本に新たな殉教者をもたらしている。日本列島から私たちの視野は解放され、殉教の意義がより深く把握される。

第三部では、潜伏したキリシタンの信仰を考えた。この問題については、潜伏信仰がキリスト教とよべるか否かの点で、まったく意見が分かれており、本書でもそれぞれの主張が展開されている。しかし白熱する議論を読むことでわかるのは、日本の「民衆」であることが強調されて久しいキリシタンであるが、私たちはなおその信仰の本質を、民衆の視点でとらえきれてはいないのではないかという、各論に通底する問題意識である。

第四部は一転、禁教令を発令した天下人の自己神格化とキリスト教との関係を問う。現在、宣教師史料に唯一残る織田信長の自己神格化については史実とみなさない研究者が多い。その理解には疑問が呈される。そしていずれの論者も、程度の差はあれ、キリスト教が三人の天下人の自己神格化に関わっていたと論じる。少なくともこの問題については、もはやキリシタン史料の検討ぬきで研究する段階ではないことが示唆されたといえよう。

以上の簡単な紹介からもわかるように、本書は一見バラバラなテーマで構成されているように見えるが、実は四〇〇年前のキリシタンの宣教・信仰とは一体どのような意義があったのか、という一つの問題を扱っている。このテーマについて日頃関心を共有しつつも分野の異なる各研究者が自分たちの作品を持ち寄った、言うならば美術館の企画展の作品集のようである。各展示室のテーマが殉教、宣教、潜伏信仰、天下人の神格化となったのは、殉教・宣教にまつわる四〇〇年目の節目というだけではない。すべてが企画展のテーマに必要不可欠な要素であるからこそ、このような作品集に仕上がったのである。

その出来栄えについては読者の判断にゆだねるしかないが、編者として、また一読者として読後に思ったことが二つある。

第一に、キリシタン史研究は確実に変化と進歩を遂げている、ということだ。少し前に刊行された川村信三編『キリシタン歴史探求の現在と未来』（キリスト教史学会監修、教文館、二〇二一年）では、かつての華々しい史実や史料の新発見中心の研究から、史料を分析・解釈し、議論を活性化させる、地味ではあるが地道な研究へと移行しつつある、と述べられていた。たしかにこれまでのキリシタン史研究では、分野内外での対話が乏しい傾向はあった。この点本書を確認すると、西洋史、東南アジア史、日本史など複数分野の研究者が参画するだけではなく、意見を異にする者が同じ土俵で各自の論を展開している。テーマ上政治史が中心となったが、宗教学、民俗学、比較文化の見解も示された本書は、未来型キリシタン史研究の、実践編第一弾といってよいのではないか。

読後の感慨として思いめぐらした二点目は、意外にも、四〇〇年後に生きる私たちの現在についてであった。二〇二二年二月のロシア軍のウクライナ進攻以来、「他者」との共存が現代的課題であることが言われながら、二〇二三年一〇月にはイスラエル軍のガザ地区侵攻が始まり、二つの戦争が終わる気配はいまだに見られない。身近な問題としては、コロナ禍が収束したことを受けて人的交流が復活しつつあり、以前よりも日常レベルでの国際化が急速に進んでいる。そうした状況で異質な「他者」との共存がいかに可能であるのか、そのために寛容の精神を互いにどれだけ持つことができるのか、私たちは日々問われている。

キリシタン史は、それ自体が日本における「他者」との貴重な経験談である。日本人は異文化キリスト教と出会い、受容し、そして排除したが、今この歴史から学ぶことは多い。殉教は、見方を変えれば、かつて日本を支配した江戸幕府が、キリスト教を信仰しているというだけで罪のない「他者」を大勢殺戮した、非常に厳しい史実でもある。この苦い過去を直視して、なぜそうなったのかを考え議論することが、未来の私たちの財産になっていくのだろう。

最後に、本書はキリシタン文化研究会の会員の支えによって、出版のはこびとなった。各部「まえがき」は研究会の現理事が、年表は会員の竹山瞬太氏が担当し、岩﨑佳子氏をはじめ事務局の全面的な協力を得ることができた。各執筆者、教文館出版部の髙橋真人氏はじめ、本書の出版に協力して下さったすべての方々に、心から御礼を申し上げたい。

二〇二三年一二月吉日

年表

西暦	和暦	国内事項	海外事項
一六一二・四・二一	慶長一七・三・二一	江戸幕府、蔵入地の駿府・江戸・京に禁教令発布。	
六・五	五・七	甲斐の流刑地でキリシタン大名有馬晴信が賜死（ノッサ・セニョーラ・ダ・グラサ号事件に関する贈収賄事件等）。	
七・九	六・一〇	【島原】藩主有馬直純、領内にキリスト教禁制を布告。	
九・一	八・六	禁教令（「伴天連門徒御制禁」）、関東の御蔵入地へ布達地域を拡大。	
一一・一三	一〇・二一	【長崎】伊東マンショ神父、死去（四三歳）。	
一六一三・四	慶長一八・三	【駿府】大村藩主大村喜前、「吉利支丹御仕置之儀」について献策。	
九～一〇	八～九	【江戸】小伝馬町の獄中で二七名が殉教。	
一〇・七	八・二三	【島原】藩士三名とその家族が日野江城下で火刑（島原最初の殉教）。	
一〇・一四	九・一	【奥州】伊達政宗、青葉城でフランシスコ会士ルイス・ソテロ神父と会見（三日後、教皇宛ての書状作成）。	
一〇・二八	九・一五	【奥州】慶長遣欧使節のサン・ファン・バウティスタ号、陸奥月浦を出港。	

西暦	和暦	国内事項	海外事項
一六一四・一・二五			【メキシコ】慶長遣欧使節、アカプルコに入港。
二・一	一二・二三	〔禁教令（「排吉利支丹文」）〕	
二・一六	慶長一九・一・八	【長崎】日本司教セルケイラ神父、死去。	
三・二四			【メキシコ】慶長遣欧使節、メキシコ市に到着。
四・一三	三・五	【京都】京坂の捕縛済みキリシタン七一名、外ヵ浜（津軽）への流罪に決定。	
五・二九	四・二一	【長崎】イエズス会、聖体行列を挙行。	
八・一八	七・一三	【島原】藩主有馬家、日向延岡へ転封（キリシタンの家臣多数が残留）。	
一〇・四	九・一	【長崎】イエズス会コレジオ院長メスキータ神父、郊外で死去。	
一〇・五			【スペイン】慶長遣欧使節、来着。
一〇・二三	九・二〇	【長崎】日本司教総代理の座をめぐり、教会内での紛争発生（イエズス会とフランシスコ会ら托鉢修道会の対立激化）。	
一一・六〜九	一〇・五〜八	【長崎】宣教師・有力キリシタン指導者ら一四八名、マカオ・マニラへ渡航（複数人の宣教師が密かに下船・日本残留）。	
一一・二二〜二四	一〇・二二〜二四	【島原】藩領内各所でキリシタン四〇名が	
一二・八	一一・八		

一二・一九	一一・一九	殉教（長崎奉行長谷川藤広の仕置）。 【長崎】「岬の教会」ほか多数の教会堂が破却される。 【大坂】大坂城の惣構、木津川口の砦をめぐって豊臣方と徳川方が衝突（大坂冬の陣勃発）。	
一六一五・一・一九	一二・二〇	【大坂】豊臣方と徳川方の間で和睦が成立（大坂冬の陣終結）。	
一・三〇			【スペイン】慶長遣欧使節の大使支倉常長、マドリードの王宮で国王フェリペ三世に謁見。
二・三			【フィリピン】マニラで高山右近死去（六三歳）。
五・二三	慶長二〇・四・二六	【大坂】豊臣方、大和郡山城を落として付近の村々に放火（大坂夏の陣勃発）。	
六・三	五・七	【大坂】大坂城落城（翌日、豊臣秀頼が自刃し大坂夏の陣終結）。落城時、日本教区司祭一名が死亡。イエズス会士らは脱出。	
八・七	閏六・一三	幕府、一国一城令を制定。	
八・一五	閏六・二一	スペイン国王使節ディエゴ・デ・サンタ・カタリーナ神父の一行、浦賀に到着。	
八・三〇	七・七	【伏見】将軍秀忠、伏見城で諸大名に対し	

西暦	和暦	国内事項	海外事項
		武家諸法度を下達。	
九・一	七・九	【京都】大御所家康、豊国神社の破却を命令。	
九・九	元和 元・七・一七	【京都】禁中并公家中諸法度	
九・一六	七・二四	【京都】諸宗諸本山法度	
一〇・二九			【ローマ】慶長遣欧使節のローマ入市式挙行。
一一・三			【ローマ】慶長遣欧使節、バチカン宮殿で教皇パウルス五世に公式謁見。
一一・一九			【ローマ】慶長遣欧使節大使の支倉常長、貴族に列し、随員とともに公民権証を付与される。
一二・二七			【ローマ】教皇、日本のキリシタンに対する勅書発布。
一六一六・四・一六頃			【スペイン】慶長遣欧使節、マドリードに帰着。
六・一	元和 二・四・一七	【駿府】大御所家康、死去（七五歳）。遺骸は久能山に埋葬。	
六・二二			【スペイン】慶長遣欧使節、セビーリャを出港。
九・一八	八・八	江戸幕府、再度キリスト教禁令を発布。	

		また、唐船以外の異国船の入港を平戸・長崎に限定（「伴天連宗門御制禁奉書」）。	
一六一七・三・二八	元和三・二・二一	【京都】朝廷、徳川家康へ東照大権現の神号を授与。	
四	三	日光東照宮の神殿、竣工。	
五・一二	四・八	幕府、徳川家康の霊柩を久能山から日光山へ移葬。	
五・二二	四・一八	【大村】フランシスコ会士アスンシオン・イエズス会士マシャード両神父、放虎原で殉教（大村最初の殉教）。	
五・二九	四・二五	【大村】公然と説教を行ったドミニコ会日本代理管区長ナバレテとアウグスチノ会日本代理管区長アヤラの両神父、藩兵に捕らえられる（三日後殉教）。	
六・一二			【ローマ】教皇、日本のキリシタンに大赦令発布。
八〜九	七〜八	イエズス会日本管区長マテウス・デ・コウロス神父、日本各地のキリシタン指導者たちから証言文書を徴収（コウロス徴収文書）。	
九・一八	八・八	【大村】藩主大村喜前、病死（四八歳）。キリシタンの家臣による毒殺とも（「大村家秘録」）。	
一〇・二〇頃			【メキシコ】慶長遣欧使節、

西暦	和暦	国内事項	海外事項
			メキシコに帰着。
一六一八・二・一五	元和　四・一・二〇	【長崎】長谷川藤正、長崎奉行に正式着任。	
二・二五〜三・五	二・一〜九	【小倉】棄教を拒否した藩士や看坊ら計二五名、藩主細川忠興の命令で刑死・殉教（細川忠興によるキリシタン弾圧開始）。	
八・一〇			【フィリピン】慶長遣欧使節、マニラに入港。
九	八	幕府、異国船にキリスト教関係の文物を付託することを禁止。	
一〇・一〇			【マカオ】イエズス会日本管区長代理ジェロニモ・ロドリゲス神父、サンタ・マリアの組（コンフラリア）の規則等を編纂。
一一・二一	一〇・五	【関東】下野のフランシスコ会系「コルドンの組」の規則成立（『珍書大観　吉利支丹叢書　諸聖人御作業書抄及宗門諸抄』）	
一一・二五	一〇・九	【長崎】長崎奉行長谷川藤正、キリシタンの処刑・弾圧を開始。	
一六一九・一・一九	一二・四	【長崎】報償銀に関する市中の高札に捕縛対象として宣教師が追記される。	

一・二二	一二・七	【長崎】長崎奉行、全住民から宣教師を泊めない旨の誓詞を徴収。
三・一四	元和 五・一・二八	【長崎】ドミニコ会士メーナ神父ら捕縛。
三・一五	一・二九	【長崎】ドミニコ会士モラーレス神父、宿主村山徳安アンドレとともに捕縛。
七・一二	六・二	幕府、一国一城令への違反を理由に安芸広島藩主福島正則を改易。
七・下旬	六・下旬	【長崎】ドミニコ会士ディエゴ・デ・コリャード神父が来日。
八・一〇	七・一	【長崎】荒木トマス神父、捕縛（翌月初旬に出獄）。
八・一七	七・八	【京都】伏見城から将軍秀忠が上洛。将軍上洛に際し、京都所司代板倉勝重によって洛中で宗門改実施（多数のキリシタンを捕縛）。
一〇・一五	九・八	【小倉】細川忠興の寵臣加賀山隼人正興良ディオゴ、斬首刑に処され殉教（熊本大学附属図書館松井文庫所蔵史料）。
一〇・一七	九・一〇	【京都】橋本太兵衛ジョアン・テクラ夫妻ほかキリシタン計五二名、六条河原で磔刑・火刑に処され殉教。〔京都大殉教〕
一一・一八	一〇・一三	【長崎】イエズス会士木村レオナルド修道

西暦	和暦	国内事項	海外事項
		士以下、村山徳安アンドレ、ポルトガル人ドミンゴス・ジョルジら宣教師の宿主たち計五名、西坂で火刑に処され殉教。	
一一・二七	一〇・二二	【長崎】宣教師隠匿を罪状として、籠手田トーメ、木村アントニオ、小佐々マチヤスら計一一人が斬首刑に処され殉教。	
一二・一八	一一・一三	【大村】藩主大村純頼、急死（二八歳）。キリシタンによる暗殺との風聞あり（「大村家秘録」）。	
年中	年中	【長崎】市中の全ての教会堂・病院が破却される。	
一六二〇・二・一九	元和 六・一・一六	【長崎】ファビアン不干斎『破提宇子』。	
七・二二			台湾沖において、マニラ出航の朱印船（船頭は平山常陳）が英蘭連合護衛艦隊に拿捕される。同船にはアウグスチノ会士ズニガ神父とドミニコ会士フローレス神父が身分を偽って乗船。
八・五	七・一	【松前】イエズス会士ディオゴ・カルヴァーリョ神父、蝦夷地で最初のミサを挙行。	
八・一〇	七・六	【平戸】イギリス拿捕の朱印船、オランダ	

		人により平戸へ護送される。船中の宣教師二名は籠舎。
八・二〇	七・二二	【長崎】ローマ教皇パウルス五世の発した宥罪慰問の教皇勅書が到着（以後、その写しがキリシタンたちへ配布伝達される）。
九・二〇	八・二四	【奥州】慶長遣欧使節団、奥州牡鹿郡月ノ浦に帰港。同日、伊達政宗はキリスト教禁制を発布。
一〇・一八	九・二三	【島原】教皇勅書に対し、有馬・島原・有家・口之津のキリシタン指導者、各三名連署の奉答書を作成（バチカン図書館バルベリーニ文庫東洋部所蔵）。
一一・二	一〇・八	【奥州】仙台城下でキリシタン六名が斬首刑に処され殉教（仙台最初の殉教）。
一二・一八	一一・二五	【長崎】近郊でフランシスコ会士アヴィラ神父とヴィセンテ修道士が捕縛。
一六二一・一・一	一二・九	播磨・備前・備中・安芸広島・伊予のキリシタン指導者、各五名連署の奉答書を作成（バチカン図書館バルベリーニ文庫東洋部所蔵）。
一・二	一二・一〇	京都・伏見・堺・大坂のキリシタン指導者、各三名連署の奉答書を作成（バチカン図書館バルベリーニ文庫東洋部所蔵）。

西暦	和暦	国内事項	海外事項
一・一七	一二・二五	【島原】イエズス会士ジャコメ・アントニオ・ジャノネ神父、サンタ・マリアの組の規則を作成（カサナテンセ図書館所蔵「こむふらりやの人々心得らるべき条々の事」）	
一・二八			【ローマ】教皇パウルス五世、病死（六八歳）。
二・九			【ローマ】イエズス会コレギウム出身の枢機卿ルドヴィージ、教皇に就任（グレゴリウス一五世）。
三・二六	元和七・二・四	【長崎】キリシタン指導者一三名、連署の奉答書を作成（バチカン図書館バルベリーニ文庫東洋部所蔵）。	
三・三一			【スペイン】新国王としてフェリペ四世が即位。実権はオリバーレス公伯爵ガスパール・デ・グスマンが掌握。
四・二五	三・四	【島原】藩領飛地の矢上村にてドミニコ会士オルファネール神父が長崎奉行所に捕らえられる。	
六・三〇	五・一一	【長崎】浜ノ町にて、イエズス会士木村セバスチャン神父が長崎外町代官所に捕らえ	

		られる。
八・一七	六・三〇	【長崎】ドミニコ会士サルバネス神父が長崎奉行所に捕らえられる。
九・一三	七・二七	幕府、異国への日本人の売買・武器輸出を禁止。
九・二一	八・　六	【島原】イエズス会士中浦ジュリアン神父、イエズス会総長顧問宛ての書簡を認める（日本二十六聖人記念館所蔵）。
九・二九	八・一四	仙台藩士後藤寿庵ら奥州・出羽のキリシタン指導者一七名、連署の奉答書を作成（バチカン図書館バルベリーニ文庫東洋部所蔵［第二経由・第三経由］、フィレンツェ、サンタ・マリア・ノヴェッラ・ドミニコ会図書館所蔵［第一経由］）。
一〇・一三	八・二八	【島原】藩主松倉重政、領内での宣教師の宿泊を禁止。
一一・　四	九・二一	【長崎】フランシスコ会士トローヴェ神父、長崎奉行所に捕らえられる。
一一・三〇	一〇・一七	【平戸】獄中のズニガ神父、自らが司祭であることを告白。
一二・二八	一一・一六	【島原】イエズス会日本管区高来地区長ピエトロ・パオロ・ナヴァーロ神父ら、有馬で捕らえられる。

西暦	和暦	国内事項	海外事項
一六二二・一・六			【ローマ】カトリック勢力圏外での布教を推進する教皇庁直属の組織設立決定。
二・二三	元和八・一・一三	【長崎】ロザリオの組・ゼズスの御名の組の組親ら計一〇四名、ドミニコ会士の宣教活動について証言文書を作成（コリャード徴収文書）。	
三・四	一・二二	【平戸】コリャード神父立案のフローレス神父救出計画が失敗（実行者のルイス弥吉らは捕縛）。	
三・五	一・二三	【平戸】逃亡に失敗したフローレス神父、自らが司祭であることを告白。	
三・一二			【ローマ】教皇グレゴリウス一五世によって、イエズス会創設メンバーのイグナチオ・デ・ロヨラとフランシスコ・ザビエル、オラトリオ会の創設者フィリッポ・ネリ、アビラのテレジア、マドリードの農夫イシドロらが列聖。
四・二四	三・一四	【五島】イエズス会士コスタンツォ神父ら、宇久島で捕らえられる。	

五・二七	四・一七	【平戸】生月の武士坂本左衛門ジョアンと井手口ダミアン、中江島で斬首刑に処され殉教。	
六・二二			**【ローマ】布教聖省（Sacra Congregatio de Propaganda Fide）創設宣布（教皇勅書「Inscrutabili Divinae」）。初代書記官はフランチェスコ・インゴリ。**
七・八			【ローマ】教皇グレゴリウス一五世、熱病で死去（六九歳）。
七・二九	六・二一	【長崎】奉行長谷川藤正、保釈中の平山常陳らを再度捕縛、「転び伴天連」荒木トマスらを通じて棄教による赦免を促すも拒否される。	
八・六			【ローマ】枢機卿マッフェオ・ヴィンチェンツォ・バルベリーニ、正式に教皇に就任（ウルバヌス八世）。
八・一〇	七・四	【壱岐】イエズス会士コスタンツォ神父の従者太田アゴスチーノ（看坊）、斬首刑に処され殉教。	

西暦	和暦	国内事項	海外事項
八・一九	七・一三	【長崎】西坂において、ズニガ神父、フローレス神父、平山常陳ら三名が火刑、乗組員一二名が斬首刑に処され殉教。	
八・下旬	七・下旬	【薩摩】フランシスコ会士ルイス・ソテロ神父、笹田ルイス神父ら、長崎奉行所に捕らえられる（のち長崎・大村移送）。	
九・五	七・三〇	【長崎】ドミニコ会士コリャード神父、裁判長として二十六聖人列福裁判を開始。	
九・一〇	八・五	**【長崎】スピノラ、木村セバスチャン、サルバネス、オルファネール、モラーレス、メーナ、アヴィラ、トローヴェ神父ら宣教師およびキリシタンたち計五五名、西坂で火刑・斬首刑に処される。**〔**長崎元和大殉教**〕	
九・一一	八・六	【長崎】大殉教で処刑を延期された籠手田ガスパルら三名、斬首刑に処され殉教。	
九・一二	八・七	【大村】鈴田牢に残っていたフランシスコ会日本遣外管区長フランコ神父、ドミニコ会士スマラガ神父らが放虎原で殉教。	
九・一五	八・一〇	【平戸】イエズス会士コンスタンツォ神父、火刑に処され殉教。	
九・一五	八・一〇	【長崎】ドミニコ会士コリャード神父、	

～二九	～二四	二十六聖人列福裁判を再開・実施。
一〇・二	八・二七	【長崎】フローレス神父の脱獄（未遂）を支援したキリシタン一一名、西坂で殉教。
一〇・下旬	九・上旬	幕府年寄本多正純、改易・配流（宇都宮城釣天井事件）。
一一・初旬	九・下旬	【長崎】二十六聖人の列福裁判を終えたコリャード神父、マニラへ向けて出港。
一一・一	九・二八	【島原】島原城下に預け置かれていたナヴァーロ神父ら、今村刑場で火刑に処され殉教。
一六二三・四・二七	元和　九・三・二八	【長崎】ドミニコ会士リカルド神父、ヴァスケス神父、長崎奉行所に捕らえられる。
八・二三	七・二七	【京都】徳川家光、将軍宣下。
九・二五	閏八・一	【京都】大御所秀忠、二条城でシャムの国使と会見。
一〇・二	閏八・八	フィリピン出港のスペイン使節エルナンド・デ・アヤラの一行、薩摩に入港。
一〇	九	イエズス会士アンジェリス神父ら、宿主たちを庇って江戸の奉行所へ出頭・捕縛。数日後、フランシスコ会士ガルヴェス神父らが鎌倉で捕らえられる。
一一・一三	九・二一	【大村】ソテロ神父、フランシスコ会フィリピン聖グレゴリオ管区長宛ての「獄中書

西暦	和暦	国内事項	海外事項
		簡」を認める。	
一二・四	一〇・一三	【江戸】アンジェリス神父、ガルヴェス神父、元幕臣原主水助胤信ジョアンら宣教師・キリシタン計五〇名、札ノ辻で火刑に処され殉教。〔江戸大殉教〕	
一六二四・一・三	一一・一三	【平戸】イギリス人、イギリス商館を閉鎖し日本からの撤収開始。	
一・二〇	一二・一	【大村】ソテロ神父、教皇グレゴリウス一五世宛ての「陳情書」を認める。	
二	一二	【奥州】有力キリシタン指導者の藩士後藤寿庵、藩領を退去（伊達政宗によるキリシタン弾圧開始）。	
二・二二	元和一〇・一・四	【奥州】イエズス会士ディオゴ・カルヴァーリョ神父ら計六名、仙台の広瀬川で水籠責めにより殉教。	
二	一	【京都】スペイン使節、長崎奉行長谷川藤正、所司代板倉重宗と会見。	
五・一一	寛永元・三・二四	幕府、フィリピン総督による復交要求を拒否し、その旨スペイン使節へ通告（スペインと断交）。	
七・一八	六・三	【出羽】「奉答書」署名者の河井喜右衛門尉	

		ジョアンらキリシタン信徒三二名、久保田城下で火刑に処され殉教。	
八・二五	七・一二	【大村】ソテロ神父、笹田ルイス神父や従者馬場ルイス、ドミニコ会士フランシスコ・ヴァスケス神父、イエズス会士ミゲル・カルヴァーリョ神父と共に放虎原で火刑に処され殉教。	
一一・二六			【フィリピン】日本渡海のスペイン使節、帰港。
年中			【ローマ】教皇ウルバヌス八世の命を受けた彫刻家ベルニーニ、サン・ピエトロ大聖堂の大天蓋（バルダッキーノ）の設計・制作に着手（一六三三年完成）。
一六二五・一・二七	一二・一九	【江戸】朝鮮通信使、将軍家光に謁見。	
二・四			【ローマ】前月に到着したドミニコ会士コリャード神父、教皇庁裁判所へ、日本宣教におけるイエズス会士以外の宣教師の必要性について報告書を提出。
六・三			【ローマ】二十六聖人の列福

西暦	和暦	国内事項	海外事項
			調査官のフランシスコ会士タマヨ神父、教皇庁裁判所のミッリーニ枢機卿へ日本宣教についての報告書提出。
九			【ローマ】イエズス会士セバスチャン・ヴィエイラ神父、コリャード神父らの批判に反論。
一二・一七	寛永 二・一一・一八	【島原】イエズス会日本管区長パシェコ神父ら、口之津で藩兵に捕らえられる。	
年中	年中	【長崎】フィリピン総督派遣の私貿易船四隻、交易禁止と即時出港を命じられる。	
一六二六・二	寛永 三・一	【江戸】水野守信、長崎奉行に就任。	
四・九	三・一三	【長崎】日本遣外管区長ディエゴ・デ・サン・フランシスコ神父以下のフランシスコ会士たち、奥州へ向けて出発。	
五・七	四・一二	【長崎】イエズス会日本管区長長崎地区長ジョアン・バプチスタ・デ・バエサ神父、死去(六八歳)。	
六・二〇	閏四・二六	【長崎】管区長パシェコ神父以下、イエズス会士ら計九名が西坂で火刑に処され殉教。	

一二・三〇	一一・一二	【島原】藩主松倉重政、領内で宗門改を行い、キリシタン弾圧を開始。	
年中			【ローマ】サン・ピエトロ大聖堂（二代目）が竣工、献納式挙行。
一六二七・二・二八	寛永　四・一・一三	【島原】「奉答書」署名者の内堀作右衛門尉パウロら計一六名、雲仙山中での地獄責めにより殉教（地獄責めでの最初の殉教）。	
三・初旬			【ローマ】一五九七年の日本殉教者二六人の列福に際するラテン語布告文が教皇庁裁判所へ提出される。
五・一〇	三・二五	【島原】「奉答書」署名者の嶺助太夫ジョウチンら計一〇名、雲仙地獄責めにより殉教。	
五・二〇			【ローマ】儀礼聖省、二六人の殉教を正式認定する旨、宣言。
七・一〇			【ローマ】一五九七年の日本殉教者二六人を殉教者と宣言する教皇勅書、発布。
七	六	【長崎】奉行水野守信・代官末次政直ら主導のもと、市中で宗門改を実施。棄教を拒否した借屋人は市中から追放。	

西暦	和暦	国内事項	海外事項
八・一六	七・六	【長崎】托鉢修道会士の宿主とその家族ら計一八名、西坂で殉教。	
九・一四			【ローマ】一五九七年日本殉教者のフランシスコ会士六名および日本人一七人、列福（教皇勅書「ad perpetuam rei memoriam」）。
九・一五			【ローマ】一五九七年日本殉教者のイエズス会士三名、列福（教皇勅書「Indultum, ad perpetuam rei memoriam」）。
九	八	幕府、カンボジアの要請により通信許可。	
一〇・一八	九・一〇	【長崎】キリシタンである小西・高山一族の牢人四人、妻子と共にマカオへの国外追放を通告される（大半がマカオで客死）。	
一一・八	一〇・一	【江戸】オランダ領台湾（フォルモサ）長官ピーテル・ヌイツ、将軍家光への謁見が叶わず江戸出立。	
一六二八・四			【シャム】スペイン艦隊、メナム河口で朱印船を襲撃。
六			【台湾】長崎代官末次政直とピーテル・ヌイツの対立が武

			力衝突に発展。〔タイオワン事件／浜田弥兵衛事件〕
七頃	寛永 五・六頃	【長崎】奉行水野守信のもと、宗門改に際して初めて絵踏が実施される。	
七	六	【長崎】奉行水野守信、長崎周辺を放浪するキリシタンたちを島原藩へ引き渡す。島原での穿鑿により大半が棄教（「肥前嶋原有馬村古老物語」）。	
七・二六	六・二五	【長崎】幕府、入港したオランダ船を抑留し、オランダと断交。	
九・八	八・一八	【長崎】ドミニコ会士・フランシスコ会士ら計二四名、西坂で殉教。	
一二・五	一一・一〇	【江戸】竹中重義（豊後府内藩主）、長崎奉行に就任。	
一六二九・一・一二	一二・一八	【米沢】藩士の甘糟右衛門信綱ルイス以下キリシタン五三名、斬首刑に処され殉教。	
五〜七	寛永 六・四〜六	【天草】イエズス会日本管区長コウロス神父が島原から天草へ逃避。島原藩の照会を受けて天草で宗門改実施。	
八・三〜九・二	六・一四〜七・一五	【島原】棄教を拒んだ長崎のキリシタン、十数人に分けて雲仙へ移送される。	
九・一二	七・二五	紫衣事件（幕府、玉室・沢庵らを配流）	

西暦	和暦	国内事項	海外事項
一〇・二三			【マカオ】イエズス会士原マルチノ神父、死去（六一歳）。
一一・　四	九・一九	【江戸】シャム使節、将軍家光に謁見。	
一二・二二	一一・　八	【京都】後水尾天皇の譲位を受け、第二皇女で大御所秀忠の姪にあたる興子内親王が践祚（明正天皇）。	
一六三〇・五・一三	寛永　七・四・　二	幕府、日奥ら日蓮宗不受不施派を配流。	
五・二三	四・一二	【島原】転宗を後悔した有家村の百姓二〇七人、島原城に押し寄せ、転び証文の返還を要求（「肥前嶋原有馬村古老物語」）。	
七・　五	五・二五	【江戸】長崎代官末次政直、死亡。長男の末次平蔵茂貞が代官職を相続。	
一二・一四	一一・一一	【長崎】島原藩艤装のジャンク船およびポルトガル人艤装のジャンク船計二隻、出帆（朱印状は不携行）。	
年中			【シャム】アユタヤ日本人町の頭領でリゴール王の山田長政、政敵により毒殺される。
一六三一・七・一九	寛永　八・六・二〇	奉書船制度、開始。	
一二・　五	閏一〇・一二	【島原】ドミニコ会士、イエズス会士、レコレクト・アウグスチノ会士、イエズス会士、フランシスコ会士ら計五名、雲仙で地獄責めを受ける	

		も棄教せず（一一月一四日長崎送還）。	
一六三二・一・一四	一一・二三	【大坂】大坂天満や堺七堂浜で棄教を拒否したキリシタンの被差別民一三〇人余、マニラへ国外追放するべく長崎へ移送。	
二・八	一二・一八	【奥州】「奉答書」署名者の大森喜右衛門ジョアンら四二名、会津若松で殉教。同日、中牧主水ヴァレンチノら一四名は会津二本松で殉教。	
三・一四	寛永九・一・二四	【江戸】大御所秀忠、死去（五四歳）。	
七・一七	六・一	【熊本】藩主加藤忠広の改易・配流が決定。	
八・中旬	六・末	アウグスチノ会士二名、フランシスコ会士二名、ドミニコ会士一名がマニラからジャンク船で長崎・口之津へ密航。	
九・三	七・一九	【長崎】前年に雲仙地獄責めにあった宣教師たち六名、西坂で火刑に処され殉教。	
一一・一一	九・二九	幕府、諸士法度を制定。	
一一・一三	一〇・二	幕府、オランダ人の身柄引き渡しを許可（国交回復）。	
一二・四	一〇・二三	【駿府】藩主徳川忠長、改易。	
一六三三・一・二四	一二・一七	幕府、大目付を設置。	
二・二二			【ローマ】教皇勅書「Ex debito pastoralis officii」公布（日本司教の日本着任厳

西暦	和暦	国内事項	海外事項
三・二〇	寛永一〇・二・一一	【長崎】竹中重義、長崎奉行解任（のち切腹）。	守・カトリック諸修道会の日本宣教公式認可）。
三・二三	二・一四	【江戸】今村正長と曽我古祐の両名、長崎奉行に就任。	
四・六	二・二八	幕府老中、長崎奉行両名へ下知状令達。〔第一次寛永鎖国令〕	
七・一五	六・一〇	【天草】イエズス会士斎藤パウロ神父、赤崎村で捕縛（八月末に長崎で殉教）。	
七・三一	六・二六	【長崎】イエズス会士福永慶庵ニコラオ修道士に対して最初の「穴吊るし」の刑が科され、殉教。	
七・末頃	六・末頃	【大坂】セバスチャン・ヴィエイラ神父の一行、淀川河口で捕縛。	
八・三	六・二九	【長崎】イエズス会日本管区長代理クリストヴァン・フェレイラ神父、捕縛。	
八・二八	七・二四	【島原】イエズス会日本管区高来地区長ジャノネ神父、島原城下で穴吊るしの刑となり殉教。	
一〇・一八	九・一六	【長崎】宣教師たち八名に対する穴吊るしの刑が開始され、五時間後にフェレイラ神父が棄教。	

一〇・二一	九・一九	【長崎】穴吊るしの刑により、中浦ジュリアン神父が殉教。	
一六三四・六・六	寛永一一・五・一一	【江戸】イエズス会日本管区長代理ヴィエイラ神父、フランシスコ会士ルイス・ゴメス神父ら、殉教。	
六・一三	五・一八	【長崎】榊原職直と神尾元勝、長崎奉行に就任。	
六・二三	五・二八	〔第二次寛永鎖国令〕	
六	五	【長崎】有力町人二五名の出資により江戸町の海岸に出島の築造開始。	
九・一	閏七・九	【京都】琉球使節による謝恩使の開始。	
九・二五	八・四	【江戸】譜代大名の妻子、江戸留め置き。	
一一・一一～一七	九・二一～二七	【長崎】ドミニコ会士二名およびキリシタン七九名、西坂で殉教。	
一六三五・四・二七	寛永一二・三・一一	幕府、対馬藩による朝鮮宛て国書改竄事件を裁決・赦免。	
六・一五以前	五・一以前	【長崎】神尾元勝に代わり、仙石久隆が長崎奉行相役に着任。	
六・二四			【フィリピン】サン・パブロ修道宣教会副会長を称するコリャード神父の宣教団、到着。
七・一二	五・二八	〔第三次寛永鎖国令〕	

西暦	和暦	国内事項	海外事項
八・三	六・二一	武家諸法度改定（参勤交代、大船建造禁止）。	
一〇・九	九	【阿波】イエズス会士結城了雪ディオゴ神父、大坂峠で捕縛。	
一二・一八	一一・九	幕府、寺社奉行設置。	
年中	年中	幕府、唐船の入港地を長崎に制限。	
一六三六・	寛永一三・一・一九	【大坂】結城ディオゴ神父、殉教。	
四・一七	三・一二	【江戸】酒井忠世、大老就任。	
六・一三以前	五・一〇以前	【長崎】出島が完成。ポルトガル人の市中雑居・散宿を禁止して出島に収容。	
六・二二	五・一九	【長崎】馬場利重、仙石久隆に代わって長崎奉行に着任。	
一〇・二二	九・二四	〔第四次寛永鎖国令〕 【長崎】長崎奉行、南蛮人及びその妻子二七八人をマカオへ国外追放（「長崎実録大成」）。	
一六三七・一・九	一二・一三	【江戸】朝鮮通信使、将軍家光に謁見。	
二・二一			【スペイン】スペイン国王、コリャード神父が得た小勅書の無効と身柄のスペイン送還をフィリピン・ドミニコ会聖ロザリオ管区へ通告。
八・四	寛永一四・六・一四	【長崎】アウグスチノ会士トマス・デ・サン・	

		アウグスチノ「金鍔次兵衛」神父、訴人により近郊の片淵村で捕縛。	
八・三一	七・一二	【奥州】支倉常長の嫡子支倉常頼の従者夫妻、釣殺の刑に処される。	
九			【フィリピン】コリャード神父、隠棲（一六四一年八月、スペイン送還の途上で座礁・溺死）。
九	七〜八	【長崎】琉球王国の悪石島で上陸後間もなく捕縛されたドミニコ会宣教団、護送される。	
九・二五	八・七	【長崎】日向で捕縛されたイエズス会士マストリリ神父ら、護送される。	
九・二七〜二九	八・九〜一一	【長崎】ドミニコ会宣教団の神父四名ら、殉教。	
一〇・一七	八・二九	【長崎】マストリリ神父ら、殉教。	
一一・九	九・二三	【長崎】トマス「金鍔次兵衛」神父、穴吊るしの刑に処され殉教。	
一二・一一	一〇・二五	【島原】有馬でキリシタンほか、百姓たちによる一揆が発生。〔島原天草一揆勃発〕	
一六三八・二頃	一二頃	【長崎】アウグスチノ会士ミゲル・デ・サン・ホセ神父、捕らえられる。	

西暦	和暦	国内事項	海外事項
三以前	寛永一五・二以前	【長崎】ミゲル・デ・サン・ホセ神父、穴吊るしの刑に処され殉教（九州最後の宣教師殉教）。	
四・一二	二・二八	【島原】幕府勢の惣責により原城が陥落。〔島原天草一揆終結〕	
六・一三	五・二	武家諸法度改定（諸大名の隣国出兵の禁緩和）。	
一〇・二七	九・二〇	幕府、キリシタン禁制再令、訴人報償制を布告。	
一二・一二	一一・七	【江戸】土井利勝と酒井忠勝、大老就任。	
一二・一五	一一・一〇	【長崎】大河内正勝、長崎奉行相役に着任。	
年中	年中	【長崎】幕府、周辺に遠見番所・烽火所を設置し、沿岸警備を強化。	
一六三九・五・一二頃	寛永一六・四・一〇頃	【奥州】イエズス会士ジョヴァンニ・バッチスタ・ポルロ神父、仙台領内で出頭。	
六頃	五頃	【奥州】イエズス会士の樒マルチノ神父と岐部ペドロ神父、仙台領内で捕縛。	
七・末	六・末	【江戸】イエズス会士三名、小伝馬町牢内で穴吊るしの刑に処される（岐部ペドロ神父のみ殉教、ジョヴァンニ・バッチスタ・ポルロ神父と樒マルチノ神父は二年後に小日向で獄死）。	

八・四	七・五	〔第五次寛永鎖国令〕
一〇・一七	九・二一	【長崎】マカオ定期船団、商取引ができないまま出港。
		〔南蛮貿易／日葡貿易の終焉〕
一二・一二	一一・一八	【奥州】「奉答書」署名者の渋谷太郎右衛門尉アントニオ、釣殺に処され殉教。
一二・三〇	閏一一・六	【出羽】フランシスコ会士ベルナルド・デ・サン・ホセ神父、山形藩領で捕らえられる。
一六四〇・二・一〇	一二・一九	【奥州】フランシスコ会士フランシスコ・バラハス神父、仙台領内で捕らえられる。
四・二二	寛永一七・三・一	【奥州】支倉常頼の家人佐藤信治ジョアン（慶長遣欧使節随員）一家、仙台で釣殺。同日、主人の常頼も斬罪。
五・二	三・一二	【江戸】フランシスコ会士二名、札ノ辻で火刑に処され殉教。
五・二五	四・五	【江戸】江戸城本丸完成、将軍家光入城。
七・六	五・一七	【長崎】貿易復活の交渉のためにマカオ使節七四人が入港も出島に収容・拘禁。
七・三〇	六・一二	【長崎】柘植正時、長崎奉行相役に着任。
八・三	六・一六	【長崎】マカオ使節団員のうち六一名、西坂において斬首・獄門の刑に処される。
一一・九	九・二六	【平戸】幕府、オランダ商館に西暦刻字の倉庫破壊を命令。

西暦	和暦	国内事項	海外事項
一二・一五			【ポルトガル】スペインへ反乱を起こした有力貴族ブラガンサ公、ジョアン四世として即位。〔ポルトガル王政復古戦争〕

執筆者プロフィール（掲載順）

川村信三（かわむら・しんぞう）

上智大学文学部史学科教授
米国ジョージタウン大学大学院博士課程修了／Ph.D.（博士、歴史学）
主著 『戦国宗教社会＝思想史』（知泉書館、2011年）、『キリシタン大名高山右近とその時代』（教文館、2016年）、『ヨーロッパ中近世の兄弟会』（共著）（東京大学出版会、2014年）、『キリシタン歴史探求の現在と未来』（編著）（教文館、2021年）ほか

浅見雅一（あさみ・まさかず）

慶應義塾大学文学部教授
慶應義塾大学大学院文学研究科修士課程修了／博士（文学）（東京大学）
主著 『キリシタン時代の偶像崇拝』（東京大学出版会、2009年）、『フランシスコ＝ザビエル――東方布教に身をささげた宣教師』（山川出版社、2011年）、『概説キリシタン史』（慶應義塾大学出版会、2016年）、『キリシタン時代の良心問題――インド・日本・中国の「倫理」の足跡』（慶應義塾大学出版会、2022年）ほか

デ・ルカ・レンゾ（De Luca, Renzo, sj）

日本二十六聖人記念館館長
九州大学大学院国史学科研究科修了
主要論文 「ザビエルの対話型宣教」（『ソフィア』216号、2006年）、「博多とキリシタン」（大庭康時（他）編『中世都市・博多を掘る』海鳥社、2008年）、「マテオ・リッチとアレッサンドロ・ヴァリニャーノ――「宣教道具」概念を中心にした考察」（『キリシタン文化研究会会報』138号、2011年）、「高山右近と当時の処刑・殺害概念について」（『カトリック研究』81号、2012年）ほか

清水有子（しみず・ゆうこ）

明治大学文学部史学地理学科日本史学専攻准教授
東京都立大学大学院人文科学研究科博士課程単位取得退学／博士（史学）
主著 『近世日本とルソン――「鎖国」形成史再考』（東京堂出版、2012年）、『キリシタン歴史探求の現在と未来』（共著）（教文館、2021年）、『バチカン図書館所蔵マリオ・マレガ資料の総合的研究』（共著）（マレガ・プロジェクト、2022年）、『近世日本のキリシタンと異文化交流』（共著）（勉誠社、2023年）ほか

竹山瞬太（たけやま・しゅんた）

上智大学大学院文学研究科史学専攻博士後期課程在学中
熊本大学大学院社会文化科学教育部文化学専攻博士前期課程修了／修士（文学）
主要論文 「寛永十年日本イエズス会組織的宣教体制の終焉——天草におけるイエズス会宣教師の捕縛事件を手がかりに」（『上智史学』66号、2021年）、「原典史料にみる小西・高山一族のマカオ追放」1・2（『キリシタン文化研究会会報』159・160号、2022年）、「島原天草一揆にみるキリシタンの聖人崇敬と信仰環境——キリシタン史における歴史横断的事象としての一揆論」（『紀尾井論叢』8号、2023年）ほか

東馬場郁生（ひがしばば・いくお）

天理大学人間学部宗教学科教授
バークレー神学校連合大学院宗教学科博士課程修了／ Ph.D.（博士、宗教学）
主著 *Christianity in Early Modern Japan: Kirishitan Belief and Practice*, Brill, 2001,『きりしたん史再考——信仰受容の宗教学』（天理大学おやさと研究所、2006年）、『きりしたん受容史——教えと信仰と実践の諸相』（教文館、2018年）ほか

阿久根　晋（あくね・すすむ）

日本学術振興会特別研究員 PD
京都大学大学院人間・環境学研究科共生文明学専攻／博士（人間・環境学）
主著 「新たな日本情報源としてのオランダ人——「南蛮貿易」断絶以降におけるイエズス会日本管区の情報収集」（『洋学』第25号、2018年）、『潜伏キリシタン図譜』（共著）（かまくら春秋社、2021年）、*Interactions Between Rivals: The Christian Mission and Buddhist Sects in Japan (c.1549-c.1647)*, Berlin: Peter Lang Publishing, 2022（共著),『近世日本のキリシタンと異文化交流』（共著）（勉誠社、2023年）ほか

木﨑孝嘉（きさき・たかよし）

東京大学ほか非常勤講師
東京大学大学院総合文化研究科博士課程単位取得満期退学／修士（学術）
主要論文 「「殉教録」とともにヨーロッパに帰国した修道士」（『歴史学研究』941号、2016年）、「日本への視線と希望」（共著）（『キリシタン文化研究会会報』151号、2018年）、「布教保護権から布教聖省へ——バチカンの日本司教増置計画をめぐって」、「南欧文書館に眠るセバスティアン・ヴィエイラ関係文書——所蔵の整理とプロクラドール研究の展望」（ともに大橋幸泰編『近世日本のキリシタンと異文化交流』勉誠社、2023年）ほか

小俣ラポー日登美（おまた・らぽー・ひとみ）

京都大学白眉センター／人文科学研究所特定准教授
パリ高等研究実習院（EPHE, Paris）／Ph.D.（博士、宗教文献学）
スイス・フリブール大学／Ph.D.（博士、歴史学）
主著　*Des Indes lointaines aux scènes des collèges: les reflets des martyrs de la mission japonaise en Europe (XVIe–XVIIIe siècle)*, Münster: Aschendorff Verlag, 2020,『岩波講座 世界歴史第 15 巻　主権国家と革命　15～18 世紀』（共著）（岩波書店、2023 年）、*Profiling Saints: Images of Modern Sanctity in a Global World*, Vandenhoeck & Ruprecht, 2023（共著）ほか

宮崎賢太郎（みやざき・けんたろう）

元長崎純心大学教授
東京大学大学院人文科学研究科宗教学宗教史修士課程中途退学／文学士
主著　『カクレキリシタンの信仰世界』（東京大学出版会、1996 年）、『カクレキリシタンの実像――日本人のキリスト教理解と受容』（吉川弘文館、2014 年）、『カクレキリシタン――現代に生きる民俗信仰』（角川書店、2018 年）、『潜伏キリシタンは何を信じていたのか』（角川書店、2018 年）ほか

中園成生（なかぞの・しげお）

平戸市生月町博物館・島の館館長
熊本大学文学部地域科学科卒業（民俗学）
主著　『生月島のかくれキリシタン』（島の館、2000 年）、『くじら取りの系譜』（長崎新聞社、2001 年）、『かくれキリシタンとは何か』（弦書房、2015 年）、『かくれキリシタンの起源』（弦書房、2018 年）ほか

タイモン・スクリーチ（Timon Screech）

国際日本文化研究センター研究部教授
米国ハーバード大学大学院美術史研究科博士課程修了／Ph.D（博士、美術史学）
主著　『春画――片手で読む江戸の絵』（講談社、1998 年）、『大江戸視覚革命――十八世紀日本の西洋科学と民衆文化』（作品社、1998 年）、*Tokyo before Tokyo*, Chicago University Press, 2020, *The Shogun's Silver Telescope*, Oxford University Press, 2020 ほか

野村　玄（のむら・げん）

大阪大学大学院人文学研究科准教授

大阪大学大学院文学研究科博士後期課程修了／博士（文学）（大阪大学）

主著　『日本近世国家の確立と天皇』（清文堂、2006年）、『徳川家光』（ミネルヴァ書房、2013年）、『天下人の神格化と天皇』（思文閣出版、2015年）、『徳川家康の神格化』（平凡社、2019年）ほか

キリシタン 1622《いちろくにに》　キリシタン文化研究第30冊
殉教・列聖・布教聖省　400年目の省察

2024年1月30日　初版発行

編　者　川村信三／清水有子
監修者　キリシタン文化研究会
発行者　渡部　満
発行所　株式会社　教 文 館
〒104-0061　東京都中央区銀座4-5-1
電話 03(3561)5549　FAX 03(5250)5107
URL http://www.kyobunkwan.co.jp/publishing/
印刷所　株式会社　平河工業社

配給元　日キ販　〒162-0814　東京都新宿区新小川町9-1
電話 03(3260)5670　FAX 03(3260)5637

ISBN 978-4-7642-6179-2　Printed in Japan